20
世纪苏联教
译丛

[乌克兰] O.B.苏霍姆林斯卡娅 T.B.费里莫诺夫娜 编

李晓萌 译 肖甦 校译

苏霍姆林斯基论困难儿童教育

教育科学出版社
·北京·

出版人　李　东
策划编辑　祖　晶
责任编辑　孔明丽
版式设计　孙欢欢
责任校对　白　媛
责任印制　叶小峰

图书在版编目（CIP）数据

苏霍姆林斯基论困难儿童教育 /（乌克兰）O. B. 苏霍姆林斯卡娅，（乌克兰）T. B. 费里莫诺夫娜编；李晓萌译；肖甦校译. —北京：教育科学出版社，2020. 12
（20 世纪苏联教育经典译丛）
ISBN 978-7-5191-2382-6

Ⅰ. ①苏…　Ⅱ. ①O…　②T…　③李…　④肖…　Ⅲ. ①学习困难—儿童教育　Ⅳ. ①G76

中国版本图书馆 CIP 数据核字（2020）第 226126 号
北京市版权局著作权合同登记　图字：01-2020-4734 号

20 世纪苏联教育经典译丛
苏霍姆林斯基论困难儿童教育
SUHUOMULINSIJI LUN KUNNAN ERTONG JIAOYU

出版发行	教育科学出版社		
社　址	北京·朝阳区安慧北里安园甲 9 号	邮　编	100101
总编室电话	010-64981290	编辑部电话	010-64981321
出版部电话	010-64989487	市场部电话	010-64989009
传　真	010-64891796	网　址	http://www.esph.com.cn
经　销	各地新华书店		
制　作	北京金奥都图文制作中心		
印　刷	保定市中画美凯印刷有限公司		
开　本	850 毫米×1168 毫米　1/32	版　次	2020 年 12 月第 1 版
印　张	9. 375	印　次	2020 年 12 月第 1 次印刷
字　数	183 千	定　价	29. 00 元

图书出现印装质量问题，本社负责调换。

◎“困难”学生的个性特征，与人们业已形成的刻板印象不一样。有多少这样的学生，就有多少对他们施教“困难”的内在原因。真正的教师，总能找到打开学生最复杂的个性之门的“钥匙”——这把钥匙能影响学生的智力、心灵和意志中最敏感的地方，从而一年又一年地从事这艰难而崇高的教育事业。

◎孩子是没有有能无能、有才无才之分的。所有孩子无一例外都是有能又有才的。

◎每个人都有他可贵的天赋。一个孩子再怎么学习没有章法、缺乏才能、无力掌握知识，其宝贵的天赋种子也会藏在那些平凡、平庸、落后现象里的某个地方。教育的任务就在于找到这粒种子，发现孩子可贵的天赋，让他走上那条人生的小道；沿着这条道走，他就会闪耀出自己独一无二的光芒。

◎阅读的好处，不仅在于可以把学生从成绩不佳当中拯救出来，而且在于可使学生的智力得到发展。“困难”学生阅读得越多，他的思维就越清楚，智力发展就越积极。

总　序

20世纪最伟大的事件之一就是俄国十月革命的胜利和苏联的建立。有的人可能说，苏联已经解体了，社会主义已经失败了。但是，苏联毕竟存在了近70年。正是由于苏联的存在，才击退了德国法西斯，才孕育了东方社会主义国家的诞生。苏联解体了，这是历史的悲剧，但社会主义并没有失败，社会主义中国正在吸取苏联的经验教训，振兴前进。巴黎公社只存在了70多天，它的伟大意义是不可估量的；苏联存在了近70年，它的影响和意义更是无法估量的。

苏联的教育曾经也是世界上最优越的教育之一。有人认为，苏联的解体，说明苏联教育的失败。这些人将教育看得过重。教育任何时候都是受当时社会的政治、经济制约的。教育对政治、经济具有反作用，但教育的目的、内容、规模等都决定于政治、经济，却不是反之。一种是决定作用，一种是反作用。两种作用是截然不同的。尤其是执政党的政治路线决定着社会发展的命运。固然，执政党的领袖人物也是受过教育的，但他的思想意识、他的政治行为却受到社会各方面的影响，并非受了某种教育以后就不变化了。仍然要遵循唯物辩证法原理，存在决定意识，苏联的变迁不能用一种原因来解释，更不能只说是教育的责任。

应该说，苏联多年的教育历程为社会主义教育发展提供了丰富的经验。在列宁教育思想的指导下，苏联建立了民主平等的教育制度，在很短的时间内普及了教育，提高了全体国民的文化科学水平，培养了千百万名干部和专家、亿万名训练有素的劳动大军。正是有了这样一支队伍，苏联才能在共产党的领导下粉碎了德国法西斯的进攻，取得了伟大卫国战争的胜利。

苏联教育界涌现出了一批著名的教育家：有提倡用共产主义教育青年的加里宁，他对教育下的定义至今仍影响着教育理论界；有运用马克思主义观点分析欧美教育的克鲁普斯卡娅，她对少年儿童的教育思想至今仍散发着光芒；有改造流浪儿童的教育家马卡连柯，他提出的许多教育原则不仅丰富了教育理论宝库，也被广大教师所运用；有提倡教育促进发展的赞可夫，他的实验研究为教育科学实验提供了范例，他关于发展能力的理论对教育适应时代的要求、实现教育职能的转变具有重大的意义；有主张个性和谐发展的教育理论家和实践家苏霍姆林斯基，他可以说是苏联教育思想的集大成者，他的相信孩子、尊重孩子、用心灵去塑造心灵的思想是教育思想宝库中的瑰宝，他的教育实践鼓舞着千百万教师，他已经成为广大教师心中的偶像。此外，还有像维果茨基、巴班斯基等一批教育家，他们都为教育理论的发展做出了重要贡献。

众所周知，我国教育受苏联教育的影响很深。新中国成立之初，我们曾根据苏联教育的经验对旧中国的教育进行了彻底改造，这给当时我国的教育带来过积极影响。但与此同时，也发生过生搬硬套的偏向，产生过一些消极影响。但这主要指教育制度方面。20世纪60年代以后，我们在实际摸索的基础上，结合我国的国情，逐步建立了我国自己的教育体系。但是苏联的教育思想对我们一直有很深的影响。

我国的教育科学研究走过了一条曲折的道路。“文革”前主要是学习苏联的教育理论，后来曾一度不加分析地予以批判。“文革”中教育科学研究被取消，是党的十一届三中全会给我国教育改革和教育科学带来了春天。改革开放打开了教育界人士的眼界，发现了五彩缤纷的世界。教育理论界开始介绍、吸收世界各国的教育理论和思想，重建我国的教育科学。

正是在这种背景下，中央教育科学研究所恢复了，教育科学出版社成立了。教育科学出版社以“为教育决策服务、为教育改革和发展服务、为教育科研服务、为提高教育教学质量服务”为宗旨，独具慧眼，陆续出版了一大批脍炙人口的苏联教育名著，极大地推动了我国教育科研事业的发展。

苏联虽然解体了，但是反映教育规律的一些苏联教育思想却永放光芒。这些教育思想具有时代性、先进性，因此反映这些教育思想的著作经久不衰，成为我国广大教师和教育工作者爱不释手的佳作。教育科学出版社在纪念新中国成立50周年之际，不惜加大人力、物力、财力，重新审读以往出版的、在社会上产生广泛影响的苏联教育名著，以“20世纪苏联教育经典译丛”之名重新出版，这是在20世纪末给我国广大教师和教育工作者的一份丰厚的礼物，也是为苏联教育保存的一份宝贵遗产。

顾明远

一九九八年七月十七日

序

每个教师在教育中都会遇到困难儿童。所谓困难儿童有两类：一类属于调皮捣蛋，不守纪律；另一类属于学习困难，跟不上一般的学习进程。教师遇上这样的学生，都感觉到很头疼，不知用什么方法来改变他们的状况。那不妨来看看《苏霍姆林斯基论困难儿童教育》这本书，了解苏霍姆林斯基是怎么对待困难儿童的。

苏霍姆林斯基说过："没有一个学生是学校通过社会生活、集体劳动等方式教育不了的。"这和我国霍懋征老师讲的"没有教不好的学生，只有不会教的老师"如出一辙。当然不是个个学生都能成为教师期望的人才，但教师要有这种信念——把每个学生教育成才。正如医生不可能医好所有的病，但是总要有给病人解除痛苦医好病的信念。教师对每个学生都应有教育他成才的信念。教育是仁爱的事业，教育困难儿童，更要显示仁爱之心。帮助他们克服困难，成长为对社会有用的人才，是教师的神圣职责。

困难儿童不是天生的，成为困难儿童总有他的原因。或因家庭教育的不当，或因受到社会不良风气的影响。学习困难的学生，可能由于某些环节没有学懂弄通，脱了轨，接不上；也可能是受到了其他因素的干扰。总之，困难儿童是有其原因的。因此，教育困难儿童首先要把他们的原因找出来，对症下药。教育困难儿童，最忌不问青红皂白，主观地责怪他们。

教育困难儿童不能一蹴而就，让困难儿童克服存在的困难，不是一天两天就能成功的，需要教育者的耐心和细致。要在细微处发现他们的优点，要用显微镜寻找他们的哪怕一点点优点，不要用放大镜放大他们的缺点。要想方设法用困难儿童能够接受的方式实现对他的教育，特别是通过一些活动来教育他。苏霍姆林斯基曾经有这么一个例子：有一个孩子不爱读书，他就拿了一本很有趣的故事书和他一起读，读到精彩的地方时，苏霍姆林斯基却说："我有事要先走了，你自己读吧！"学生很想了解精彩故事的结局，只好自己读下去，于是慢慢地培养起了读书的习惯。

总之，教育困难儿童，最考验教师教育的智慧和水平。我们要向苏霍姆林斯基学习。要充满对教育的爱、对儿童的爱，再加上不断学习，懂得教育规律，懂得儿童成长规律，从而产生教育的智慧。

译者李晓萌原是我校国际与比较教育研究院的学生，在她的导师肖甦教授的帮助下，完成了这本译著，为我们增添了了解苏霍姆林斯基教育观的另一个视角，有助于我们更深入地了解苏霍姆林斯基深邃的教育思想。谢谢她们！

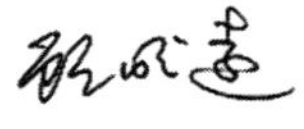

二〇二〇年九月二十六日

向苏霍姆林斯基请教

本书集中了瓦西里·亚历山德罗维奇·苏霍姆林斯基关于困难儿童教育教学这个极为重要、尖锐而复杂问题的思考。困难儿童是谁？他们的行为、性格的复杂性原因何在？学校、家庭是如何对待这些孩子的？如何保护他们的人格尊严？如何帮助他们在人生中实现自我、变得更好？这些和其他一系列有关困难儿童的教育问题困扰着我们的社会、学校和家庭。

本书收入的材料表明，苏霍姆林斯基在自己的作品中从未回避过困难儿童、“问题”儿童、“不可能的”儿童的问题，从未掩盖他们的命运、生活环境和行为出现偏差的原因。这不仅证实了他对孩子世界的一片赤诚之心，也真实反映了他的教育事业。瓦·亚·苏霍姆林斯基没有回避苏联学校教育的尖锐一角，不粉饰现实，而是呈现了现实的全貌——从师生的精神巅峰到危机现象及可耻行为。所以，人们听他的话，信他的书。

让我们来看看编者仔细挑选并附上必要注释的这些文字一致表述的重点。

本书收入了苏霍姆林斯基二十多年间完成的书信、文章、著作片段，这些内容能使读者完整地感受教育家的观点，体会其创作中具有永恒价值的人道主义原则——了解、热爱、理解、赞扬孩子的个性，更深入地去理解孩子，这就是他的教育真谛。这些思想以不同方式反映在本书收录的每一篇作品中。苏霍姆林斯基正是先研究孩子、观察孩子，然后才提出如何接近孩子、如何理解其行为动机的。也就是说，我们不是去了解教育智谋的处方，而是被具体的男孩和女孩的问题包围着，他们是阿纳托利、梅科拉、帕夫利克、柳芭、瓦利亚、柳达、彼德雷克、瓦洛佳……，在这位伟大教师的手上、心上经过了多少这样的孩子啊。无论情况多么复杂、看起来多么令人绝望，苏霍姆林斯基总是先告诉我们："一个孩子将来会不会成为栋梁之材这种事情，应该先去**思考**，而不是脱口而出，要**看见孩子**、**认识孩子**、**理解孩子**。"（《我们的职责是培养人》）

是哪些原因形成了孩子"令人讨厌"的个性呢？苏霍姆林斯基在漫长的岁月里观察了一拨又一拨这样的孩子，熟悉他们的父母和生长环境，他写道："'困难儿童'是一个复杂的概念。每个困难儿童都有自己特殊的、与其他困难儿童不一样的个性，有自己偏离常规情况的原因，有自己受教育的经历。"（《困难儿童是些什么样的孩子》）到底为什么孩子变得难教？在思考这些的时候，苏霍姆林斯基确信，教师像医生一样，应该深思熟虑、认真耐心地调查研究孩子的智力、道德和情感发展状况，以便最终理解这些困难是为什么、在什么时候和什么情况下产生的。

必须强调的是，苏霍姆林斯基认为，小学低龄阶段具有特殊性，这个年龄段的孩子对于世界和知识的认识尤其可塑、灵活、开放，他们易受到善良的感染，特别喜欢模仿。学者不止一次强调，在这个年龄段务必要千方百计地发展孩子的语言和智力，因为“智育在形成人的精神面貌、道德面貌和公民形象方面，一年比一年发挥着更大的作用。决不能允许学校里有一群觉得自己学不下去、什么也学不会的孩子。……未成年人和青年人违法犯罪的原因之一，就是他们感到自己在智力上低人一等，精神苦闷。”（《他们为什么变成了困难儿童》）

我们相信，苏霍姆林斯基关于发展困难儿童思维的建议，如发展困难儿童的兴趣、鼓励他们完成力所能及的有趣劳动、让积极情绪占主导地位、从最初几节课起培养其学习能力等内容，都对当代学校教育具有非常现实的意义。这是涉及每一个孩子的“医疗教育学”的基础，而热衷不断革新的当代学校教育系统还远没有完全做到这些。

本书中特别引人注意的，是苏霍姆林斯基收到的来自苏联各地的信和他的回信，在这些往来信件中跳动着清晰的时代脉搏。这些信件不仅唤起人们的求知欲，而且其中的教育学思想仍然符合当代实际的需要。细心的读者会发现苏霍姆林斯基的作品和他描述的人生故事之间的鲜明联系，这种联系也很重要。在我看来，这些通信就是以认真、非正式的私人态度对待每一位来信者的道德范例，要知道每一封信背后都有一段艰难的命运、痛苦和走投无路。

对苏霍姆林斯基的研究者来说，苏霍姆林斯基的文章《如何促进大脑发育——通过思维、劳动、创作还是药物？（历时35年研究的一些成果）》是一份独特的礼物。这是该文首次完整发表，文章的手稿存放在苏霍姆林斯基的家庭档案馆里。现在，经作者的女儿奥莉加·苏霍姆林斯卡娅的允许，它得以面世。

这篇文章吸引当代读者的是什么呢？首先是作者观点的现实取向和人道主义取向，他对用药理学方法影响人的大脑工作的大胆、明确的立场和态度令人吃惊。苏霍姆林斯基深入思考了一个关于全人类的世界性问题：如何改善人的大脑的工作，并且让这种改善能够遗传下去、固定在未来后代的身上。您看，这个问题不是教育学问题，而是全世界的问题。学者以研究几代孩子、孩子家长以及全家生活的35年个人工作经验为基础，对这个问题进行了认真思考。

教育家得出了一个绝对的研究结论——任何一个智力不发达、被完全疏于照顾和管教的孩子，都不能被看作是无可救药的。要揭开他们发展不足的症结所在，并且找到那条小路，首先就是通向中枢神经系统的小路。我不再展开本书的具体内容了，因为我相信这本书需要认真地阅读许多遍，向自己发问、与作者对话。

瓦·亚·苏霍姆林斯基的作品和阅读后的思考，总能强化我们把自己和教育学变得更好的希望。要做到这一点很不容易，苏霍姆林斯基让周围的世界充满对孩子的爱，更是一件难上加难的事情。

乌克兰国家教育科学院院士，乌克兰瓦西里·苏霍姆林斯基学会主席

А. Я. 萨夫琴科

求教于苏霍姆林斯基

欣闻中国的教育科学出版社即将出版瓦西里·亚历山德罗维奇·苏霍姆林斯基的这本书，我很高兴。教师、教育者、家长朋友们现在手中的这本教育著作有这样一个灼人的书名——《要当心：是孩子！》① （中文版译为《苏霍姆林斯基论困难儿童教育》）。这本书集中了关于教师、家长、亲人眼中的困难儿童（暂且不论这样说公正与否），也就是使人为难的、脱离常规行为框架的或者学业成绩不好的儿童这一主题的材料。

我们为什么选择苏霍姆林斯基作品中这方面的内容，并且在当下把它们集中呈现出来呢？这首先是由于当下在全球范围内发生的变化。因为当前人的发展和教育问题已经被提到至关重要的位置，因为社会和周围环境中正在发生的变化快速改变着人类的生活，而这也反映在孩子的心理上。再加上现如今“线下世界”和“线上世界”并存，孩子们常常无

① 这是本书乌克兰语版的书名。——译者注

法区分它们，从而把二者混淆。新冠病毒使全球极度紧张，很多成年人感到对未来没有把握、缺乏安全感，他们把自己的焦虑传递给了孩子们。要知道，孩子是我们的“触角”，就像蜗牛的触角，他们能敏锐地捕捉到来自成人世界的精神流变。得不到正面的、能够安抚人的回答，他们就变得焦虑、紧张、不听话，而这也使得孩子在我们成年人看来变得“难教”了。

我们成年人，特别是教育者和家长，都在努力为我们的孩子身上出现的问题寻找答案。我们遍寻四方，也包括到权威人士的书籍和论述中去找寻。我们认为，苏霍姆林斯基就是这样一位教育学权威人士，而且中国的教师、教育者们熟悉他的作品，愿意听他的建议和意见。

我们希望通过这本书告诉大家，苏霍姆林斯基是如何看待困难儿童的问题的，他为成年人全面解决困难儿童的教育这一尖锐问题提供了哪些路径、方式方法。

这样，就有了这本关于困难儿童教育的集子。书名《要当心：是孩子!》取自苏霍姆林斯基的一篇文章的题目①（这篇文章当时发表于苏联发行量数以百万计的报纸《文学报》上）。本书反映了教育家对待儿童、特别是对待困难儿童的思想精华。那就是用关怀备至的、深思熟虑的方式对待儿童，

---

① 该文章的中文版题目又译为“要慎待儿童”。——译者注

在爱护和尊重儿童个性的前提下形成他的责任感、对周围人和环境的尊重以及自尊心。

对于读者来说，苏霍姆林斯基对待困难儿童的方式引人关注，他把困难儿童分成不同的类别：确有困难的儿童、问题儿童、令人难耐的儿童，还有他放在引号里的所谓“困难儿童”，也就是教师们因自己教育上的不足和失误将其归入了“困难儿童”之列的那些儿童。

分析这些不同类别的儿童就会发现，他们中的每一个都有着独一无二的情况，瓦西里·亚历山德罗维奇①分别描绘了教育这些儿童的路径和方式方法。您手中的这本书所论及的正是这些内容。

这里让我们完整地介绍一下本书的各个主题。本书第一部分呈现的是学生家长和教师们给苏霍姆林斯基的来信，以及苏霍姆林斯基本人的回信。这些信件显示出在社会中和教育空间里，学校教育孩子的问题是多么尖锐，以及家长和教师之间的关系问题，特别是如果其中涉及了有特殊需要的孩子、脆弱的孩子、看起来恶狠狠的和执拗的孩子。家长们的来信尤其触动人心，他们心痛地讲述着自己的孩子在学校里遇到的问题，迫切地想寻求帮助和建议。

第二部分是教育家著作中有关困难儿童这一童年中特殊

① 这是苏霍姆林斯基的名字和父称。在俄语中用名字和父称是一种表示尊重的称呼方式。

群体的文章和随笔。我们看到，这一问题在苏霍姆林斯基从事教育事业之初就已开始令他不安。从20世纪50年代开始，教育家从未远离这个问题，相反，这成为他实践工作和学术工作中的一个主要问题。

起初，他在自己的文章中谈及这个引人关注的热点话题；后来，他在发表的一系列著作中，在《把整个心灵献给孩子》《公民的诞生》《给教师的一百条建议》《和青年校长的谈话》等读者熟悉的书中探讨这个话题。本书挑选了这些书中有关这一话题的片段。读者们会看到教育家关于有困难的小孩子、低年级小学生以及青少年和高年级学生的论述。他所提供的那些方法，一方面因孩子的年龄有所区别，另一方面也带有普遍的共性。

在这一部分中，教师和家长会读到一些饱含情感的例子和故事，讲述的是不同的孩子、各样的情况以及对孩子们做个性化工作的方法、形式，这些方法、形式明显取决于孩子行为和心理状态受损的原因。

至于第三部分“苏霍姆林斯基在帕夫雷什中学的工作资料选编”，我们觉得校长和教师会很感兴趣，因为这一部分展示了苏霍姆林斯基领导的学校及其对不同学生（特别是在学习和行为规范方面出现问题的学生）做个性化工作的情况。从本书选择的材料可以看出，这部分由对学生各方面发展所做的细致、怀有善意的研究组成。教师的心理学研讨会的材料尤其引人关注，这些心理学的研讨活动对教师很有帮助，因为研究困难儿童的问题迫切需要教师具备儿童心理发展方面的知识。

本书的最后一部分是苏霍姆林斯基首次发表的文章《如何促进大脑发育——通过思维、劳动、创作还是药物？（历时35年研究的一些成果）》。这篇长文专门探讨了有特殊需要的孩子的教育和教学问题，这是一些才能有限、记忆力较差、很难记住东西，也就是学习成绩较差，在学校很快就步入“困难儿童”之列的孩子。瓦西里·亚历山德罗维奇在标题之中就给出了自己对这个问题的回答，进一步阅读他的文章将使我们更深入了解教育家的逻辑和理由。他把困难儿童称为“无限多样的人类花坛里最脆弱、最娇嫩的花朵”，并确信在父母与这些孩子长期的交流中、在鲜明而富有感情的家庭生活中，慈爱、明理的父母在孩子幼年时对他们的爱和怜惜将使孩子有可能得到积极的、根本性的发展。之后，应该是学校的参与，特别是对这些学生友善、关心、敏感的学校。学校要专门制定并推行考虑到这些孩子发展的个性化节奏的特殊教育教学方法，同时还要有丰富的精神和情感生活、美丽的周围环境——首先就是大自然、教育过程中的劳动方面——培养“灵巧的双手”。他们就是这样对这些被其他地方排除在外的儿童实施教育教学的。

在我看来，这篇文章是苏霍姆林斯基作为一个伟大的人道主义者最完整全面的写照，也正是因为这个原因，他在乌克兰，也在中国受到人们的喜爱和尊重。

这样我们就介绍完了本书的全部内容。希望读者通过阅读进入苏霍姆林斯基的世界，去了解他教育实践的这一侧面。

我希望您手捧本书度过的时光，能引发您的思考。有的时候我们的孩子走入人生并不轻松，无论是在苏霍姆林斯基的时代，还是在当下都是如此。而我们成年人的任务，就在于改善他们在这条人生之路上的处境。

希望您能从中找到您的问题的答案，帮助您做出重要的决定。

祝您一切顺利！

乌克兰国家教育科学院院士，教育学博士，教授
O. B. 苏霍姆林斯卡娅

编 者 的 话

呈现在读者面前的这本书，是瓦西里·亚历山德罗维奇·苏霍姆林斯基有关普通学校如何对困难儿童进行教育和培养的作品集。

这里谈的困难儿童是指有某些发展偏差，或者有自己独特的成长道路的孩子，其中包括生理、心理或智力发展有缺陷的孩子，这样的孩子的数量与日俱增。教育困难儿童，是生活提出的十分尖锐、有时甚至令人痛苦的问题，教师、学校和家长们一直在苦苦地找寻着问题的答案。2018 年恰逢苏霍姆林斯基诞辰一百周年，我们认为，总结苏霍姆林斯基有关困难儿童教育的思想，对丰富他的教育遗产大有裨益。

从下面这些角度分析教育家的遗产，我们发现，苏霍姆林斯基没有论述困难儿童教育的大部头著作；但在自己的每一本书里、在很多文章里，苏霍姆林斯基都没有回避这个话题，并且这个话题恰恰还是他关注的焦点。

我们将发现的材料分类如下。

第一部分：苏霍姆林斯基的书信选编；

第二部分：苏霍姆林斯基的著作和文章选编；

第三部分：苏霍姆林斯基在帕夫雷什中学的工作资料选编；

第四部分：苏霍姆林斯基未发表作品选编。

第一部分按时间顺序收录了苏霍姆林斯基收到的家长、读者的求助信，以及他针对信中问题阐明自己观点的回信。

我们认为，家长们的来信、与同行们的通信明显给了苏霍姆林斯基动力，促使他在担任教师和校长时，深入思考困难儿童的教育问题。

更具代表性的是第二部分，即有关困难儿童教育问题的独立文章和著作选编。这部分材料按时间顺序排列，以首次出版时的文字（乌克兰文或俄文）呈现，内容以在报刊上首次刊发的为准。着重强调这一点是因为大家都知道，苏霍姆林斯基经常先把未来著作里的材料以文章形式发表，这本文集里也有这种情况，但我们标注了文字所属的著作。苏霍姆林斯基关于困难儿童教育问题的这些文章和著作片段见证了教育家对这个问题的深切关注。

第四部分收入了苏霍姆林斯基的长篇论文《如何促进大脑发育——通过思维、劳动、创作还是药物？（历时 35 年研究的一些成果）》，文中作者总结了他在这一领域观察和思考所得出的一些结论。

第三部分关于教育家个人档案的这部分材料是奥莉加·

瓦西里耶夫娜·苏霍姆林斯卡娅提供的。其他三个部分中的一些材料取自保存着苏霍姆林斯基档案的乌克兰最高权力和管理机关国家中央档案馆①。在注释中我们尽可能完整地呈现和标注节选来源。

需要指出的是，这本文集远没有囊括苏霍姆林斯基有关这一问题的全部作品或作品的全部文字。

衷心感谢所有在收集和评阅材料过程中提供帮助的人，特别感谢乌克兰国立苏霍姆林斯基教育科学图书馆附属苏霍姆林斯基个人档案中心。

乌克兰国家教育科学院教育学研究所教育史研究室高级研究员，教育学副博士
T. B. 费里莫诺夫娜

① 乌克兰最高权力和管理机关国家中央档案馆，以下简称“乌克兰国家中央档案馆”。——译者注

目 录

第一部分　苏霍姆林斯基的书信选编

一、苏霍姆林斯基与安德烈的书信往来

尊敬的瓦西里·亚历山德罗维奇：①

……在《星火》杂志上拜读了您的文章②以后，我决定给您写信，谈谈我的教育困惑。三年前，我在沃尔诺瓦哈（顿涅茨克州沃尔诺瓦哈市。——编者注）寄宿学校当教导员。学校要求我们偶尔与学生进行单独谈话或者集体谈话。我本人却很少做单独谈话，直到现在，在读了您的文章以后，我才理解了这些谈话的意义，原来单独谈话是捕获学生心灵的途径。我觉得自己简直是反其道而行之，不是把学生争取到自己一边，而是把他从身旁推开。为了维持寄宿学校工作的一致风格，我每天从早到晚对学生呼来喝去、恐吓他们，而不是保护他们的精神世界，这样做对吗？会得到什么结果？……在教育工作上，每个人都想一蹴而就，实际上这是通过破坏学生意

① 这封顿涅茨克州的教师给苏霍姆林斯基的信写于 1968 年。有删节。存于乌克兰国家中央档案馆 5097 库，1 目录，1079 卷，第 5-6 页。

② 这里可能指的是苏霍姆林斯基的《给女儿的信》，刊载于《星火》杂志 1968 年第 27 期，文中谈的是教师职业的本质。

志的方式完成任务的。我们强迫学生擦三遍地板，打扫三次厕所，如此等等。谁能成功地做到这些，谁就是好的教导员，而所有落后的“差师”都得去校长室。我也去过，不止一次。有一次，戈尔什科娃（一位经验老到的教导员）告诉我：“得动手。”为了试验，我挑了身体最强壮、人缘最好的万尼亚。因为他没完成任务，我打了他一耳光。而这个学生是怎么回应我的？他说：“安德烈·扎哈罗维奇，我把您当作我的父亲，您却打我。这样真令人失望。”万尼亚开始把自己封闭起来，回避我，有时会有意搞破坏（恶作剧）。我的教育适得其反……

安德烈·扎哈罗维奇

1968 年

尊敬的安德烈·扎哈罗维奇：①

……如何教人宽厚、善良、出言和善的问题在当今的教育学中变得越来越尖锐。已经有很多人相信，只有通过善良、通过宽厚、通过和善的话语才能教育人。但是，这要如何做呢？为什么有很多孩子，特别是很多少年，善行影响不到他们呢？

我认为，在这里最重要的是要培养人对善良的敏感性。正如无法期待已经损坏的、音不准的乐器演奏出动听的旋律一样，不能指望粗鲁、呆滞的心灵对善行有所回应。当前教

① 这是苏霍姆林斯基给安德烈·扎哈罗维奇的回信。有删节。存于乌克兰国家中央档案馆 5097 库，1 目录，1079 卷，第 7 页。

育的任务、教育的技巧和艺术就在于培养人从小就有敏感的灵魂，培养一颗对善行敏感的心。为了让人的灵魂永远处于最敏感的状态，应该借助调音完美的小提琴，而不是刺耳的铜盘或响鼓。孩子对语言、善行、宽厚和赞扬的敏感灵魂，还有孩子愿意行善的高尚心灵——这就是我们应该培养的东西……

瓦·亚·苏霍姆林斯基

1968 年 11 月 15 日

二、家长写给苏霍姆林斯基的信

敬爱的瓦西里·亚历山德罗维奇：①

……我在《基洛沃格勒州真理报》《真理报》，还有偶然拿起的 1968 年第 5 期《初等学校》杂志上拜读了您的文章，衷心感谢您写了这些文章！您的《把整个心灵献给孩子》让我潸然泪下。我一出生就是个不幸的人。童年时我就胆怯、消极。错误的职业选择使我神经衰弱，生活就变得越发艰难了。我 43 岁了，我家里有四口人：我、我的父母和我的孩子——9岁的儿子……

从孩子出生起，我就担心他的教育问题。生活证实，如果父母不具备教育学技巧，孩子带来的就不是快乐，而是痛

① 这是一个 9 岁学生的母亲 1968 年写给苏霍姆林斯基的信。有删节。存于乌克兰国家中央档案馆 5097 库，1 目录，1079 卷，第 19-20 页。

苦。我们家里有三个成年人，三个教育者每个人都有自己的看法。我父亲的口头禅是：“老将出马，一个顶俩。”我是按照您的学说行事。孩子上学后，我们在教育观念上又出现了新的问题和困难，我的心里也有了新的教育思虑。如何走出困境，向谁求助，和谁能找到共同语言呢？我唯一的支柱就是读教育文章。您的文章《把整个心灵献给孩子》为我阐明了很多东西。但是，怎么和我儿子萨沙的老师找到共同语言呢？由于萨沙的作业和品行不能令人满意，老师在作业本和记分册上给了他 2 分，她签了名并要求家长签名，萨沙因为行为问题被请出课堂。记分册上出现了这样的记录：“门外罚站”“说脏话”，品行——2 分……

我记得萨沙是怎么对待这些 2 分的。那是他上二年级的时候。他不想把 2 分拿给人看，就把作业本藏了起来，夜里起来擦作业本和记分册上的痕迹。作为母亲，我该怎么做？……这件事令我们震惊。有三天（那是二年级上半学期的时候）萨沙早上去上学，但却没去学校。对我们来说，什么也比不上让他重新去上学重要。他怎么也不和我们说不去学校的原因。我们没有因为这件事惩罚他一星半点儿，只是说服他去上学。有一回，萨沙的俄语写作得了 5 分，老师向孩子们公布成绩的时候说：“也许，狼死在树林里了。”这是什么？嘲笑吗？家长会上，老师给我成绩册的时候只说“萨沙邋遢”，却不给什么建议。

1968 年 7 月 4 日

尊敬的瓦西里·亚历山德罗维奇：①

我听说帕夫雷什中学，听说您和您对少年一代的教育方法已经有快一年时间了。我整个一生都对我的老师们保有崇敬的感情。我在斯摩棱斯克的郊外学习、成长，在卡尔德莫沃中学上学，那里有像亚历山德拉·米哈伊洛夫娜·马利亚夫科那样子承父业的教育者（卡尔德莫沃儿童之家在战前已经声名鹊起，马克·罗曼诺维奇·马利亚夫科②是那里的校长）。我身上一切好的品质都应该归功于亚历山德拉·米哈伊洛夫娜·马利亚夫科。1941 年，我以全优的成绩从学校毕业，很快就置身战火硝烟当中。不必和经历过战争的人描述什么是战争。我只想说，伟大的良师益友们教给我的理想信念帮助我度过了生命中最艰难的时刻。在自己的良心面前，我问心无愧，在人生中的任何一刻，我都没有改变过自己的理想信念。

现在，我的儿子长大了，他 14 岁了。他从 10 岁起开始生病。四年级那年的 2 月，他得了胸膜炎。这个病从那时延续至今，没有断过。现在他得的是慢性轻度肺炎。由于生病，五年级他重读了一年。当时，他因为这件事哭得很伤心。每年冬天，他都会因为病情加剧而住院，到底还是把学习耽误了。现在，我和他的关系是最让人伤心的……。他从留级开始就极其厌恶学习，和老师们处得也很不愉快。体罚没有起

① 这是基辅州一个 14 岁少年的母亲 1969 年写给苏霍姆林斯基的信。有删节。存于乌克兰国家中央档案馆 5097 库，1 目录，1081 卷，第 1-4 页。

② 马克·罗曼诺维奇·马利亚夫科（？—1950），20 世纪 20 年代成立的斯摩棱斯克州卡尔德莫沃特殊儿童之家的校长。他是公开申请把分散在苏联各地受惩罚折磨的孩子们重新聚集在一起的少数几人之一。

到任何积极效果，他为此开始恨我……。放学回来他就抱怨说他在那儿没意思……，但喜欢和学习不好、品行也不好的男孩子在一起。我的禁令对他来说没有任何意义。可我不想、也没有权利让他长成一个懒汉和游手好闲的人，甚至最可怕的是成为一个强盗……。可是，我和儿子说的所有话、教给他的所有东西，他根本听不进去。他无论如何都不愿相信妈妈是他最好的朋友。

我把一切都与您坦诚相告，就如同在我面前的是我的老师亚历山德拉·米哈伊洛夫娜·马利亚夫科一样。我觉得，可以把自己的不幸和苦楚放心地向您和盘托出。在儿子现在就读的学校里，我也曾这样说过自己的不幸，却没有得到正确的理解。而且，他们认为是我自己造成了儿子的不幸。他们回答我说，如果父母都管不好自己的儿子，他们更无能为力。自此之后，所有人都认为他无药可救了，从此对他的态度也就那样了。他感觉到了，就一点也不想学习了。有句谚语说得好："父母教不了的，有好人来教；好人教不了的，漫漫长路来教。"……

昨天，我被请去学校说让他重读六年级的事。我是哭着回家的。现在我明白了，他在这里是不会有什么好结果的。我常常问自己，在教育儿子的问题上，我是什么时候犯的错，现在还能不能补救？……因为他完全是一个正常、健康的男孩儿（我是指智力方面），却表现得像个糊涂蛋……

多一些培养男孩子的男老师，而不是女老师，是多么重要……。也许她们是好老师，但谁也没有像我的亚历山德拉·米哈伊洛夫娜·马利亚夫科老师那样的毅力、那样的热情。她常说："没有差的学生，只有差的老师。"

1969 年 10 月 29 日

尊敬的瓦西里·亚历山德罗维奇：①

请帮帮忙，如果不能告诉我整件事该怎么做，也请给些建议，我不知道还能到哪里求助，还能做些什么，也不知道该如何生活了。我的儿子算是完了。他 13 岁上五年级时，老师们注意到他根本无法集中注意力，而到七年级他就干脆不上学了。

……在您看来，孩子跟不上学业是因为某种隐疾。我想，您是对的，如果孩子 13 岁就辍学的话，我觉得这是不正常的。

我知道，我不是个好的教育者，但我竭尽全力，使自己没有成为坏人；我在各方面都对他诚实，从没有骗过人，努力做到公正。为什么他在我这里成了这个样子？这些病态的懒惰、自私、贪婪、狡诈和谎言是从哪里来的？他身上也有闪光点：他从不抱怨，不诽谤他人，不欺负弱小，喜爱动物。

我不相信，小时候有天分又好学的正常孩子，现在这么不想学习。我发现，得费很大的劲儿才能让他短时间地集中精力去做题、读课文和去思考。任何表扬或惩罚都无法帮我

① 这是古比雪夫一个 13 岁学生的母亲 1969 年写给苏霍姆林斯基的信。（文中所有着重号等标记都是苏霍姆林斯基画的）有删节。存于乌克兰国家中央档案馆 5097 库，1 目录，1081 卷，第 16-19 页。

让他好好完成作业、在学校认真听课，更不用说使他对学校课程感兴趣了，所有的努力都已付之东流了……

我明白，他需要好的集体，关心人的好老师，好的作息制度、环境和体力劳动。但是，如何找到这一切呢？

我们家有精神分裂症遗传病史。当他离开学校的时候，我决定带他去看精神科医生。

您相信吗？我都不敢说，但当医生鉴定他有病的时候，我并不觉得慌张失望，反而感觉松了一口气：也就是说，他并没有那么差，只是病了。我已经和往日的生活作别，准备好为他吃苦受累直到自己生命的最后时日。今天，他住的儿科病房的另外两位医生却突然对我说，他们不认为他有病。（在此之前有三位医生鉴定他有病）

他们解释说，我们每个人都有些心理偏差，他的行为完全不算失常，他没有胡言乱语，也没有做可怕的噩梦，等等。您能想象吗？当时我甚至高兴不起来，他们问我难道不高兴吗？要知道，这意味着医学帮不了我，那还有什么办法呢？……

另外，他对任何东西都不能保持稍微长久一点的兴趣，在校外也是。他抛下邮票去钓鱼，运动着就去玩玩具，看到其他孩子玩什么马上就见异思迁……

最近他开始囫囵吞枣、马马虎虎地阅读。

他完全没有意志力，一点也不想努力。面对眼前的困难如临大敌，即便面对的是他能克服的困难。难道这一切正常吗？

1969 年 11 月 5 日

尊敬的苏霍姆林斯基：①

我和儿子读完了1969年11月18日《共青团真理报》上关于您的教育活动的文章②，儿子听我读的时候眼泪忍不住地往下掉。他求我送他去您的学校，但我向他说明了这是不可能的。关于这件事我们已经谈了这么久，于是我决定写信问问您，有没有这种可能性。问题在于，我的儿子……在他不长的人生经历中，无论在家还是在学校里，都受尽了委屈。所以，他需要被谨慎、小心地对待，需要爱抚和温暖……。他常常心不在焉——如果可以这么说的话，可世界上一切有趣的东西也强烈地吸引着他。他能一整天一整天地听故事，也能自己编奇妙的故事，惹得其他孩子笑弯了腰。当然，他也有一些别人所说的怪异，照老师们的说法就是粗心。但我看到的他不是这样的，我看到他有一颗敏感、善良的心，他富有感受力，如果说一些漫不经心的话，那并不是因为他愚钝，而是因为他正在琢磨着别的什么事儿。特别是，他的记忆力惊人，他知道所有规则，可只用一个字母写字，当然这是夸张，但他书写确实常出错，因此有一位老师冲着他用手指指额头——意思是说他脑子不够用。孩子为这件事很难过，因为没人愿意和他玩了，所有人都用手指他的脑袋。当然，

① 这是丘古耶夫一个学生的母亲1970年写给苏霍姆林斯基的信。（文中所有着重号等标记都是苏霍姆林斯基画的）有删节。存于乌克兰国家中央档案馆5097库，1目录，1081卷，第24-25页。

② 1969年，《共青团真理报》上登载了两篇苏霍姆林斯基的文章：《看见自己》（载于12月26日）和《特殊的使命（乡村学校，你依何而在？）》（载于2月18日）。也许，这里指的是其中一篇。

现在孩子们对他的态度已经有些转变，因为他们知道，他并不是一个坏学生，他在口语课上回答问题回答得很好，还非常喜欢交际。他酷爱大自然，无论冬天还是夏天都常去森林和田野，在森林里见到的所有植物他都认识，考古和所有小石头等都令他着迷。我想，他并不是真的蠢，但就是没办法向这里的学校证明……

1970 年 1 月 30 日

尊敬的瓦·亚·苏霍姆林斯基：①

在《文学报》上读了您的文章后，我鼓足勇气向您寻求建议。我有一个 4 岁的乖儿子。小男孩很活泼，就他的年龄来说，可以说他能机灵地处理好生活情景中的问题了。看似一切正常，但有一件事让我们很担心。他记忆力差，不是体现在对事情的记忆上，而是体现在对读过的东西的记忆上。从他懂事起，我们就给他读了很多儿童故事和小诗，现在也读（他很喜欢听），但所有读过的故事和诗他都记不住。小诗，他怎么也背不下来；小故事，他怎么也不能清晰地复述。

我们担心，在学校里他将会比一般的孩子艰难很多。也许有什么训练记忆力的方法？需要训练吗？可以怎么开始和他练习呢？同样担心的是，希望不要使他讨厌学习……

1970 年

① 1970 年 8 月 19 日《文学报》上登载了苏霍姆林斯基的文章《班里的后进生》，立陶宛一个小男孩的母亲当年给苏霍姆林斯基写了一封信。存于乌克兰国家中央档案馆 5097 库，1 目录，1083 卷，第 34 页。

尊敬的苏霍姆林斯基：①

您在1970年8月19日《文学报》上发表的文章《班里的后进生》使我们很感兴趣，所以我们迫切地想要向您请教。读这篇文章的时候，在我们眼前的仿佛是自己的孩子——10岁的儿子萨沙，我们为他备受煎熬。一想到他的未来，我们就担忧不已。

我和丈夫在我们20岁的时候结了婚。我们很想要孩子，想要一个儿子，1960年，我们的儿子出生了……。我的父母上班，白天和晚上都是我自己带孩子。这个男孩个头很大、身材壮实，但他常爱叫喊、情绪不安……。实际上，当时的我自己还是个孩子，一直以来只忙着学习和休息、看书和玩乐，觉得一下子被捆住了手脚。周围出主意的人很多，但帮手却没有一个。我们爱儿子，但只有爱是不够的，还需要耐心和毅力，这些我们却没有。我们还没做好为人父母、从此生活不再属于自己的准备……。孩子用他的叫喊向我们表达愤怒，表达我们只应该为他忙活的要求。通过教育学著作，我们懂得了对孩子不能溺爱，却又走到了另一个极端——对他过于严厉。简言之，尽管看起来一切生活条件都很优越，我们的孩子却变得和其他孩子不一样……

他很少和我们说话，总是一个人玩。所有和他“交谈”的尝试都无疾而终。……我们担心的还有就是他从不问我们任何问题，他没有其他2到5岁孩子都爱问为什么的那个时

① 这是巴库一个10岁男孩的父母1970年写给苏霍姆林斯基的信。有删节。存于乌克兰国家中央档案馆5097库，1目录，1083卷，第40-44页。

期。……我们发现这一切不对劲，希望他能像同龄人一样，因此对他要求很多，却没得到任何回应。看来，我们是差劲的家长和教育者，儿子的行为一次又一次地激怒我们。我常常控制不住自己对他发火，这样一来，情况变得更糟糕了。

那时我们认为，如果幼儿园不能让他振作起来的话，也许学校能行。他的行为举止不同于其他孩子。他和别人找不到共同语言，害怕他们……。他是个听话的孩子，但任何任务、任何困难都能让他掉下眼泪来。他对自己和自己的力量完全没有自信心……，他在孩子群里的感觉也很糟糕。孩子们注意到了他的怪异，经常欺负他、打他，但他不会打架，不会保护自己。他于是变得害怕去上学了……

四年级下半学期他是在家学的，五年级也将在家学。因为这件事他很难过。他说："我想去上学。"我开始提醒他，在学校的时候他过得有多差，但他还是哭着说："我想去上学。"……

我们很担心我们这个孩子的命运。我们觉得，他需要的不是医生，而是好的教育者。

……我们的家庭和睦，健康。我们没有什么不良的遗传病史。家里的第二个孩子完全正常，聪明、好学。

请帮帮我们吧。急切期待您的建议。

1970 年

三、苏霍姆林斯基给梅登斯基的回信

亲爱的格里戈里·亚历山德罗维奇：①

衷心感谢您真挚、友善的话语，感谢您饱含温情、情真意切的来信。很高兴我们在德育问题上有很多共识，甚至我们各自的创作计划都有所相近……

我极少阐述对惩罚的态度，或许是因为很多人形形色色的教育不文明行为令我不安，这些人包括很多教师和半数以上的家长。我丝毫不否定教育中有“不准”的概念。相反，我认为管理欲望的问题意义重大。很多不幸的根源恰恰在于人们在童年时没有被教会如何管理自己的欲望，没有被教会正确认识“能够、不准和应该”的概念。在教育一个人学会管理自己的欲望时，我赞成提升人的尊严感，而不是贬低他；但是，在很多情况下教师对学生所做的惩罚恰恰是后者。提高“大写的人”的尊严——在我看来，是通往我们所应创造的道德核心的钥匙。让一个人尊重自己、珍惜自己的人格，这极为重要。如果一个人不尊重自

① 这是苏霍姆林斯基给格里戈里·亚历山德罗维奇·梅登斯基的信。格里戈里·亚历山德罗维奇·梅登斯基（1899—1984），俄国作家，从事教育工作，曾参加消除无人照管儿童现象的工作（1919—1929）；写过有关尖锐的道德问题、社会教育学、个性养成的文学作品［《青年故事》（1954）、《荣誉》（1959）］和政论纪实作品［《劳动书》（1964）］。他特别关注易受伤害的各类公民，尤其是青少年。20 世纪 60 年代末，他和苏霍姆林斯基相互通信，曾到帕夫雷什中学做客。这封信来自苏霍姆林斯基的档案资料。

己、不珍惜自己的人格，那么，他就不配谈什么社会的道德价值。

如果能很快和您见面我将非常高兴。请告诉我们您的健康状况是否允许您到我们这儿来。

此致

敬礼

瓦·亚·苏霍姆林斯基

1968年10月15日

亲爱的格里戈里·亚历山德罗维奇：①

我现在是在基辅给您写信，因为我受邀来这里参加有关儿童文学问题的加盟共和国级别会议。会议由乌克兰教育部、共青团中央和作家协会举办，明天开始。如果有什么趣事，我再写信告诉您。

我在动身去基辅前收到了您的来信。我很有兴致地读了您在《消息报》上发表的文章《自己负责》②。后来，我

---

① 这是苏霍姆林斯基给格里戈里·亚历山德罗维奇·梅登斯基的信。这封信来自苏霍姆林斯基的档案资料。

② 格里戈里·亚历山德罗维奇·梅登斯基的《自己负责》一文，载于1969年4月15日《消息报》。文章探讨了道德纪律问题、青年违法行为的原因和后果的现实意义，作者指出："没有'措施'是独立存在的，家长的眼神、监督和照管不是，就像监督和照管一样，甚至乍看上去幸福的家庭氛围也不是，劳动和社会事业不是，甚至有时被我们寄予厚望的艺术和音乐也不是，体育和音乐也是一样。如果这一切没有被深刻的人类思想，以动机、激励、人类行为准则以及重大社会事业和细腻的爱意为基础的道德开端照亮，而变得神圣高尚的话，它们就不能独立保全一个人不犯重大错误。

们在教师委员会会议上读了这篇文章。您的文章促使我们思考一个十分重要的教育问题。我们国家的每个公民从童年起就被灌输了这样一种深入骨髓的想法：不管发生什么，都有人为我负责，要问就先问教我的人；我生来就是他人快乐的源泉，光是我活在世上这件事，就应该已经给爸爸、妈妈还有老师带来了莫大的幸福；所有人都应该怜爱我、感动于我……。这种想法在年轻人的心中扎根越深，道德上的寄生虫就将越多。

为什么会是这样？当我看到人的价值如此被低估，我就感觉怒火中烧、痛心不已。成千上万这样的人长大成人，对于他们来说，生活是多么的无聊……

我觉得，我们的社会机体已久病缠身——患的是人类价值贬值病。在人的价值被低估的环境中教育出来的孩子会感觉自己只不过是命运旋涡里的一粒尘埃，随时随刻都可能消失不见。对待个人的命运，他也是如此轻率。对他来说，下面这两件事没多大差别——如果需要的话，在会上（按照别人代笔的发言稿）发表关于我们伟大思想的演讲，或是“醉醺醺地”捅朋友一刀。可怕的就在于，他既能做这个，也能

（接上页注释②）“纵观生活深处，从表面上看，很多悖论令我们不解：一切正常，一切都是对的、好的——人也该高高兴兴地生活啊，却不知因为什么曲解或错误，某块道德价值标准的大陆一下子就裂开了，一切走向偏差，轰然倒塌。怎么回事？为什么会这样？为了什么？

“也许，我们永远也理解不了所有这些‘怎么回事和为什么’，因为人类的精神世界是无限的。但是，如果我们想要对一个人产生有益影响的话，我们就不能轻视对这个世界的深刻过程和规律的理解和研究。”

做那个。他失去了个性，精神空虚。难道我们社会的可怕现象——犯罪行为的根源不就在于此吗？另一个悲哀是在我们的社会中，每年有成千上万个孩子（准确地说每年有五十万），纯粹因为偶然而出生，这些人的出生对他们的母亲而言就是惩罚、痛苦和不幸。这其中的根源不也在于此吗？

我相信，这一切都来源于对人的价值的低估和忽视。

再讲一件疯狂、难以置信、细思甚恐的真人真事。滨海边疆区某市，一个少年——八年级的学生用自杀的方式结束了自己的生命（自缢身亡）；使他走向死亡的是迫害——他的两个不学无术的老师迫害过他；就在男孩去世后，这些老师对其他学生说："以后就少了一个傻瓜……"如果你听到悲伤至极的母亲亲口说出这一切，你的双手也会因愤怒而颤抖。

人是最高价值所在——如果我们的社会不能真正践行这种思想认识，那么人的道德就将退化。

此致

敬礼

瓦·亚·苏霍姆林斯基

1969 年 9 月 23 日

亲爱的格里戈里·亚历山德罗维奇：①

十分感谢您温暖的话语，还要感谢您对《爱国者的眼睛与心灵》一文的溢美之词，感谢您每一篇作品洋溢着的真挚情感和友善关怀。您的每一篇文章都是如此。

是的，成为一个善良的人很难。很多目光短浅的人在温柔、善良和真挚中看见的几乎都是对纪律和自律以及人对人、社会对人的要求的威胁……。与此同时，在残酷的棍棒底下度过童年的人，长成了不守纪律、道德上不坚强的人。这样的例子成千上万。我希望您什么时候能来我们这里看看（我们的学校和家就像对亲人一样永远为您敞开大门）。我会给您讲很多动人的故事——供您创作所用。我觉得，最好是春天万物复苏时来我们这里。笼罩于家庭和很多学校德育工作中的残酷氛围同样也令我非常不安。我这里有很多讲述这些可怕事情的家长来信。在一所学校里（居然是一所“模范学校”！——怎么个模范法？我怎么也搞不明白，但很多父母写的就是这些“模范学校”），他们居然想到了把整个班送到心理医生那儿去做鉴定，看哪些孩子（还有更糟糕的：“孩子”这个词从学校里消失了，到处只能听到“同学们”）能够学习，哪些孩子心理上不正常、不能学习……，这简直荒唐至极。很多学校开家长儿童联合会议（拿孩子的不幸开

① 这是苏霍姆林斯基给格里戈里·亚历山德罗维奇·梅登斯基的信。家庭档案资料收藏。未见日期，大概写于1969年。苏霍姆林斯基的《爱国者的眼睛与心灵》一文载于1968年8月28日的《文学报》，阐述的是儿童的爱国主义教育、公民自我认识和爱国主义情感形成的问题。

玩笑)，这真是荒谬至极，是教育学上的无知，简直——简直是犯罪。这种会根本就不能开。这种会开完以后，很多人家打孩子，结果孩子变得仇恨学校、仇恨老师。必须完全禁止老师“利用”家长的手殴打孩子的行为。我有上百封来信控诉的都是同一件事，老师对妈妈说：“得抽他，这就是全部教育学。”有一所学校里的一个孩子，一直得两三分，突然有一次功课得了五分。老师对这件事是这么反应的：“今天瓦洛佳做的功课是五分，真是太阳从西边出来了……”一个二年级学生，家庭作业完成得不好，老师把他叫到黑板前面，强迫他当着全班的面撕碎作业本，把撕碎的纸扔到窗外……

祝您身体健康，工作顺利、愉快！

瓦·亚·苏霍姆林斯基

第二部分　苏霍姆林斯基的著作和文章选编

一、论“困难”少年①

教育界经常讨论所谓“困难”学生的问题。

很多教师认为，只有把“困难”学生“纠正过来”、完全变成另一个人以后，才能对他开展教育教学工作。如果没能成功地把学生纠正过来，那么唯一的出路就是摆脱掉他。

这从根本上就是错误、有害的观点。在绝大多数情况下，这些学生犯的错，既不是耍无赖，也不是故意妨碍教师和同学们的行为，更不是蓄意的恶作剧，而是少年的性格特点的表现。

那这就意味着教师应该顺从地向命运妥协、“迎合”这种学生、姑息纵容他的把戏吗？不，完全不是这个意思。“困难”学生同样不允许脱离学生规范和要求的框架；但为了让他遵守这些框架，教师对他需要付出比对其他学生多得多的关注，并且不是这样做一个星期、一个月，而往往是经年累月。

① 本文发表于1957年3月5日《教师报》（第28期）。

“困难”学生的个性特征，与人们业已形成的刻板印象不一样。有多少这样的学生，就有多少对他们施教“困难”的内在原因。真正的教师，总能找到打开学生最复杂的个性之门的“钥匙”——这把钥匙能影响学生的智力、心灵和意志中最敏感的地方，从而一年又一年地从事这艰难而崇高的教育事业。

我们学校的学生尼古拉·尼基坚科在二年级时已经是人尽皆知的“纪律破坏生”了。他的老师声明不可能把他留在班里。她也是这么做的：很多课这个孩子都是在走廊里上的，即便如此，他还影响其他班上课。当教导处请老师详细说说，为什么不能把他留在班里上课的时候，老师细数的每一个错误却都是任何一个孩子都可能犯的错误：在课堂上左顾右盼、影响别人、做鬼脸、在同桌的作业本上滴墨点、口袋里装着各式各样的无关物品，如此等等。但这位老师只看到了这些事实，却不能解释其中的原因。

其他更有经验的、时常听这位老师的课并留意孩子们课后生活的老师、教导主任和校长帮她弄清了这个孩子的性格特点。她才明白，这个孩子精力充沛：他遏止不住地想证明自己的智慧，于是就变成了各种调皮捣蛋的行为。此外，他非常自恋、敏感，对同学们的每一句话都过于敏感，在最小的争执面前也毫不妥协。同桌给尼古拉说：“你写的字母 Ж 像蜘蛛……”——尼古拉就在他的作业本上滴了墨点。还有个同学因为嘲笑他的衬衫而被打了。他的调皮捣蛋通常并非出于恶意，但是，这些行为影响了班级，破坏了课堂秩序。

在他身上还能发现一点，就是这个孩子总是努力证明自己不在乎老师的批评和威胁。

这个孩子身上并没有任何危险的地方，但老师持续不断的叫喊和请母亲来的威胁却使他对老师越来越防备，越发不信任，想方设法做出新的恶作剧。其实，这个孩子需要的是平和、关切的话语和善意的教导。在集体的建议下，老师开始采用这些方式。她时不时地让尼古拉提早到校，在上课前帮助她挑选教具；让他做每日的天气播报，拉他加入学校里的钳工模型设计师小组。于是，男孩的无限精力就转移到引人入胜的有趣活动中了。

尼古拉是家里的独生子。老师明白了，为什么每次叫母亲来学校后，每一次请她“采取最坚决的措施”后，尼古拉都变得暴躁、封闭、更不听话了：母亲“采取了措施”，疏远了儿子；而超爱妈妈的儿子认为，这全都是老师的错。

以后每次男孩调皮捣蛋，老师不再叫母亲来学校了。相反，每次和家长见面时，老师强调的都是尼古拉的行为和对老师的态度表现出来的所有积极方面。这帮助老师和男孩亲近起来，增加了男孩对老师的信任。虽然尼古拉在教学大纲的很多单元上成绩落后，但老师不再强迫他课后留下，而是建议他早上早点来，耐心地为他单独答疑解惑。男孩开始喜欢老师了，他用自己的行动和努力学习给老师带来了快乐。

在五年级头几个星期的学习中，尼古拉再次遇到了大麻烦。他又开始了自己的调皮捣蛋，一些老师开始把他轰出课堂。但惩罚越是严厉，男孩越是顽固，他扛住一切，就是不服软。有人曾提出建议：把尼古拉除名三个礼拜，好好教训教训他。

面对这种情况，所有五年级老师不得不用统一的要求对待这个男孩。所有老师达成共识，要把尼古拉的精力引到有益的、集体需要的事情上。依此共识，老师们坚持了三年。尼古拉五年级时做出了自创的气压表，六年级时参加了蒸汽机模型的制作，七年级和小组成员一起制作了能运转的风力发电站模型。

当然，每位老师都和尼古拉有过很多不愉快，但没人在集体前面揭他的短。他的每一次成功、他做的任何好事，老师都想方设法予以表扬。而对他起了决定性影响的是单独交流谈心，谈话的落脚点是孩子身上的一切善良之处。

尼古拉在我们学校上了七年学，整整七年里他都是“困难”学生，但我们并没有指望能一下子就把他变成一个任何人、任何时候都讲不出他一句坏话的那种学生。

结束了七年的学校生活，因为种种原因尼古拉不继续上学了。他那时还不到十五岁。要是学校、整个教育集体和所有家长不考虑他这种类型的学生未来的命运，要是没有意识到对他们的道德责任，那么即使有了七年级毕业证书，他们还是会流入被人们视为学校灾难的那种环境里，就会去“混大街”。不过，我们学校长期以来肩负着对学校毕业的青少年未来命运的道德责任，这是我们教育集体最重要的准则。

……村里的任何一个青少年都不应该被置于劳动集体的影响之外——学校通过给学生社会生活方面的帮助来实现这

一准则。也因为如此，我们这里没有“不良环境”，也没有让我们为自己学生担心的那条“大街”……

我们努力使那些“困难”学生在毕业以后仍尽可能地接近学校生活，以便长期受到学校教育集体的良性影响。学校成立了装备精良的木工作坊后，就有了形成这种影响的有利条件：作坊里组织了学徒班，接收七年级毕业生。这个小组里有“最困难”“最不可能的”少年，其中就包括上面提到的尼古拉·尼基坚科。

每一个小组成员都有清晰明确的目标——成为技能娴熟的木匠，而且他们自己也有非常认真的劳动态度。事实表明，经过六七个月的学习，学生们就能完成制作框架和木门这种不复杂的订货任务了。这使他们获得了第一份劳动报酬。而最重要的是，教师们和好学生们在道德面貌形成的关键期——从少年到青年的过渡时期——对他们持续不断地施加影响。

我们深信，没有一个学生是学校通过社会生活、集体劳动等方式教育不了的。我们的生活为儿童和青少年健康成长提供了不竭源泉。不要保护学生不受“环境的有害影响”，而是要创造良好健康的环境——这就是我们现在的主要任务。

教师不能回避“困难”学生，也不要用各种各样的借口摆脱他们。教育的艺术，不在于挥挥手就把“困难”学生变成安静、听话的学生（这也是不可能的），而在于让这些学生始终处于教育的影响之中，引导学生走上正确的人生道路。

二、论“困难”学生和他的同学们①

阿纳托利还在上二年级的时候，整个教育集体就都知道他是个不听话、任性又固执的男孩了。渐渐地，他身上还表现出了其他一些更严重、危险的特征：懒惰、懒散、撒谎和虚伪。这个男孩逃避有益的集体劳动，把自己放在了集体的对立面上。有一个春天甚至发生了这样的事：全班到学校的小花园去植树。阿纳托利把几棵小树的根毁坏后又埋进土里，然后骄傲地把自己的“壮举”告诉了同学们。全班同学不得不把几乎所有树苗都刨出来才找到了被毁坏的那几棵。

阿纳托利的行为开始对其他班同学产生坏的影响。我们大家都不怀疑，他就是那种最“乖张”的学生。明摆着，这种学生对于班主任乃至整个儿童集体来说都非常棘手。对这种孩子应该逐渐地、一步一步地引导他们加入积极的学校集体生活，参加高年级学生的丰富多彩的活动。

我们认为，关心这些学生是校长的首要任务之一。这些学生一天也没有离开过我的视线，让他们完成我布置的任务。我一直在和他们交流，力图对他们贯彻统一的、循序渐进的教育方针。

我很担心阿纳托利的命运。通过观察和分析他的行为，我确信：这个被放任自流、无人看管的男孩从没听到过关于自己的一句好话。在家里，他几乎一生下来就被认为是家里

① 本文发表于1957年8月27日《教师报》（第102期）。

的“罪恶、不幸和苦难”。班主任只在每次“事故”后才想起阿纳托利。要是这个男孩写的作业不比一般的学生差，或者表现得和班上大多数孩子一样，老师很容易就把他给忘了。即便他做了好事，别的老师也不表扬，却总是注意他犯的错。

渐渐地，阿纳托利也习惯自己当不了好孩子了。这个男孩“就那样儿”犯错误，从没体验过自己的优点被别人——首先就是学生集体——承认的快乐。

所有不守纪律的学生，都是个性鲜明的孩子，他们情不自禁地想表现自己；如果只表现在了坏行为里，那只是因为他们不会用其他方式。

在令人印象深刻的树苗事件后，我建议阿纳托利的老师给全班学生布置一个任务：每人在家里栽上几棵苹果树苗和梨树苗——哪怕一平方米也行。

阿纳托利什么也没干。我就邀请他到生物教室，请他帮我从各班学生夏天收集来的大量树种里挑选出最好的苹果树种和梨树种。这项细致的工作我们干了两个多小时，干到两个人都累了才停下。无论阿纳托利怎么设法装出对我布置的任务不屑一顾的样子，但这项工作还是深深吸引住了他。孩子的好奇心占了上风：这个男孩选出了几百个最好的种子，准备种在自家院子里两平方米的地里。托利亚①施肥栽苗的那天，我去他家找他。我们两个人一起挖坑，把树苗栽到了土里。

这个男孩似乎为爱劳动的自己感到难为情了。但同时，

① 阿纳托利的爱称。——译者注

他也想让同学们大吃一惊：他，这个坏学生，突然间干的活比所有人都漂亮。关于自己干的活，阿纳托利跟谁也没说。这个“秘密”只限于我和他的老师知道。

冬天，男孩就如何保护树苗抵御严寒几次询问我们的意见。春天，他为树苗迟迟不发芽而忧心。最初的几处萌芽给他带来了很多欢乐。老师和同学们都来看他的苗圃了，阿纳托利第一次在全班面前因为优秀、辛勤的劳动受到了表扬。

托利亚栽下幼苗，继续照管它们。一年以后，他送给了学校五十多株幼苗。

诚然，这个男孩当然不可能一下子重生、变成一个好孩子。我几乎每天和他交流，吸引他参加各种新鲜有益的活动，尽量在全班和全校集体面前展示他的成绩。

托利亚是制作弹弓的能手——简直是所有小鸟保护区的灾难，怎么劝他都没用。寒冬的一天，我邀请阿纳托利一起到田里，走进集体农庄的草棚，为的是让他看看小鸟们如何过冬，看看它们想要避寒、吃饱有多艰难。我和他一起做了一个“小鸟餐厅”。我委托托利亚每天喂小鸟、看护它们、不让别的学生欺负它们。要知道，让一个不守纪律、懒散的男孩习惯每天不间断地劳动是何等困难。为完成这件事，只好我自己每天到“小鸟餐厅”去喂食，阿纳托利则没法完全逃避这项新任务。很长时间这个新的责任没有对他起到激励作用。直到一次共青团集会上，他因为保护小鸟的事被表彰后，才开始自愿地主动关心小鸟。

打这儿以后，这个男孩身上有了明显的变化：他对老师和同学们的评价更看重，反应更敏感。如果说从前阿纳托利对自己的任性、粗鲁和懒惰不以为然的话，那么现在，即使只是提到这些缺点都会让他感到无比难堪。毫无疑问，如果一个学生体验过优点被集体承认的欢乐，那他就再也不会对同学们的指责无所谓了。集体越多地称赞他的优点，男孩对变好的追求就越明显。

我努力让男孩通过把自己的力量贡献给集体、通过为集体做好事的方式，更深刻地感受精神上的满足。

阿纳托利上七年级了。在他身上像从前一样还有孩子的顽皮和需要耐心对待的任性脾气，但在他的行为中起决定作用的是他最主要的一些好品质——在集体中生活和工作的能力、诚实、正直和爱劳动。这些通过长期教育形成的品质，是发展学生的道德和尊严、不断唤醒他做好事的欲望的基础。只有在这个方向上持续不断地实施耐心的教育，这些品质才有可能得到巩固和长远的发展。而只要放任阿纳托利一个月，他就会变回那个不守纪律、任性、懒惰的孩子。因为养成坏习惯不需要任何努力，只要做一件事就够了，那就是对他的命运漠不关心。

教师应持续不断地影响学生的精神世界，这是一种非常明智的教育过程。正确的影响在于不断发展孩子的良好品质。要塑造这些品质，并悉心培育它们，这些品质的发展不是偶尔为之，而是贯穿童年、少年和青年时代的每一年。

在儿童集体的施教过程中，应该看见每一个儿童和他独一无二的精神世界，应该耐心并且个别地对每一个儿童开展工作。对个人的教育是与对集体的教育紧密联系在一起的过程，但同时也是教育工作中一个特别的领域。

三、论“困难”学生和“不可能的”学生①

……能让孩子被贴上“困难”学生的标签的那些特点，绝大多数情况下不是无赖行为，不是故意妨碍教师和同学们的行为，更不是蓄意的恶作剧，而是与孩子的个性密不可分的性格特点。有这些特点的孩子你很难改造；很多时候，一二年级的“困难”学生，就这样一直“困难”到了十年级，毕了业，走入生活。但后来——常常令所有教师感到吃惊的是——他们成为出色的劳动者，他们变得诚实、正直、爱劳动并且守纪律。那么这是否意味着，教师应该认命、顺从地向命运妥协、迎合“困难”学生、姑息纵容他的把戏呢？不，完全不是。这恰恰意味着，“困难”学生同样不允许脱离学生规范和要求的框架。但是，为了让他遵守这些框架，教师要对他付出比对其他学生多得多的关注，并且不是一个星期、一个月这样做，而往往是经年累月。“困难”学生的个性特征与人们心中业已形成的刻板印象并不一样；有多少“困难”学生，就有多少“困难”的内在原因。如果教师是真正的教育者，而不是想一下子就把全部“困难”学生变成“让人轻松的学生”的死板的形式主义者的话，他就总能找到打开学生最复杂的个性之门的“钥匙”，这把钥匙能影响

① 本文存于乌克兰国家中央档案馆 5097 库，1 目录，704 卷，第 2 页。

学生智力、心灵和意志中最敏感的部分，并以此一年又一年地从事着艰难而崇高的教育事业……

四、人是独特的①

我永远也忘不了巴甫利克。对他这样的学生，有的老师怀着善意的同情，有的老师则持冷漠态度。按他们的说法，这孩子根本没有掌握知识的能力。我还记得，这个小男孩刚入学的时候是那么活跃、好动，充满了好奇心。可没过多久，他就变得孤僻、胆小，过分地守纪律、听吩咐。

在刚开始学习的那几周，巴甫利克就感觉到了他和其他孩子的不一样。同班同学已经毫不费力地把单个的字母拼成音节，并且能够大声读出来，可是他，不知道为什么，把一个字母和另一个字母区分开都要费很大的力气；同学们只要用心听两三次关于冬姑娘的诗就能记住了，可他却无论如何也记不下来。老师专门给他接连读了好几遍，这个孩子也在试图努力地记住，用心回忆诗里的句子，可就是白费力气。

“为什么你学不会？下课以后我还得陪你坐多长时间？”

---

① 1960年，苏霍姆林斯基的《人是独特的》在《基洛夫格勒州真理报》5月31日第107期、6月3日第109期、6月4日第110期上发表。

1961年，这篇文章的俄文版以同一题目发表于《国民教育》1961年第5期，后来收入《苏霍姆林斯基选集（五卷本）》。1962年，基辅青年出版社出版了苏霍姆林斯基的《人是独特的》一书。

在本书中，本文引自俄文版《苏霍姆林斯基选集（五卷本）》第5卷（基辅，苏维埃学校出版社，1980年，第85-102页），未收入和困难儿童教育没有直接关系的内容。

老师生气地问。这个孩子蜷缩着身子坐在那里，眉头紧锁。

在教育委员会会议上，这位老师讲到自己的班级时，把巴甫利克评定为一个“思维迟钝儿童”。她说：“他对自然景物和自然现象都无动于衷，很少思考、比较和对比。对他必须是教了一遍又一遍。在他身上花的时间要比其他孩子多两三倍。一道习题，一个最简单的关系式，他都要思考半天。”这位教师认为，既然巴甫利克思维迟钝，他就应该尽量多花些时间学习功课。这位教师在学校里也是这么做的，还建议巴甫利克的母亲也这样做……

就这样，这个孩子继续艰难地在那里啃着书本。日复一日，月复一月，老师拽着学生够那救命的“分数”，据说“分数”才是学生成功的标志。这种“拖拽”使巴甫利克付出了很大代价，他几乎没有时间参加课外活动。只要他和同学们多玩一会儿，老师就觉得他在偷懒。况且，总的来说，这位老师认为自己的学生参加课外小组活动，无非是让他们在闲暇时间有点事干。至于巴甫利克，她坚信这个孩子不可能也不应该有闲暇时间，那他参加课外小组活动能有什么用？“而且，这个小孩不像别的孩子那样，他对任何事物都不是真正感兴趣。”她这样说。为了证明这一点，她还讲了下面这件事：

“有一次，我带全班同学去参观自然展室。孩子们在那里看到了多少新鲜有趣的东西啊。大家都欢呼雀跃，问个不停，不少孩子想要马上行动起来。只有巴甫利克站在那里默不作声，盯着远处的什么地方。他在这里感到枯燥无味。现在，我对他是束手无策了，仿佛什么也不能引起他的兴趣。”……

巴甫利克十分艰难地结束了四年级的学习。在他升入五年级的时候，老师为他附了许多补充说明。那位女老师提前给所有五年级老师看了巴甫利克的**教育评定**，还把她自己统计的这个孩子犯过的语法错误表转交给了他们，还有一张算术规则清单。她认为，这些规则应该让这个孩子经常复习。

刚升入五年级的那几个礼拜，这个孩子坐在那里啃课本的时间更长了，他也觉得更无聊了。找孩子母亲谈话的已经不是一位老师，而是八位老师全体出动。但是，与此同时，巴甫利克的生活里也出现了一些新的东西：很多课不仅需要像在低年级那样听和记，还需要动手做点什么。这些课给这个孩子带来了快乐。他最感兴趣的就是植物课。植物课老师很善于组织课程，他不像平常所说的那样，让孩子们“接收”知识，而是让他们自己摄取知识。每个学生都缝了一个小书包，还做了几个袋子，用来装课上要用的各种各样的“鲜活材料”。孩子们从书包里取出枝和叶、茎和根、花和籽。所有这些都要通过放大镜观察，对照比较，还要画下来。

直到这时候，老师们才第一次听到有人说，原来巴甫利克是最聪明、求知欲最强的学生。按植物课老师的说法，他的智慧就在“手指尖上”。这位老师在教育委员会会议上说：“这个五年级孩子能做的，有经验的园丁都很少能做到。”下面的事就是这位老师告诉我们的。

在一次植物课上，孩子们学习使用不同的方法嫁接果树。

老师注意到，巴甫利克如此细致地（用园丁的话说就是“巧妙地”）割开小果树的皮，再小心翼翼地把芽从接穗上取下来。老师边观察孩子工作边想：“这才是真正的技巧。”巴甫利克切下一段带两个芽的优质苹果树的枝条，仔细观察起来。

“你看见什么了？”老师问。

“能不嫁接就直接培育树苗吗？”巴甫利克反问道，“就这样拿一个枝条，把它栽到土里，好好照料它，它能不能成活？”

“这孩子的语气把我惊呆了。”后来这位老师说，“给人的感觉是，仿佛他已经考虑过了所问的问题，甚至可能已经试验过了。我知道，想让切下的果树枝条生根，特别是苹果树枝条，是相当困难的，必须是真正的能手才干得了。于是我回答巴甫利克：‘可以，但这非常难，只有最有经验的米丘林式的园艺家才做得到。’”

“那我能试试吗？”孩子问，他的眼睛里闪烁着愉快的光芒。

课后，老师带巴甫利克到温室去，告诉他应该怎样准备和进行这项有趣的实验。

对巴甫利克来说，幸福的日子开始了。他用玻璃和塑料建了一个小小的温室，培育那些苹果树的枝条，每天用温水浇灌土地，精心照料，让温室里保持一定的温度和湿度。一半枝条都成活了，嫩芽绽放开了，叶子有了光泽，还长出了新芽。但是老师发现，这个小家伙似乎还对什么有些不满意。

“那些成活的枝条，是我从树的上端取下来的，”他对老师说，“而这些死了的，是中间和下端的枝条。也就是说，应该从树的上端来取，这样可以培育出大量幼苗……”

“当我听到这些话的时候，我的心几乎都收紧了，”后来这位老师说，“要知道，这是真正的实验工作者，是未来的科学家或者天才的园艺家！他不仅实现了既定的目标，还对自然现象进行了研究、探讨，当然，是按照自己的方式，也就是按孩子的方式进行的。”

很快，全校都知道了巴甫利克的实验。很多孩子都想用同样的方法培育树苗，但是成功的只有三个人，而且其中两个是女生。至于老师本人，正如他自己承认的那样，没能使一根枝条生根。

这件事以后，巴甫利克开始了“新生”。对很多老师来讲，这是一个巨大的启示，促使他们认真思考一些尖锐、敏感的教育教学问题。渐渐地，这个孩子过去的那些胆怯、拘谨和犹豫不决消失了。现在，在课上回答老师的问题时，他已经不去回忆课本上哪个地方写的是什么，而是边思考边回答，通过他见到和观察到的东西得出结论。这个男孩现在听讲时表现出的求知欲让老师们始料不及。巴甫利克对所学教材理解得越深，他提出的各种问题也就越多；老师们简直无暇回答他的所有问题。有一位老师甚至表示不满：巴甫利克的问题，听起来经常有对老师所讲内容的不信任。但是，认真考虑了巴甫利克提的问题后，老师认识到，孩子思维中的这种批判态度，表现出了他对某个真理的正确性的努力探究，并且力求形成对真理的坚定信念。

老师们把孩子成长中的这种变化称为“思维的觉醒”。在知识的源泉——实际活动、实践、生活中观察、检验和研究知识时，这种“觉醒”表现得特别明显。有些课上，理论概括与具体事物和周围生活现象之间的联系比较复杂，不十分明显，孩子思维“觉醒”的过程就会慢一些。但是，对概念、规则、定律和公式的思考越困难，巴甫利克就越要用自己的意志力去战胜困难；而过去，在困难面前他总是望而却步的。

毫无疑问，这个孩子思维的觉醒、智力的快速发展、强烈的求知欲——所有这一切都与他在创造性劳动上的天赋有直接关系，而植物课老师成功地启迪了孩子身上的这些天赋。巴甫利克自己明白，也许他很快就感觉到了，农艺学是他能展现自己才能的领域。看来，他在努力把过去失去的补回来……

教育工作的实践使我们深信，每个人的个性都是独特的，培养一代新人——共产主义社会的建设者的任务，首先就在于开发每个人的这种独特性、独立性和有创造力的个性。实现这一任务，就意味着要把每一个受教育者都引上这样一条道路。在这条路上，他的智慧、能力和创造力能够得到最大限度的发挥。有多少学生，就有多少条这样的路。作为人类灵魂工程师的教师，其工作的艰巨和崇高也恰恰就在于此。

我们的学生入学后的头几天、头几个星期（个别情况下延续至几个月），是他们熟悉高年级学生从事的各种劳动的阶段。让学生着手去做他力所能及的事，让他们试着从一项工作转换到另一项工作，在各种创造性劳动的氛围中，这并不危险。在学生进行探究的最初阶段，我们仔细研究他们的兴趣和禀赋，努力让每个学生都积极参与到创造性劳动中去，让他们学会点什么，让他们在掌握劳动技能方面取得一定成绩，哪怕只是掌握一些最简单的技能技巧。在这一阶段要达到的重要教育目的，是让学生力求取得美好的劳动成果……

孩子是没有有能无能、有才无才之分的。所有孩子无一例外都是有能又有才的。要在每个学生身上识别出他自己独特的、与众不同的才能，开发它、孕育它、培养它，使之充分显露出来——也就是说，要把人的个性提高到人格这一层面上来。

每一位教师的手里都掌握着几十人、几百人的命运。请您用充满关爱的手去触摸学生的心、触摸他们的灵魂，开启他们的智慧才能，那么人就会闪耀出自己独一无二的光芒。就像一块表面暗淡的宝石，毫无诱人之处，但是经过珠宝匠的手，它就会变得熠熠生辉，学生也是一样。为了社会和道德的进步，为了每一个人的幸福，我们教育工作者不仅要做人类灵魂的工程师，还要做一名心灵手巧的珠宝匠，开发出每个学生身上独特的人格之美。

相信每一名受教育者的天才和创造力吧。人是独特的！

五、我们的职责是培养人①

……每个新学年开始前的两个月，我们都要把即将入学的一年级新生集中到学校里来。在这两个月里，碧绿的草地、椴树和苹果树下凉爽的树荫、潺潺的小河、无垠的田野，还有暮色里那墨绿的阔叶林就成了这群小孩子的学校。

我们把这几个星期和孩子们进行的饶有乐趣的教育工作称为“蓝天下的学校”。这段时间里，我们给自己提出的主要任务，就是对每个孩子的个性特点有一个初步的认识。从这时开始的**了解**孩子的工作，对每个智慧、敏锐的教师来说一天也不曾间断。如果没有这项工作，成功的教育也就无从谈起。

我们尽可能多地去了解孩子：健康状况如何？身体有什么特点？是如何思考、感知和接受周围世界的？我们这所“蓝天下的学校”已经办了好几年了。一开始，我们主要把它作为孩子入学后顺利学习的预备条件和手段：孩子们可以从中知道很多过去从来没有注意过的东西，学会思考、观察，还有最重要的——学习惊异于对周围世界每天不断的新发现。

随着时间的推移，教师们一年年越发深信，为学校的功课做准备，这只是其中一项任务，而且是一项派生性任务；

① 《我们的职责是培养人》一文载于1964年三期《教师报》上（12月5日第144期、12月8日第145期、12月10日第146期），1977年收入乌克兰文版和俄文版《苏霍姆林斯基选集（五卷本）》。

重要的是教师从这时起就开始深入孩子的内心世界，开始研究孩子的思维、情感、性格、意志和兴趣。教育，首先是了解孩子，而为了了解孩子，就要一直看见孩子、研究孩子。不了解孩子、不深刻认识发生在他们内心深处的复杂活动，我们的教育就会变得盲目，就会因此失去意义。

在思维、对周围世界的理解以及智慧、意志和性格等个性特点方面，没有两个完全相同的孩子。每个孩子都是一个独一无二的“世界”。只有理解了这个“世界”、了解了它的全部奥秘以后，才有可能培养一个人，形成他的精神面貌。

有个问题已经困扰我很久了：怎么才能了解孩子，怎么才能看见孩子、观察和研究孩子呢？生活使我确信，研究一个孩子，了解他的个性心理特征，深入他的精神世界，就意味着要看见孩子与周围世界、与各种事物和现象、与他人、与大自然的相互关系。坐在课桌前的孩子其实并没有完全展现在您面前，在这里您看到的只是他在劳动中表现出来的智力发展的结果；而智力发展本身，最明显、最紧张的智力劳动，是在孩子面对朦胧的树林、面对山谷中的潺潺溪流、面对在绽开的花朵上飞舞的蝴蝶时进行的。只有当孩子集中自己的智力不是为了记住书本上的词句，而是为了寻找对不理解的自然现象的解释、为了回答一个个“怎么样”和“为什么”的时候，这个小人儿内心的精神世界才会在您面前完全展现出来。

在“蓝天下的学校”里，正好就有这种与大自然、与周围世界的鲜活交往。当您和孩子们从闷热的教室走到花园里，来到河岸边，坐到一棵百年老橡树下的时候，您就会发现：孩子们的脸庞都起了变化，那些您认为落后的、成绩不好的学生的眼睛里也闪烁着鲜活的火花。

我想起了这么一件事，有个叫柳达的小女孩上一年级了。她家里有几个孩子。柳达的母亲和哥哥们都是聪明、勤劳的人。我还记得她母亲上学的时候学习很好。但这个小女孩的情况就完全不同了。柳达费了很大劲儿才记住字母和数字。她看起来似乎是认识所有字母了，但要用四个字母拼出一个单词的时候，这些字母好像一下子都从她的小脑袋里飞走了：她一个字母也不认识了，甚至就像从来没见过它们似的。“树枝上站着三只山雀，又飞来了两只，现在树枝上一共有几只山雀？”就这么一道题，无论我费多大力气，柳达都解不出来。

问题出在哪里呢？你的脑袋里发生着什么，柳达？你在自己周围都看到了什么？对看到的东西想些什么，怎么想的？为什么你的同桌科利亚，还没有听完题目的条件，就已经把手举起来了？他不仅知道题目里问的是什么，还解出了答案。为什么一道这么简单的题，你都不会做呢？其实你已经能数到五十了呀。在家里，你帮妈妈把葱捆成捆，每捆不都是五十棵吗？为什么在那里你那么活跃、那么机灵，可到了这儿，到了课堂上，麻雀和山雀的题就成了你理解不了的东西呢？

这是二十年前的事了。记得有一次，柳达站在黑板前，下垂着眼帘，她做不出一道关于九辆汽车过桥的题：有六辆已经过去了，问河对岸还剩几辆。忽然，她抬起了小脑袋，注视着窗外被温暖的秋日照耀着的世界，她看到了平静的蓝色河面，看到了河岸上若有所思的垂柳……。小女孩像亚麻花似的蓝色眼睛一下子就换了神色：她想起了什么？

我明白了，柳达心里想的未必是数学题，尽管我要求她这样做。我心里闪过这么一个念头：如果我们把一棵纤细的小白桦从河岸边肥沃的土壤里拔出来，栽到另一片土里，或者搬到这来，搬到闷热的教室里，那它会怎么样呢？这棵娇嫩的、柔弱的、对一点儿微风都十分敏感的小树会有什么感觉呢？恐怕叶子会蔫巴，树茎会干枯吧……。这棵小白桦也许还是绿的，但它活不久了。小柳达，现在的你是否也是这样呢？

第二天，我们一起到河边去。那是一个春光明媚的日子，阳光在空气里织起银色的丝网。我们坐在绿色的草地上，我和孩子们讲起了太阳铁匠的故事。太阳铁匠是传说中的巨人，他们住在太阳旁边，每天打造火热的金色光带，洒下金光；他们把金光洒向大地，洒向草原，洒进河水中。于是，到处都流光溢彩。孩子们全都听得入了迷。这时，我注意到了柳达那双蓝色的眼睛，她眼睛里的激动和痴迷令我吃惊，仿佛柳达现在已经看见了童话里的那些铁匠。

“现在我们做题吧。”我说。这时，我发现柳达的面色一下就变得沉闷了，皱起了眉。“不，不是你怕的那种题。”我想。我讲了一道关于狼、山羊和白菜的故事题。看，它们就在这里，在我们旁边，那儿还有一条要把它们运到对岸的小船。

孩子们开始思考了。我用泥捏出了故事题中的角色，把它们放到河岸边。孩子们思考着，把这些泥做的乘客摆来摆去，想办法让所有乘客过河而没有哪个乘客被吃掉。

可柳达上哪儿去了？她一个人走到河边，用泥捏了自己的狼、山羊和白菜，还捏了一条小船。她很快就做出了所有这些东西。其他孩子都开始灰心了，不知怎么把乘客们运过去。

这时，柳达拿着自己的泥乘客和小船朝我走了过来。“我把它们送过去。”她说。我能感觉到，现在这个小女孩还沉浸在童话世界里，她忘记了狼、羊和白菜都不是真的。她讲起来怎么运送它们，把谁留在对岸。

那你为什么解不出五只山雀的题呢，柳达？为什么我读那道关于山雀的题的条件时，你的眼神那么冷漠？问题出在哪里？

我苦思良久。为什么会是这样：最聪明的小姑娘却记不住字母，这些字母好像从她脑袋里飞走了似的；连三加二这样的算术题也做不出来。柳达是怎么思考的？什么她接受起来更容易，而又是什么似乎只能**从她意识的表层一滑而过**（对她身上的这种现象我已经确信无疑了）？

我的面前摆着两片核桃树叶。一片是新鲜的，刚从树上摘下来，还散发着香气。而另一片是几年前、可能十年前就夹在书里的叶子……，这片树叶只是从外观上看还像一片核桃树叶，它既没有核桃林里的芳香，也失去了绿色植物那透明细胞里的水分，它只是一片干巴巴的东西……。我在课堂上让学生们做的那些题目，是不是也像这片核桃树叶一样枯燥无味呢？如果一个孩子闻不到新鲜树叶的芳香，也感觉不到清新凉爽的气息，那他怎么能确定这片树叶是从哪片树林、从哪种树上摘下来的呢？

这些问题搅得我心绪不安。我们能像现在这样教孩子吗？我们能这样做吗：在一个晴朗的秋日的早晨，把一棵刚刚迎着太阳、在蔚蓝的天空下长出新枝的柔嫩的小白桦从土里挖出来，硬栽到一个破木桶里，再把它搬到教室里来，对它说："长吧！"然后就等着这里长出一片茂密的小树林？这可能吗？这是不行的，不能这么做，这样是不会有什么小树林的。

这件事之后，我似乎开始了教育生涯一个新的阶段。我懂了，如果我和孩子之间还隔着一个讲台的话，就不可能了解孩子、观察孩子、研究孩子。如果剥夺了孩子天然的环境——在那里他第一次睁开眼睛看新鲜的和不理解的东西，他的眼里为美丽而不寻常的、奇异而激动人心的东西第一次显露出惊异之情，那么，也就不可能理解孩子是怎么接受周围世界的，不可能理解他是怎么思考和感受的。我从事教育工作的每一天、每一个星期都使我确信，思维具有个性化、独一无二的特点，就像在成千上万的人中不可能找到两双完全相同的眼睛一样。只有当孩子们置身于自己的环境，在那里活动、认识事物，集中自己的智慧和身体的全部力量，充分感受成功的喜悦和失败的痛苦时，我们才能发现、理解每个孩子思维的特点。

柳达的思维方式可以说是我的一次发现。如此形象、具体、鲜明的思维方式我从没有遇到过，尽管孩子们通过鲜明表现出来的形象进行思维活动并不鲜见，特别是在低年龄阶段，尤其是在农村，这里的孩子是从他们每天都接触的自然现象中汲取关于生命、发展、原因和结果的最初认识的。关于五只山雀的题目柳达之所以不会做，是因为我话语的含义没有进入她的意识。小姑娘的全部注意力都被数字吞没了，但这些数字好像也只是从她意识的表层滑过。后来，我确定，对柳达来说，应该把题目编成能够激发想象的鲜明生动的故事。我确信这个小姑娘有生动、鲜明的想象力，敏锐的目光和聪明的头脑。

我永远也不会忘记那个宁静的夏日黄昏，我和孩子们坐在小山丘上，看着太阳渐渐落到远处森林的树梢后面。从田野和山谷里吹来习习凉风，鹌鹑在成熟的麦地里唱起了歌。我们面前是一个开阔的山谷，山坡上灌木丛生。天色渐渐暗了下来，这些绿色灌木的轮廓变得有些模糊了，仿佛飘在空中似的。

“孩子们，你们看这些绿色的灌木丛，它们让人想起什么？”在宁静的傍晚时分，我们总是喜欢遐想。

“像一片片绿色的云——在空中飘着飘着，就停在山谷里休息了……”

“难道云有绿色的吗？”

“好像海浪——从很远的地方飘来，没劲了，累了，想休息了，就不动了。”

“我们这儿哪有海浪啊？”

“这些灌木丛让人想起一个大蚂蚁群。还记得吗？我们在森林里见过。”

“没有蚂蚁，哪儿来的蚂蚁群啊，蚂蚁在哪儿呢？”

每个比喻都引起一场争论。忽然，我听到了柳达轻声的、但令人激动的话语。她像讲故事一样讲了起来：

“这是停在那儿过夜的一群羊。你们看，它们一个个贴得多紧啊——这样暖和些……。再看那儿，羊群旁边有个牧羊人。”柳达把稍远处的一棵树指给大家，这棵树在暮色中看起来像一个穿着长衫的人，“看，他就要坐下来点燃篝火了。牧羊人旁边是一条狗。”

孩子们都听得入迷了。柳达讲的这些没有引起大家的反对，相反，所有人都看到了新的细节。比如，有几只羊掉队了，还在山谷里吃草。白天的时间对它们来说太短了，它们还没吃饱。牧羊人马上就要把狗放出去赶它们了……

我努力使这种鲜明、形象、具体的思维方式不成为柳达学习的阻力，而成为她学习的助力。上一年级的时候，这个小姑娘画字母，都是一些很奇特的绘画。每幅画都让人想起字母的轮廓，但同时又像某种植物或野兽，或是某种幻想出来的东西。从此，柳达就把字母表永远地记住了，再也没忘过一个字母。

到了二、三年级，甚至在四年级的个别时候，她还是画习题。她的算术作业本完全不像其他同学的那样。在数字和运算旁边，有小姑娘画的苹果和铅笔、大货车和装满土豆的口袋、火车和飞机。柳达学习成绩很好，从来没有不及格过。

年复一年，我越发确信，教师了解每个孩子是如何看待周围世界的——孩子思想、思维智力发展的源泉是何等的重要。我和其他教师总是苦于我们对刚刚踏进校门成为小学生的孩子了解得太少。实际上，我们对孩子几乎一无所知。对我们来说，孩子就像一本充满奥秘的书，我们只看到了书的封面，而封面是远远不能揭示内容的。为了了解孩子，哪怕为了读一读我们这本“新书”的头几页，就要知道孩子是如何看周围世界的……

我永远也不会忘记那个沃洛佳。他属于那种最难办、看起来好像是最没有希望的孩子。二年级的他甚至记不住这样一道题的条件：“儿子从果园给父母拿来五个苹果，给了母亲三个，那么他给了父亲几个苹果?”令我困惑、不安的是，为什么个别孩子的记忆力和想象力会这么差?这个沃洛佳，就好像左耳朵进右耳朵出似的。他的思维方式和柳达的思维方式没有一点相似之处。形象对这个孩子不起作用，不能激起他的任何想法和情感。在我看来，沃洛佳的思维有点贫乏、苍白，对待一切都那么冷漠，就像一个拄着双拐的残疾人：只要藏起他的一根拐棍，他就寸步难行了。沃洛佳的外表也和他的思维具有某些共同点：这个孩子面色苍白，没有血色，冷漠，像生了病似的。让他做那道关于五个苹果的题时，我就看着他那灰暗、无神的眼睛。你的脑袋里在想什么呢，沃洛佳?

我力图搞明白这个孩子的脑细胞是如何接收我的话的。儿子、母亲、父亲、苹果……——一些细胞应该接收这些信息，准确地说，应该接收并在一定时间里存储这些信息。但我确信，作为思维过程的物质基础的大脑皮层细胞，对于每个孩子来说并非完全一样，就像每个人的肌肉、每个人的心肌不尽相同一样。我毫不怀疑沃洛佳的脑细胞就像他的整个身体一样，也是那么贫乏，生了病了（至于为什么会这样，那是另外一个问题）。一个细胞还在存储信息的时候，另一个细胞里的信息已经消失了。

解题意味着什么？解题的时候大脑里发生着什么？细胞与细胞通过极细的神经纤维相连，信息就在毫秒之间沿着这些神经纤维从一个细胞传递到另一个细胞，而它们又互相交叉、互相对照。信息向更远的细胞传递，但同时也应该在发出信息的细胞里保存。从生理的观点看，我认为思维过程应该是这样的：富有生气、敏感的细胞对外界刺激做出反应，这就是我们所说的思维的力量。不知为什么，对于你，沃洛佳，并不完全是这样：你的脑细胞没有那种生气和敏感，也没有伴随着活跃的思维脉动的那种震颤。你的脑细胞中间的神经纤维有些贫乏、萎缩……，也许我的描述过于笼统，但我相信，它在某种程度上反映了问题的本质。

怎么做才能让你头脑中的思维活动活跃起来，让细胞充分调动起来，让极细的神经纤维以光速传递信息呢？看来，首先需要的是比较健康的生活条件。要有良好的饮食、充足的新鲜空气，多晒太阳，多参加在大自然环境中进行的积极活动。我关心他的饮食，让他吃好。夏天、秋天和春天，让他整日在户外活动。他的面色红润起来了，脸庞饱满了——

这意味着，他的脑细胞也变得有生气了。但这还远远不够，还需要进行能够充分激发大脑活力的智力活动。这种活动对于大脑来说是必需的，就像肌肉必需体育锻炼一样。

那么，什么是激发沃洛佳大脑活力的推动力呢？就是自然与美。不仅对沃洛佳是这样，对其他孩子也是这样……

当初，人们觉得这个孩子将来不会有什么出息。大家都觉得，他上学顶多能升到三年级。可是，他从七年制学校毕业了，后来又顺利地从技校毕业，成了一名农艺师。如果当初我们没能深入这个孩子的精神世界，不了解他是如何接受周围世界的，以及他的思维是如何在他的意识中艰难地开辟出一条条道路的，所有这一切的成功都不可能实现。

常能听到我们的教师兄弟说：这个学生将来什么也成不了，他没什么希望……。而我想说的是：不要急于下结论——您的职责是培养人。一个医生，只有在确信自己已经竭尽全力、医学的智慧在强大的自然力面前无能为力的时候，才会说出这种决定命运的话：病人没有希望了。而我，作为一名教育者，面对一个完全健康的人，在对他精神世界的奥秘还没有理解、没有弄懂、没有认识、没有发现的情况下，难道能说出这种决定命运的话吗？一个孩子将来会不会成为栋梁之材这种事情，应该先去思考，而不是脱口而出，要看见孩子、认识孩子、理解孩子。

孩子的智慧和心灵要对周围世界中成千上万种现象做出反应，所以，假如他在今天、在此时此刻还不像教师想要看到的那样，我们也可以找出成千上万个理由来解释。我们要认识学生本来的样子，不要试图强硬改变孩子形成的独特天性——绝大多数情况下，这种改变都会导致病态的结果。最重要的是：观察、观察、再观察。观察孩子的两个世界——孩子周围环境的世界，包含自然、劳动、社会关系等，和他内在的精神世界——是如何相互作用的。观察孩子是如何思考和感受的，观察他为了打开自己头脑中的思路，开辟了多么复杂甚至蜿蜒曲折的道路。要善于从孩子的每一个动作中，特别是从他的眼睛里，读懂每一个细微的思维活动、情绪和感受。

“眼睛是心灵的窗户”这句话，有些人听来可能是老生常谈，但对我们教育者来说，这个真理终身受用。我们教育者应该学会通过这扇窗户读懂孩子的心灵，读的时候要注意不要让孩子觉得自己的内心世界受到了侵犯。

大约十年前，娜佳和柳芭这对孪生姐妹从我们学校毕业了。她们两个长得很像，甚至有好几年我们都分不清谁是娜佳、谁是柳芭。但是，后来我们注意到了周围世界引起姐妹俩的思考时她们眼睛里的不同反映。凭着思维在她们眼睛里的反映，我们学会了分辨两姐妹。比如，她们俩看同样的自然美景：阳光照在一片三叶草花田上，成千上万只蜜蜂在花丛中飞舞，就像弹起了美妙的竖琴。从柳芭的眼睛里我看到了兴奋、喜悦和赞叹的光：这个姑娘的思维所接受的首先是世界的美，她把这幅自然景象作为一个整体接受。

同样是这幅图景，娜佳完全是以另一种方式接受的。从她眼睛里看得出来，她正在紧张地思考。这个姑娘注意的是细节。你看她走到近前去看那纤细的草茎，又俯身去看小花，仔细观察每一片花瓣。正在这时，一只蜜蜂落在了花上，她又皱着眉头，聚精会神地观察起这只蜜蜂来，此时此刻，金色的蜂翅和细细的蜂嘴就是她全部的世界。她在这个小小生命上看到了蔚蓝的天空，看到了遥远的地平线，还看到了明亮的太阳。我确信，柳芭是形象、艺术的思考方式，而娜佳则是研究的、数学的思考方式（但是，这种差别并没有影响两个姑娘后来从同一所大学的同一个系——机械数学系毕业，她们都成了工程师）……

人们常说，我们教师是同人打交道的，我们工作的对象是活生生的灵魂。尽管这条真理被人们一遍又一遍地重复，但它永不过时。相反，在能够为每个人的全面发展创造一切条件的新社会里，这条真理又被赋予了特殊的意义。从您走上教师道路的那天起，您就要在心里暗暗地发誓：要开发每一个孩子的全部天赋、才能和力量。为此，就必须了解您所培养的人，了解孩子的健康状况，了解他思维的个性特点，了解他智力发展的优势与不足。

我们所负责的是世界上最宝贵的东西——人。当母亲满含爱意地目送着自己的孩子去学校的时候，她相信，教师肯定比她这个做母亲的懂得更多。所以，如果你是一名真正的教师，你就应该了解那些远不是每一位母亲都了解的东西。你应该了解人。

六、培养孩子的才智[①]

青年朋友！你已经决定了，要把自己的生命奉献给这项高尚的工作——育人。当你第一次走上自己班级的讲台，当你的目光与三十多双好奇的眼睛相遇时，欣喜之情一定令你激动不已。啊，这是孩子们的眼睛！这些眼睛里映出如此复杂、多面的情感，有求知好奇，有小心翼翼，有不加掩饰的兴趣盎然，还有被隐藏起来的某种东西（尽管藏得很差，因为孩子要想把什么藏起来是很难的）。他们想知道：和我们在一起的老师会是什么样的呢？是乐观快活的还是愁眉苦脸的？对我们的乐事是兴致勃勃还是过于严肃的呢？

我的年轻同事，你开始上课了。工作的头几天，你一定是在欣喜和激动之中度过的。学生们最初的回答、最初的书面作业、日志上最初的评价……这些最初的担忧给你浪漫的梦想和希望蒙上了一层阴影，初始的不愉快和失望也随之而来：彼得雷克，有着一双对人信任、求知若渴的眼睛的男孩，那个那么认真地听你讲话的彼得雷克，那个在作业本上努力书写的彼得雷克，没学会功课，不得不给他二分。二分你没给，你想：再给一次机会吧……，但判过的书面作业上，彼得雷克错了十处。最后，作业本和日志都给了他二分。孩子

① 《培养孩子的才智》一文1965年发表于《基洛夫格勒州真理报》“和青年教师的谈话”专栏。本书收录此专栏中两篇谈话：《培养孩子的才智》（1965年8月7日）和《如何教会思考》（1965年8月20日）。

的眼睛里满是伤心，他的心里有了第一块小冰疙瘩……。你已经不能像从前那样用温柔的、友善的目光看彼得雷克了：你还想像原来那样，强迫自己温柔地、友善地看他一眼，但却不能，在你意识深处的某个地方有一个恼人的想法：为什么不及格的是你，小家伙，为什么你记不住规则，为什么作业做得那么差劲？

不及格、留级……，学校生活中没有比这更大的灾难了。对一个成年人、对一个工人说：尽管你在厂子里干了一整年，但不能算数，得把它从你的劳动手册里删了。这个工人会多么难受，这对他来说是怎样的痛苦啊！而对不及格的孩子来说，日复一日、月复一月都得不及格，这是更大的痛苦。一个想法让他备受煎熬，那就是他什么都不行。这是很恐怖的，但更恐怖的是，后来，孩子对这种想法习以为常了，已经冷漠地看待自己作业本上的二分、看班级日志上自己名字旁边的一分了。当看到这样的孩子的时候，我总感到心绪不宁：得是多么大的痛苦，才能让孩子的心——这么活泼、敏感的心——变得冷若冰霜啊！

我在学校里工作了三十年，对这些掉进不及格行列的孩子也观察了三十年。这是些什么样的孩子？为什么他们不及格？难道这些孩子的大脑、思维受到了某些损伤，使他们不能顺利地学习、不能传递给他们人类最幸福的情感——认知的喜悦？要知道，这种喜悦是促使孩子一课又一课、一天又一天、一个月又一个月坐在书本前思考、答题的唯一激励……，怎么把这种喜悦还给不及格的孩子呢？

我在课外找机会和不及格的孩子见面，努力弄清这些孩子是如何认识周围世界的，弄清他们为什么很难明白、理解和记忆知识。学校日常生活的很多事实使我产生了这样的想法，不能只在课堂上理解孩子整个复杂的内心世界：智力劳动的特殊性造就了这样一种情况，即孩子看起来的样子并不是实际情况——特别是在低年级的时候。

还记得我做教师工作的第一年。四年级的班上，有一个黑眼睛、在夏天的太阳底下晒得皮肤黝黑、手上抓着大把荆棘草的男孩——杰姆科。在给我介绍未来工作的时候，教务主任细数班级日志花名册上的孩子们：这是个好学生，这是个优秀生，这是个努力的女孩，但她算数要考及格有困难……。杰姆科不知为什么是花名册上的最后一个，尽管按字母排序他应该是第二个或者第三个。说到杰姆科的时候，教务主任摆摆手："这个没指望了……，要是一页上出了十个错就算了……，题他自己是解不出的，即使最容易的也不行。拿他怎么办——我们也不知道。一年挨过一年，现在也许到头了……。总之一句话，如果班上有一个落后的——我们就表扬……，有两个我们也不批评，要知道还有一个玛丽卡呢……"接着，教务主任就又细讲起另一个"困难生"来了。

教务主任丝毫没有夸大其词。杰姆科不仅听写错误百出，连抄写也不能一字不错。他在做习题时，好像在对付一个什么神秘的匣子，而匣子的钥匙却弄丢了。课间休息时，我看到这个孩子有一双灵动的眼睛，眼里流露的是热情、狡黠的笑，我还听见了连珠的妙语。然而，课堂上的他完全是另一个样子：他的眼睛里流露的是小心翼翼，话语里鲜活的灵魂也不见了——男孩嘴里说的仿佛是别人的话。如何在课堂上留住那个活在自然环境里的——在同学中间、游戏和玩闹时的孩子呢？为什么竟然会是这样？本应该发展孩子智力的教学，实际上几乎熄灭了思维的火花。这些问题让人寝食难安。

下课后，我们去了树林里。我想和杰姆科一起待会儿。在其他孩子被树林里一只蹦来蹦去的小动物吸引住的几分钟里，我和这个男孩走向一棵也许有一百岁的老橡树。

“这是冬季橡树。”杰姆科说。

“为什么是冬季橡树？”我还是第一次听到这么有意思的话。

“它冬天也活着，”男孩兴高采烈地讲起来，“树枝底下，甲虫在那儿取暖，它们睡觉呢！但你一把雪翻开，它们就爬出来晒太阳了。这棵橡树的叶子冬天也不掉。它就这么枝繁叶茂地立着，树叶轻轻地沙沙作响……”

我屏气倾听，我面前的完全是另一个杰姆科，不是课堂上的那个……。我觉得，在树叶神秘的沙沙声里、在小鸟的啾啾声里、在大自然神奇的音乐里存在着某种惊人的力量，它唤起思想，点燃孩子眼中喜悦的火花。后来，杰姆科给我指了一个狐狸洞，说有一次，大概三年前，他在那下面见过狐狸——它们在玩耍，而有一只狐狸坐着，竖起耳朵聚精会神地盯着茂密的树林……

此后过去了许多年，我在教育舞台上遇见了很多像杰姆科、像玛丽卡那样的孩子。他们学习有困难，他们考试不及格，但他们全都是聪明的孩子，他们的才智以各自独特的方式施展，他们感知世界的鲜明个性令我吃惊。年复一年，一个信念在我心中扎下根来，那就是学校教学有一个严重的缺陷：从孩子坐到书桌前的那一刻起，我们用教室的墙壁、黑板、书本把他与为他打开鲜活思想和鲜活语言的最初源泉的环境分隔开了，与大自然、与森林和花园、与安静的橡树林和绿色的草原、与蓝天和热情的向日葵花、与银铃般的百灵鸟和春天最早的潺潺溪流分隔开了。孩子用鲜明的形象——色彩、声音和气味想象；这些形象让富有情绪力量的词汇直抵他的意识和心灵，词汇、生动的母语词汇摇曳着，游戏着，闪闪发光，就像带着洁净露珠的新鲜玫瑰花。我们把孩子的眼睛、耳朵与这个思维的鲜活源泉隔离开，向他展示的却是夹在书页之间的用来取代芬芳的新鲜花朵的干巴巴的花瓣，还说“这就是花”。我们尽可能多地往孩子的小脑瓜里塞进知识，却不教他们思考；不教会思考，我们还奇怪：为什么这个小姑娘就是不明白、记不住呢？黑眼睛的杰姆科一辈子就站在我眼前，像是在深刻地指责……

亲爱的同志，当你站上教育的舞台，不要忘记最重要的一点：我们是和大自然中最脆弱、最细微、最敏感的东西——孩子的大脑打交道。我们是与会思维的物质打交道，关于这一复杂的组织目前已有很多科学论证，但思维过程的秘密还远没有被研究清楚。

当我们说“孩子用形象思维”，这就意味着，例如，当他听老师讲水滴的旅行时，他在自己的想象中画着晨雾银色的波浪，画着乌云，画着雷鸣，画着雨。而且在他的想象中，这些画面越是清晰，他对大自然的规律的领会就越深入，他理解得就越多，越能聚精会神地思考。他大脑中脆弱、敏感的神经元还不坚固，它们需要积蓄力量，它们需要发展、强壮起来。为此，孩子的思维过程，应该像儿童大脑的天性本身要求的那样，首先应该在思维取之不尽的源泉旁边——在大自然当中——进行。

当我们说“孩子在思考”的时候，我们当老师的永远也不应该忘记，什么是思维、孩子的脑袋里发生着什么。当前，有关激活学生的智力活动、有关高效教学法等内容被谈得很多，但这些讨论中有多少空洞的高谈阔论啊！

孩子的大脑从对形象的接收转到“加工”有什么样的规律？如何基于这些规律培养智力、发展思维——教会孩子思考呢？

儿童大脑的细胞这么娇嫩、脆弱，对一切的反应这么敏感，只有在要认识、理解的对象与客体，是能够看得见、听得见、摸得着的形象的条件下，它们才能够正常工作（这就是为什么小孩子在玩娃娃的时候学习思维）。这种作为思考本质的思维转换，只有在孩子面前是直接的、看得见的、真实的形象，或是语言塑造的形象极其鲜明、使得孩子听讲的时候仿佛看得见、听得见的时候，才能够实现。这也是为什么孩子那么喜欢童话的原因。

儿童大脑的天性本身要求贴近思维的源泉——在可见的形象中，首先就是在大自然当中——培养他的智力使思维从看到的形象转换到对这个形象的信息进行“加工”。如果把孩子和大自然隔开，如果在上学的头几天他就只接收老师的话语、叙述和解释（况且这些解释往往在逻辑上还不完全通顺），那么，他大脑中娇嫩、脆弱的细胞很快就会疲惫不堪，就不能胜任老师所要求的思维工作……。而它们，这些娇嫩的细胞，不仅现在、在课堂上必须胜任这个工作，它们还需要发展、巩固和积蓄力量。这就是低年级老师往往会遇到的那类现象的原因：孩子安静地坐着，看着你的眼睛，似乎在仔细听讲，但其实他一个字也没听懂，老师就这样一直讲啊讲，给他讲了三个钟头；因为需要思考的规则、解答的问题——所有这些都是抽象和概括，没有生动的形象，这使孩子的大脑疲惫不堪。

亲爱的同志，年轻的老师，落后现象就这样出现了。我们不要忘记，孩子的脑袋不是电子的记忆机器，而是鲜活的、思维的、娇嫩的、脆弱的物质。不要相信那些诱人的高谈阔论，他们鼓吹激活智力活动的方法未必可信，况且这些方法还附带着孩子不能承受的压力和超高压。“在某某老师的课上，孩子们解决了七道相当复杂的题——这才是真正的课堂。”校长如此夸耀……。“节约利用每一分钟”“感受到紧张的工作”“用积极的智力劳动填充课上的每一分钟”，我为这位老师所教的孩子们的命运深表担忧。这些都是震耳欲聋的话，但其中充斥着对孩子天性的忽视。如果孩子这么马不停蹄地工作，一节课上解决了七道相当复杂的题，那么，四节课后这个孩子已经什么都干不了了，他已经像一个被浸坏了的苹果了。

请保护好孩子的大脑吧，亲爱的同志们！我再重复一次：我们的任务，不仅仅是传授孩子知识，还要培养他的才智、发展他的思维，为此需要教会孩子思考——关于这个话题，我们下次谈话再说。

七、如何教会思考

教会思考，是教育者的首要任务。根据学校教学大纲的规定，应在进行所谓的识字教学内容前的阶段实现这一任务。对教师来说，这项任务大概持续一两个星期的时间。在这些日子里，他们和孩子谈论孩子在自己周围看见的东西，谈论孩子在日常生活中熟悉的事情：小孩上学校、工人造房子，等等。

教师把识字前阶段看作是通向书本、通向阅读之路的一个台阶——仅此而已。绝大多数教师都努力尽快登上这个台阶，不在这上面耽搁时间。一旦开始学习字母和识字课本，关于孩子周围世界的谈话就退居次要位置了。孩子感知的来源和认识的对象就变成了书本，最好的情况下也仅是图画而已。而有着无与伦比的色彩和声音的大自然，通常被书本、教室里的黑板、图片与孩子分隔开了。

年轻的朋友们，不要因此以为我好像轻视书籍。书是人类文明的伟大奇迹，是一代又一代人积累的取之不尽的知识和智慧的源泉。我们终将变成一撮黄土，但书会永存于世——古老的东方智慧闪耀着光芒。遗憾的是，书还没有在学校的精神生活中取得应有的地位，关于这一点我们在以后的谈话中再续。培养对书籍的热爱和尊重，是学校最重要和最困难的任务之一。但正因为如此，为了让书成为一个人生活的老师和民族智慧永远的源泉，就不应该用书把周围的世界阻隔开，不应该试图让书取代大自然里的东西。

我记得一次语言发展课上，一位女教师带来了一幅画，画上一只只小鸟飞向温暖的地方。讨论也围绕着这个主题。“孩子们，请看，这里画的是什么……？小鸟往哪里飞呢？为什么它们要飞到温暖的地方？哪些小鸟飞走？哪些留在我们这里过冬？”教室里闷热，而窗外是秋日温暖的阳光，天色湛蓝，地平线上红色黏土的老山岗仿佛若有所思。飞进教室里的蜜蜂撞上了玻璃。孩子们无精打采地回答着问题，女教师很着急，竭力把孩子们的注意力引向画上描绘的鸟的“人”字形编队上来。就在她怎么也解释不清楚什么是鸟类的“人”字形编队的时候，湛蓝的天空中出现了真的“人”字形编队——小鸟已经在往南方飞了。而在窗外不远处，在电线上，一串活生生的燕子焦急地抖动着电线……，任何图画也取代不了这些——在教室旁边生活的、歌唱的、晃动着的东西。要是教师把孩子们带到院子里、领到花园去，要是孩子们听到大自然神奇的音乐，那么，鲜活的母语词汇在孩子听来就会像歌一样美妙了。

有经验的教师从来不会把大自然中的语言发展课局限在识字前阶段。对有经验的教师来说，在小学学习的每一年，大自然都是孩子生动思维的来源。之后，在中高年级学习的时候，有经验、考虑周全的教师会带领学生走进大自然里观察、凝视、聆听，让母语词汇和生动鲜活的画面一起、和草地的气息和树叶的沙沙声一起、和早春溪流的潺潺声和小鸟的啾啾声一起成为学生自己的语言。在这些教师看来，在学校学习的每一年里，孩子们在掌握关于自然、社会和人类知识的同时，也都在学习思考。

发展思维和语言的课程，可以称为“思维课”。思维和词语是永远密不可分的。经验表明，低年级时思维课至少应该每星期上两到三次。上思维课有一定的方法：它应该既以儿童思维的规律，也以大自然和周围世界的规律为前提条件。思维，就意味着在物体和现象之间看见、找到并解释因果关系，置身大自然中发现事物新的、未知的解释，概括个别现象并利用概括去解释一个又一个因果关系。

摆在教师面前的就是这样一个有重要教育意义的任务：教会孩子在平常的——已经习以为常、见多不怪的东西里——看到新的、未知的东西。亚里士多德说过：思维是从对问题的惊讶开始的。我亲爱的年轻同志，请记住这些话！当孩子看到小石块和一小把黄土、柳芽和甘菊花、看到在栽种下橡实的地方长出来的一排橡树以及树上的细枝时，他们会感到吃惊吗？这一切孩子已经看了多少年了——难道这些能让人吃惊吗？但是，你的任务正在于此，让孩子对平常的、习惯了的东西感到吃惊，让他从这份惊讶中萌发问题，让那些孩子已经见过几十次甚至几百次的自然现象在他面前展示不可思议的秘密。

在上课的头几天，温暖的九月里阳光和煦，空气清透，蜘蛛结出银色的密网，苹果树吐露芳香……。就在这个时节，教师带孩子们来到小河边。孩子们，看看自己的周围。你们会看到不同的物体、东西、生命，还有各种现象。岸边有亮晶晶的小石子和黄色的沙子；这里，柳树把枝芽伸向水边；这里是甘菊花。再瞧那边，在小畦上，有一棵棵小橡树，这是去年秋天高年级的哥哥姐姐栽下的橡实。我手里的是尺子、铅笔。在水里，你们能看见一条条小鱼。看，绿色的树枝上落着一只鲜艳的红蝴蝶……。仔细地看你们周围所有的物体，你们就会发现它们各有不同。柳树的嫩芽和这颗灰色的小石子、沙子和蝴蝶、铅笔和小鱼，它们有什么不同呢？

孩子们陷入沉思。他们还很难意识到生命的特有属性。不要着急让孩子们回答您提出的所有问题。让他们去想，让他们的眼前产生问题，让他们对不明白的事情感到吃惊——这里已经有了儿童思维的第一束火花。当您在孩子们的眼睛里看到好奇的火花时，您就为他们打开了周围世界的第一个秘密——人类思考了成百上千年的秘密：我们周围的一切，不是有生命的，就是无生命的。这是最简单、最明显，同时又是最复杂的真理，认知的本源就蕴含其中。

孩子们仿佛被迷住了似的，站在小河边，看着自己的四周，周围的一切好像都是第一次看见。他们说出这些物体、东西和生命的名字，把它们划分成有生命的和无生命的。说出的物体、东西和生命越多，有个想法就越令人困扰：到底有生命的和无生命的区别在哪里？孩子们试着寻找真相。

“有生命的活动，无生命的不动。”黑眼睛的彼得雷克说，“小鱼游泳，而小石子躺在水底……”

“不对，不是这样。”奥连卡表示反对，“小船在动，难道小船是有生命的吗？白杨站着不动，但白杨可是有生命的……”

“沙子也是动的。你们看，好像小溪从山上流下来似的……”

孩子们再一次睁大双眼聚精会神地观察周围的世界，试图找出活动和生命之间的某种联系。但是，孩子们在日常生活中遇到的几十个事实使他们想到，有生命的和无生命的之间的区别在别的什么地方。到底在哪里呢？

“我知道了！”小安德烈喊起来，他的眼睛里闪着火花……。这时候您就会高兴得心跳加速：这个沉默寡言的小男孩已经让您担心了多日；似乎没有什么能够触动他、让他激动、打破他那对一切都无所谓的坚冰……。突然间，他的眼睛里闪起了快乐的火花。在孩子意识深处的某个地方，生动的思维颤动起来、闪烁起来了。

“我知道了……”小安德烈又重复了一次，“有生命的东西在生长，无生命的东西不生长。”

您感到欣喜，体会着这难忘的时刻。孩子们求知心切的想法越来越接近真理。孩子们再次审视他们周围的东西、物体和生命，再次对照它们、比较它们。孩子们这一刻体验的就是对于简单、同时也是复杂的真理的惊讶之情。他们对周围世界审视得越多，对这种情感体会得就越深。真相就是：一切有生命的都在生长，而无生命的不生长。孩子们思考着，观察着，回忆起以前观察过的东西，说出自己的思考。这时候，最沉默寡言的孩子成了最爱说的。孩子们无所不谈：说到要长成大蟾蜍的小蝌蚪，还说到再过一两天会变成可口黄瓜的藤蔓上的苦涩胚芽。托利亚说起他们家院子里长的百年橡树："爷爷说，这棵橡树是他的爷爷种下的……"

我们就这样上了第一节**思维课——**大自然中有生命的和无生命的。当然，在孩子面前开启的这个真理，只是通往未来长远的认知道路的第一个台阶，但是，没有这个台阶，孩子在唯物主义解释世界的道路上就寸步难行。孩子通过观察、分析、比较自己周围的客体和现象所接近的真理，是新想法的来源，能引发很多问题。思维科学真正的技艺和艺术正在于此，要让孩子面前的每一个真理都引发出新的不可思议、尚不了解的东西。要知道，只有疑问才是思维的动机、推动力和源泉。

我们从小河边回到学校，孩子们一直在重新审视周围的世界，他们心情激动，为这个简单而复杂的真理惊奇：一切都可以划分成有生命的和无生命的。但现在，孩子的意识里不仅有惊奇，还有思考。水里漂着干巴巴的芦苇，它曾经是有生命的，而现在是无生命的了。孩子们再次说起看到的东西，他们知道：

"我们家里的老梨树枯萎了，现在它是无生命的了……"

"爷爷用稻草编帽子。稻草曾经是绿色的、柔软的，现在它们是无生命的了？”

这已经不仅仅是讲述，还有提问。孩子的思维努力深入真理的本质：大自然中有生命的和无生命的区别在哪里？孩子们冒出一个又一个新问题，这多好啊！

过了一天，又一天，再一天。孩子们急不可耐地等着再去小河边，去花园，去森林里……。您每一天都能听到他们的问题，这些问题见证着思维的火花燃烧成明亮的火焰。昨天对他们来说还牢不可破的真理——有生命的在生长，无生命的不生长——现在似乎已经不是绝对正确的了。求知心切的想法找到了一个又一个新事实，引发了很多问题。

“鸡下蛋了。鸡蛋是有生命的还是无生命的？它没在生长，那么，是无生命的？但是鸡蛋会孵出小鸡的……，那么，鸡蛋是有生命的了？”

“云彩是有生命还是无生命的？它在长大呀……”

“风吹起的雪堆也在长大，难道它们是无生命的？或者是有生命的？”

“为什么雪会融化？为什么小河欢快地潺潺作响唱着歌呢？它们是有生命的吗？”

“那水是有生命的还是无生命的？浪花让小渔船晃动起来，河水冲上土地……。也许，雪是无生命的水，但它长起来的时候，就是有生命的了？”

“那种子是有生命的还是无生命的呢？我们阁楼上有一把小麦，在那儿二十年了，从爷爷盖房子的时候就在那了……。我把它种下去，小麦长出来了……”

“爸爸从河里拉上来一块冰。冰块里有一条冻鱼。冰块化了，鱼又活了。为什么它没被冻死呢？”

这里的每个问题都需要回答：这并不容易，要知道大自然中的很多现象孩子还很难理解。但是，永远不要对孩子说：这个你还理解不了。要到孩子的认识和概念世界里去找能建立起最初的唯物主义因果联系的解释，因为这些事物和现象，孩子每走一步都会遇到。

我们又走进了思维的生动来源——这次去森林。孩子们现在发现了若没有第一节思维课他们永远也不会注意的东西。我们又想起有生命的和无生命的话题。在微微蒙上金秋色彩的绿色橡树丛中，他们一下子就发现了干枯的树木。

“它已经活不下去了。”费尔科说，他的声音里透着悲伤。

“它死了。”小安德烈说。

“那么，有生命的和无生命的区别在哪儿呢？”

现在，几个孩子同时想到了：“有生命的会死去，而无生命的不会死，因为它们没有生命。”

这是长远的认知道路上的又一个台阶。上了这个台阶，孩子们就站到了更高的地方看世界。树上的黄叶安静地落到地上，这已经不是活着的或者死了的叶子了。冬天，树木抛下自己多余的装饰，它就不会死去；春天，树的枝干被染绿了，绿叶沙沙地响……。过了一年又一年，种子躺在那里，它没有死掉，那里面有生命的火花发着微弱的光。

八、教会孩子思考[①]

……对于爱孩子的家长来说，没有什么比孩子更宝贵的了。这是永恒的真理，因为人类生活的意义就在于能在新一代人的身上再现自己，在更高的基础上再现自己，把自己孩子的智慧、道德和美的发展提高到比我们家长所达到的更高的层次。谈论这个话题并不容易，但是应该谈。

在我们的时代——每个社会公民的创造力全面繁荣的时代，一个人智力的发展决定着他个人的命运和幸福。感觉到自己的智力发展不健全、自身有缺陷的人，是非常不幸的。仔细观察那些走上违法犯罪道路的青少年，他们是些什么样的人？他们当中很多人没念完书，由于各种各样的原因缺乏文化修养和精神财富。

只要我们的社会里还有没念完书的人，还有学习失败的人，我们就不能一个不落地给予每个人、给予全体社会成员完整的精神上的幸福。而个人的幸福，是社会幸福的保证。家长越来越担心自己的孩子面临学习上的困难，这并不奇怪。为什么一个孩子能够学得好，而另一个孩子好像命中注定上不了三分似的？到底什么是命运？为什么它对一个人如此慷

① 《教会孩子思考》一文载于1966年11月19日《乌克兰真理报》。这篇文章被收入《苏霍姆林斯基文集》（三卷本）（莫斯科，教育学出版社，1979—1981年，第3卷）和《家长教育学》（以乌克兰文和俄文出版的苏霍姆林斯基有关家庭教育的文章和著作摘编集；基辅，苏维埃学校出版社，1978年；莫斯科，知识出版社，1978年）。本书这部分内容摘自报纸。

慨，对另一个人却又那么吝啬？要知道，我们正处在全面实现青年中等教育的前夕，我们要深入思考这个历史上从未有过的伟大创举。全体成员的每个人都毫无例外受过中等教育，这意味着，完成八年学业有困难的沃洛佳和科利亚将要继续学习，应该学完九年级。

这个问题极为尖锐。有时任务不仅在于要正确回答父母的问题，还要找到帮助沃洛佳和科利亚发展智力的方法。应尽可能地防止这种不理想、令人伤心，有时甚至是悲剧的发生，即小公民对自己的力量失去了信心，他不仅变成学校里的落水者，而且还把自己放在了社会的对立面上，与社会发生冲突。

要防止不幸降临到人们的生活中，但这样的任务只靠学校是不可能完成的。父亲和母亲是如同教师一样的教育者，他们不亚于教师，是富有智慧的人类创造者，因为孩子的智慧在他还未降生的时候就从父母的根上伸展出来了。一个人的教育从他出生前很久就开始了。

亲爱的父亲母亲们，你们一定希望自己的孩子是聪明伶俐的，希望人类的精神财富都成为他自己的精神财富。可是，实现这种希望取决于什么呢？一般来说，儿童和成人的智力取决于什么呢？

原因和来源很多。首先就在于年轻的母亲和父亲对待创造新人和新生命是否有负责任的态度。

这要涉及遗传问题。智力有它的物质基础——大脑。而这个基础在娘胎里就形成了。童年健康，尤其是智力发育有个可怕的敌人，就是父母酗酒。酗酒的人生下来的孩子在大脑半球皮层发育上会出现反常现象。若想生个天生残疾的人，条件很简单，那就是父母不一定非嗜酒成癖，只要处于烂醉状态就足够了。在父母酒醉时受孕的胎儿，就已带有“醉后幻觉”的可怕痕迹。在某些情况下，这些反常现象会明显表现出来，也就是说孩子会长成智力落后的人；他在妈妈的肚子里就已经注定将来要在特殊学校——为低能儿、智力落后者和痴呆者设立的学校里学习。在另一些情况下，大脑半球皮层细胞发育不良，反应慢，细胞干瘪、长得虚弱，它们的功能遭到破坏。这样的孩子思维迟缓、记忆力差。这种人终身背着沉重的包袱，而这包袱是他轻率、不负责任的父母放在他肩上的。

为什么要谈及这些问题呢？因为，很遗憾，我们有些孩子，由于父母酗酒，他们在智力发育过程中出现了机能受损和反常现象。我们学校的一个班里，有个少年就是酗酒的父母生下的孩子。这是个不幸的孩子，什么教育方法都改变不了他。这个少年直到第五学年才非常吃力地学会了写作文，第一次独立解出了三年级的算术题。至于背记规则，他花两个小时也什么都记不住。读完题目的条件，他已经忘记了开头。记忆力差，人们把这叫作智力发育缺陷，其根本原因是大脑皮层细胞紧紧地压缩着，正由于此，来自周围世界的信息以极慢的速度通过这些细胞，并且不能像在正常细胞中那样被加工。这种毛病，没有任何医疗方法可以医治。只有教育家耐心、细心的工作，才可以使孩子的智力发育得到一定程度的改善。但是，应当坦白地说，只有百分之一的教师能进行这种工作。

尊敬的年轻家长们，要记住，您孩子的身体和智力的发育全都取决于您。请记住，造人，这不只是简单的生物行为即可完事的。人与动物的区别在于他认清了自己的目的，其中包括在孩子身上再现自己的目标。

孩子的智力发育在很大程度上还取决于孩子在什么环境里迈出认识世界的最初几步。这里说的首先就是关于人的环境，关于那些复杂、多面的相互关系，孩子依靠它们认识世界，也认识作为大自然一部分的自己，认识作为有理性、有才能、有创造性的人的自我。

从孩子开始有意识的生活的最初几步起，父母就要注意周围各种事物和现象之间的因果联系，目的是让孩子学会观察事物。看见、发现那些一眼看不出有什么特别的事物的能力，形象地说，这是承载着思维展翅的空气。智慧、思考、思维的来源，在于周围世界，在于人们看见、认识及引发自身兴趣的现象。几万年前，我们老祖宗的意识中燃起第一束思考的火花的时候，也许正是在他们看见了某种奇异不解的现象，而他们又想要理解这种现象之本质的时候。

从遥远的人类文明初期直到今天，周围世界，首先是大自然，一直是丰富的、取之不尽的思维源泉。智慧，产生于最初的求知欲。你带着四岁的乖儿子去散步，这里有树林，树林后面栽着小树：松树、柞树和椤树。小孩子自己没有看出老树林与人工栽植的新树林之间有什么区别。求知欲需要培养，要教给孩子观察。你应该告诉孩子：“看这些大树，再看看这些小树，怎么分出来老树和小树？”孩子也许没能马上区别出它们，但是，他用心仔细观察，就有了发现。此刻，他的眼睛中闪烁出兴奋的火花：“老树林里的树排得不整齐，在小树林里，树一行一行的，多整齐呀！”

“为什么是这样呢？”你问。孩子又开始了思考。他想解释他不懂的事情，但还远做不到他想做的。即便他没回答出你的问题，是你给了答案，求知欲的火花也已经在孩子的意识里发出光来；孩子看见了他从未注意到的事物。如果你不激发起他的求知欲，他就不会知道为什么幼林中的树木是整齐的，就不知道是人用自己的双手栽植了树林。

你们走进了老树林里，面前的橡树和梣树的树干那么粗壮。孩子自己已经看到：树干上有绿色的苔藓，不过只在树干的一面——背离太阳的那一面长着。“为什么是这样？”孩子问。他积累的知识还不足以解释这个奇怪的现象。他为大自然所展示的又一个秘密所困惑。当你们进入树林深处，孩子大声地喊：“哎嘿哟！”树林深处响起了回声，这回声在山谷里翻滚着，消失在远方。他立刻问：“这是怎么回事？”

瞧，孩子认识世界的旅程开始了。父亲利用每个空闲时间帮助孩子在这条路上一步步地前进，与孩子一起到田野间、到森林里、到池塘边……。那最不起眼的、长满灌木丛的小沟里也藏着令人惊叹的东西，只要你善于发现、并把它展现在孩子的眼前，那难忘的、使孩子困惑和惊异的时刻，就是他求知的火花跃起的时刻。

在这个瞬间，孩子的大脑里正进行着令人惊叹的活动：思维细胞之间产生了极其纤细的、相互关联的丝状体。周围世界在您孩子面前展开的事物和真理越多，他看到的令他不解的、着迷的东西就越多。为什么太阳夏天时在天空中高高悬着，冬天时却垂得很低？为什么高大的橡树上长着小小的橡实，细藤上却结出了大大的西瓜和南瓜？为什么会闪电和打雷？为什么有的鸟儿冬天飞向暖和的南方，有的鸟儿则留在我们这里过冬？在大自然的世界里旅行的无与伦比的美妙时分，您的孩子会抛出成千上万个这样的问题。他提的问题越多，他在学龄前认识的自己周围的东西就越多，他入学的时候就越聪明，眼睛就越明亮，记忆力就越敏锐。要培养自己孩子的智慧，那您就要教会他思考。

九、您的孩子明年要上学了①

让孩子做好上学的准备，然后看着他走好漫漫求学路的头几步，这是做家长的最大的幸福。

但是，这不仅仅是快乐和幸福，随之而来的还有很多担忧和辛劳。因为教育是从家里开始的，从孩子有理性地看待

① 《您的孩子明年要上学了》一文载于 1966 年 1 月 4 日《纳德尼普良西克真理报》[基洛夫格勒州斯韦特洛沃茨克地区（现奥努夫里伊夫卡地区）的报纸]，收入苏霍姆林斯基的《家长教育学》一书（基辅，苏维埃学校出版社，1978 年）。

世界，意识到自己是有生命的、活动着的、精力充沛的生命的那一刻就开始了。

有时会听到家长说：为什么上学前就要教孩子呢？最好让他在上学以前一个字母也不认识。

遗憾的是，有些教师也认同这种严重错误的观点：不需要为未来小学生的知识储备过于忧心，等他上了学自然能学会。

家长们，特别是年轻的家长们，您务必既要掌握小学教育的基本知识，也要掌握学前教育的基本知识。您的孩子出生了。他认识了爸爸和妈妈，会朝你们笑，然后能站起来了，迈出了第一步。他说单词越来越清楚，把它们连起来组成句子；他睁大了眼睛看这个世界：他一切都想认识，一切都想用自己的双手去触摸。

尊敬的父亲母亲们，你们眼前发生的是大自然和人类社会生活的伟大奇迹：一个孩子将长成一个人。但是，这个过程进行得非常缓慢。与其他高级生命相比，人类无助的幼年期是最漫长的——幼儿必须时刻得到家长的照料。人类这段漫长的无助期，是大自然的奇妙之笔。从出生到10、11岁，这是神经系统发展的萌芽期。人出生时，神经系统尚未发育完全。为了让孩子出生时大脑半球里140亿个细胞成长为人类思维的大脑的细胞，大自然才划分出了这个神经系统的萌芽期。

从出生到10、11岁的这个时期，一个孩子将长成一个人。科学界已知三十多个婴幼儿不幸被野兽（狼、狮子）掠走的案例，孩子和野兽生活了几年，后来又幸运地再次回到人类社会。他们在10—17岁的时候回到人们中间，最后却没有一个成为真正的人。在这些孩子当中，一些人很艰难地学会了二十多个词，再多就不行了。

这是一条有力的证据，证明正是从出生到10、11岁的这个时期，人的大脑、思维体中发生着深刻的内部变化，得益于此，一个孩子才长成一个人。这些变化效率最高的时期就是出生到7、8岁这段时间，也就是到上学前的这段时间。在这个时期，儿童大脑里的脆弱物质异常敏感地接收着周围世界源源不断的信息流，并且，他看见、听见、记住的一切都反映在大脑的神经元里，他开始思维。如果在这个时期缺乏恰当的教育，如果孩子被剥夺了其智力充分发展所必需的东西，他就无法为学习做好准备。从出生到7、8岁这个时期错失的东西是永远也挽回不了的。

在我们学校的教育实践工作中，我们接触到了一个男孩，可以说他从幼年起就被剥夺了真正的人类的环境。他是父母的第一个、也是唯一的一个儿子。家里的物质条件很好。本可以把儿子送去幼儿园，但是父母怕他在那里得不到应有的照料，他们外出上班，就把孩子留给了奶奶。奶奶是个善良、富有同情心的人，但不幸的是，实际上在六年的时间里她是男孩眼前唯一的一个人。奶奶有些耳背，后来完全听不见了。男孩一年到头都在院子里玩，家里给他围出了院子的一部分，运来了沙土，买了很多玩具。

无论父母还是奶奶都关心孩子是否穿得暖、吃得好。乍看上去一切都很好，但缺了最重要的东西——孩子能从中了解周围世界现象的人类环境。这个男孩想知道他看见、让他吃惊和感兴趣的一切。燕子在房檐下垒窝，小燕子们叽叽喳喳地叫——燕子飞去哪儿了，它给小燕子们带回了什么？野蜂落在了花朵上，略做停留，又颤动着翅膀飞走了——它在花朵上做什么了？成千上万个问题在孩子的意识里发芽，还没说出口就消逝了，因为没有父亲也没有母亲关心最重要的事情——孩子的思维世界。

就这样，这个男孩上学了。他身体发育得很好，但让老师们吃惊和担心的是他在认识、爱好、语言上的局限和感觉上的贫乏状态。这个男孩无法理解很多最基本的东西，比如种下的树木需要浇水，否则就会干枯。他表现得无所谓，有某种感觉上的迟钝：这个男孩拿走同学的玩具，把它弄坏了——想知道那里面是什么——他完全不关心别人失去玩具会难受、痛苦。这个男孩数数都数不到10。

我们异常艰难地开始带这个孩子进入人类的兴趣、感受和情绪的世界。男孩很难记住字母，他到二年级快结束的时候才艰难记住了数字。在小学结束前，这个男孩才勉强学会了读。

这就是缺乏应有教育影响的结果。

让孩子为将来在学校的学习做好准备，首先应该关心的是他精神生活的充实和丰富，特别是智力的培养和发展。务必要千方百计地发展、激励和满足孩子的好奇心和求知欲。当孩子找您问为什么、怎么回事、这是什么的时候，尊敬的父亲和母亲，不要避而不答。多花些时间和孩子在一起吧。您的休息日，是您和孩子一起去森林、去田野散步，去完整地发现世界的日子。

让孩子注意那些您习以为常，但对他来说蕴含着几十个问题的现象吧。比如，当孩子看鸽子飞起来的时候，请对他说："你看，鸽子会停在树枝上吗？"孩子开始观察、研究，他就会发现鸽子不停在树上。他看到了就会感到惊奇，而思维就从惊奇开始了。

让孩子注意大自然里的一切如何变化，让孩子观察这些现象，让他思考这些因果联系。

最重要的是永远不要让孩子独自一人。他身旁应该有大人，首先就是父亲、母亲。父亲和母亲是孩子的第一位老师。无论学前教育机构里提供的教育多好，没有家长的话语，没有家长对孩子智力世界深思熟虑过的观点，没有家庭富足、有趣、完整的精神生活氛围——这个思维、感觉和母语的第一发源地，就无法想象孩子能得到在学校顺利学习所必需的充分的智力发展。

家长的任务，不仅是培养、发展孩子的智力，还要教会孩子一些东西。孩子学龄前应该教些什么？关于这个问题，我们下次谈话再说。

十、困难儿童①

困难儿童！他们给教师、给家长、给我们整个社会带来了多少忧思、焦虑和伤心啊。直到不久之前还有种时髦的说法：没有差学生，只有差老师。因此，为保险起见，“困难”这个词也总是出现在引号里——这样更保险，这样一来意思就大不相同了……

但是，这些解释能否让学校、家长和整个社会轻松一些呢？困难孩子是有的，你不能无视他们，远远走开。我们看到，这些孩子由于各种各样的原因出现了智力、情感和道德发展方面的不正常、反常化。三十年的教育工作实践使我有机会了解、研究了七十多个困难儿童。他们中的每个人都有某些自己独特、深刻的个性化的东西：有自己的理由、自己的根源、自己的独特性和自己循序教育的路径。

也许，不止一位教师为这样的现象担忧过：班上所有孩子都在认真听讲，很快就要解出题目了，彼得却什么也没弄明白。是的，每所学校里都有这种孩子。但是，不及格、落后、最终留级的原因，各不相同。这样的孩子被牢牢地贴上了困难生的标签。学校校长责备老师不会教，老师责备孩子不认真、不努力、懒惰。

老师课上和课后都给彼得安排了最大量的功课，强迫他做额外练习，要求他尽力克服所有这些毛病，却不见积极的

① 本文发表于1966年2月12日《乌克兰真理报》。

成效。学习使彼得感到厌烦，他学会了骗老师、骗家长，学会了即使在他能独立做什么的时候也抄袭别人的。

渐渐地，彼得真的成了一个懒虫，甚至有时真的是个坏家伙了，老师不愉快的时候他高兴，使劲让老师伤心、难受。记得四年级的一次算术公开课上，玛丽亚·彼得罗夫娜想在外人面前展现全班的积极性，要一个不少地叫到所有学生回答问题。轮到彼得的时候，她给彼得提了一个非常简单的问题：

"把10平均分成两部分。"

彼得，这个被无数个二分折磨得恶狠狠的孩子，决定晾晾老师。

"得2。"他说，眼睛都不眨。

老师强忍着怒火温柔地说：

"你怎么了，彼得？这不是玩儿呢，是在上课。你说，如果把10平均分成两部分，得多少啊？"

"两个2，得4。"彼得的回答令全班哄堂大笑……

智力发展上的某种轻微损伤逐渐表现为道德上的破坏。学校里有多少这样的困难儿童啊，他们又给家长、给老师带来了多少不幸啊。亲爱的成年人，请您也站在彼得的位置上想想吧。您就想象一下，日复一日，月复一月，年复一年，人们都对您说："你什么都不行，你是落后生，别人能做到的你不行。"您是什么心情？

有一次，基洛夫格勒地方儿童收容所所长说："我们从学校接收了一个第四次离家出走的学生。您知道校长给他写了什么样的评语吗？孩子在四年级上了三年了，还是不及格，此前在三年级上了两年。他对待教师粗鲁、无理。被呵斥时，他会反骂回去。难道能把这种流氓留在学校里吗？"

真想给这份评语也写个评语，寄给这位校长：让您在一个年级待上三年，您不骂娘，您会变成一头恶狼的。

学校老师和校长的大错就在于，他们没有努力寻找孩子成为困难孩子的根源。正如医生仔细研究病人的机体、寻找病因以便之后着手治疗一样，老师也应该——只要他是真正的老师——深入、认真、耐心地分析研究孩子的智力、情感和道德发展。难道能想象一个人道的医生会对病人说"您病得太重了，我治不了您"吗？可是，我们当中有多少人、多少老师，每天都让孩子觉得自己毫无希望，甚至还常常直接说出这样的话啊！教育的真正意义在于，即使一个人感到做别人能做的事有困难，也不能让他觉得自己是有缺陷的人，要让他体验到人类特有的高尚的快乐——认知的快乐、智力劳动的快乐和创造的快乐。

多年的教育工作实践、对孩子智力劳动和多元精神生活的研究使我深信，导致孩子成为困难孩子、不及格的孩子、落后的孩子的最重要的原因，就隐藏在教育里、隐藏在孩子幼年时期的周围环境当中。也就是说，这类小孩子的思维体在一岁到七八岁期间没有得到什么对其发展有实质意义的东西。在学校里，如果老师不知道这个绞尽脑汁却解不出难题、在绝望中变成落后生的孩子的脑袋里发生着什么，情况还会进一步恶化。

我们，小学老师、幼儿老师和家长——所有和孩子有关系的人们，都应该了解一些重要真理并且在自己的工作中考虑这些真理。孩子出生时，他的神经系统还未发育完全。其发育延续到十七八岁甚至更久之后，其中最复杂、最深入的过程发生在一岁到七八岁这期间。在一个无助的婴儿长大成人的过程中，在他生命最早的那几年，人类之间的关系扮演着至关重要的作用。野兽抚养大人类幼儿的32个案例在科学界闻名遐迩——这是狼、老虎、狮子偷走婴儿并照料他们的事。后来返回人类社会的“野孩子”怎么也成不了人了。这些可悲的事实也是童年智力教育至关重要的又一佐证。

……为什么所有孩子都理解了题目的条件并做出了回答，彼得却怎么也解不出呢？也许，他的大脑与其他孩子们的不同？不是的，他的大脑里也有数十亿个思维体——神经元细胞，和其他孩子的大脑一样。那么，原因何在？是环境，这个男孩生命最初几年里所处的环境，没有给他的大脑提供儿童神经系统早期发育阶段应该获得的所有人类的东西。为了使数十亿个神经元组成一个聪明、好学的大脑，它从诞生之时起就应该受到人与人之间关系的持续影响。

思维是从问“为什么”开始的。孩子看到周围世界的无数现象，看见了就感到惊奇。蜜蜂朝苹果树上盛开的花朵飞去，然后又飞走了，去哪儿了？为什么去？有的小鸟在树上做窝，有的小鸟在屋檐下筑巢，为什么？夜晚的草原灰蒙蒙的，早上却笼上了毛茸茸的白色地毯，为什么？太阳下山了，天上星光闪烁，这是什么？为什么会这样？无穷无尽的认知的需要、好奇心、求知欲不是天生存在于人类的大脑中，而是人从人那里获得的。这也是人与人关系中最重要的那个元素，是幼儿正常心理发展不可或缺的元素。我们成年人对他的问题回答得越多，儿童的好奇心也就越重，他对自己周围的东西关注得也就越多，他也就越感到惊奇、讶异、快乐。

大脑在这些瞬间创造着惊人的东西。思维体的发源地不停地工作着——神经元里发生着最复杂的生物化学过程，神经元成为人类思维的组织。如果不加训练，神经元就仿佛始终处于昏昏欲睡的状态，发展停滞，没有可塑性和活性；缺乏这种可塑性和活性，心理就会停滞在本能水平。没有生动、好奇的儿童思维，人心理发展的时机就错过了。

人出生后的智力、思维教育开始得越晚，他就越封闭、越难教育。非常遗憾的是，老师常常忘记这个智力教育的黄金规律，很多家长则根本不知道这个规律。在家长中间至今流传着一个极为错误的观点：让孩子的意识在入学之前保持一面白板的状态，他一个字母也不用知道，不用教他阅读。对于孩子提出的各种问题，很多大人是这么回答的："等上了学，你就知道了。"人们就是这么压抑孩子求知欲的。

彼得身上发生了什么？哪些人与人之间的关系没有触及过他的大脑呢？父母上班，把儿子交给奶奶。奶奶是个善良的人，但她的关心仅限于保证孩子的本能需要：按时喂饭、让他睡觉、给他洗澡和换衣服。奶奶什么也没给他讲过，什么也没给他看过——她视力不好。彼得还被剥夺了和其他孩子交流的机会，这个孩子总是孤身独处。其实，他的眼睛看见了很多漂亮、有趣的东西：啄木鸟在树干上蹦来蹦去，黄蜂们和睦地工作，有时候苹果树树枝上栖息着漂亮的小鸟——黄鹂鸟，百灵鸟在蔚蓝的天空中歌唱。但成千上万幅画面匆匆而过，它们没有在孩子的意识中留下什么。这个男孩已经快两岁半了，但他周围的很多东西的名字他却不知道。

秋天过了，冬天来了，彼得的世界变得更糟糕了：温暖的大房间里铺满了毛毯，不管你怎么走、爬或是跑，都不会撞到坚硬的东西，不会撞伤。从早到晚，有奶奶毫不松懈、体贴入微的监护，有丰富充足的食物，以及不知为什么孩子一下子就弄坏的玩具。五岁了，彼得被允许去街上找孩子们玩了，但接下来就发生了各种让人不解的怪事。彼得不明白什么是游戏。捉迷藏时，要是藏起来的伙伴们一个也找不到，这个男孩就摔到草地上号啕大哭。如果找到了谁，就抓人家的头发或者挥拳头打人。孩子们不再带他一起玩游戏，他也没感到特别伤心。他坐到一片灌木丛下，摔木棒、敲打地面，或是找其他事做——把树叶拔光。孩子们吃惊地发现，彼得——已经差不多六岁的孩子——不能数到五。

这就是彼得身上发生的事。他过的是“植物生活”。但是，也不能认为他在智力上落后——他绝对正常；他智力发展上的落后，只有那些了解在儿童脑袋里发生着什么、思维如何产生、记忆如何巩固和发展的人才能理解。

如果彼得有幸遇到一个有智慧、了解儿童心理的老师，那么事情将会完全不同。有这样的老师，小学的最初几年将成为彼得的思维学校。老师每天带孩子们去田野里、去森林里、去小河边。老师仿佛在他们面前打开了自然现象的源泉，足以唤醒麻痹的大脑。孩子们将开始思考，他们会问很多问题，儿童的求知欲逐渐发展、巩固起来。在对所有孩子进行正常课堂教学之余，老师对困难儿童的训练应该进行一到三年时间。困难孩子的智力发展将逐渐与其他孩子拉齐。这里最重要的是从不让孩子感到自己没有指望，从不感到自己是有缺陷的。

如果认为可以强迫困难学生背会一定量的材料，从而督促他，那么学校老师和领导们将大错特错。问题不在于要求他尽可能多地坐到书本前，而是要培养智慧，开发大脑，加强孩子的智力，教会他思考——无论家长还是老师永远不要忘记这一点。特别重要的是，要有教育有方的幼儿老师与从早到晚待在幼儿园的这些孩子们在一起。

关于困难孩子的话题，是个很大的话题，绝非简单的话题。实际上，这也是最复杂的教育问题之一，是一个如果忽视它，就不得不付出高昂代价的问题。

十一、考虑的是抽象学生[①]

列昂尼德和控制论

读完雷巴克的《从 A 点到 B 点》这篇文章，我想起了不久前在我们学校教育委员会会议上关于一个七年级学生的那次谈话。

列昂尼德——最困难的学生之一，直到三年级才学会了读，到了四年级才背熟乘法表，五年级时第一次独立算出二

① 《考虑的是抽象学生》一文载于 1966 年 1 月 27 日《文学报》（第 12 期），是苏霍姆林斯基对 L. 雷巴克 1966 年 1 月 6 日在该报上发表的《从 A 点到 B 点》的回应。雷巴克在文中提出了科学组织教师劳动的问题，建议使用他的“监督进度表”。以下引自 L. 雷巴克的文章：“监督进度表有助于形成组织活动的严格要求。配以经过精确计算、符合实践的系统，协调一致管理教学，我们就能从另一方面解决最重要的迫切问题，即小学生能够并且应该、有义务知道和学会什么，以及为了让他知道和学会这些需要做些什么。

“他就有能力解决以下类型的任务：让全班学生从 A 点达到 B 点。A 点到 B 点的距离，从时间上测量，计为九年——上学期间。在整整九年的道路上等待着学生们的——学生们将面临的是成百上千的事件，是在黑板前和书桌后与知识流的见面。

“令人期待和满意的计划在时间上连续、详细、完整，正如进度表所要求的每一个实时作用。

“这样，我们就有了核算——史无前例的核算！核算显示，例如，处在中间点 M 上（比如说这个字母表示六年级第一学季末），我们班学生应该掌握某些——完整列举出来的——知识、能力和技能，而保证应有水平的是某些——清楚说明了的——教育学影响因素、协同影响因素；同样的，进度表里还将指出必需的协调方法。”

1991 年，经删节和编辑的《考虑的是抽象学生》又载于《小学生教育》杂志（第 4 期）。本书按原文发表。

三年级学生就会的简单算术题。

他上二年级时，教育集体就已经考虑过以后拿这个男孩怎么办的问题。把他转到智力落后孩子去的学校是毫无根据的：他完全能正常理解周围世界的事物和现象，能思考、推理、比较和对照。但是，与此同时，能感觉出他的思维过程存在某种严重的发育不良和迟缓。对于一般孩子来说，老师说的话他们理解得很快，但列昂尼德完全不同：他需要几秒钟甚至半分钟时间才能让老师说的意思进入他的意识。

雷巴克所写的科学管理教学过程的重要性无可争辩。但是，所有这些进度表、所有这些教学过程线路图考虑的都是某个抽象的学生。大自然里这样的学生是没有的。课堂上，老师不是在和智力中等、具备掌握大纲能力的抽象的人打交道，而是和有着最千差万别的个体特点、潜力和才能的活生生的人打交道。

就抽象的学生而言，乘法表应该在二年级结束以前掌握。但是，一遇上列昂尼德，科学管理的“进度表”就不管用了。拿这样的孩子们怎么办呢？留在二年级？我们要是把列昂尼德留在二年级，那就更糟了。因为这样，他就会被剥夺虽然缓慢、但却能不断促进他智力发展的精神环境。原本能依靠老师认真负责、思虑周全的方法迈出自己智力发展的那几步，他也迈不出了。

学生不是被执行机器控制的装置。我们是和大自然里最脆弱、最敏感、最复杂的东西——思维体，并且是处于孩子生长发育过程中的思维体打交道。这种生长发育又极其丰富多样。

我为什么要说这些呢？我说这些完全不是为了置科学组织教师劳动的观点于不顾。雷巴克确信，一整条长路——从一年级到九年级——最好能划分为一定数量的节点，清晰设定学生在每个节点应获得哪些技能和知识，他在这里是完全正确的。

我知道有学校在很早以前就已经在实践中践行这种想法了。教育集体在多年观察的基础上规定，比如说，孩子开始学习几个月后，应该学会相当流畅正确地书写，应该在书写的过程中能同时听清老师的讲解并简要记下想法。

这一切都非常重要，这一切都是教师和学校领导内部自己管理教育过程的方法。如果所有问题都能被勾画出“中间点”，然后根据它分述整个大纲，那学校教学的所有其他困难都能如此轻而易举地克服……。然而，不幸也就在于此，“纸上写的一马平川，却忘了还有峡谷沟壑，一走到那儿……”，整个进度表的系统就像纸糊的房子似的，被困难生列昂尼德一推，就倒了。

我只是拿他举个例子，这样的困难生，生活中有多少啊，我们还要遇到其他多少没有预料到的情况啊。雷巴克在他的文章里描绘了一个具有讽刺意味的场景，不幸的学生索科洛夫同一天里六次被叫到黑板前面。从文章字里行间能读出作者的意思：要是女老师塔季扬娜·伊万诺夫娜面前有某个科学组织教师劳动的计划，这些可悲的偶然失误是能够避免的……

我觉得，这是无望的期待，因为绊脚石根本不在于此。操作管理教学过程的进度表，不过是教师在其中航行的大海里的一滴水；而把船带到知识的彼岸的，是孩子的心理、他的机体、他的身体和精神力量。

假如水手不懂地理……

我觉得，我们在涉及学校的争论中，忘记了最重要的一环——老师。雷巴克提出了有关科学组织教师劳动的问题，却只字不提老师，不提提高教育者的科学水平、教育学素养的事。为什么几年前雷巴克所说的那个纸糊的房子彻底倒下了？是学科间联系的问题吗？是因为谈到了学科间的联系却没有谈到教育学。几年级应该学习什么，书面上一切都写得很好，但这里却没有考虑老师个体。然而，归根结底一切还是取决于老师。不取决于教育部、不取决于教育科学院、不取决于教科书和大纲，而只取决于老师。他需要知道，拿列昂尼德怎么办。

如果人们细看师范学院的话，打开的确实是一幅惊人的奇怪画面。它们，不好意思，称不上是教育学的研究院；这些教育机构所教授的全部知识里，教育学只占微不足道的一点份额。为治病救人做准备，未来的医生要研究人的机体——对健康的研究、对患病的也研究。令我们极为汗颜的是，为教书育人做准备，未来的教育者连他应该知道的关于人的个体的十分之一都没有研究。按年龄划分的解剖学和生理学，师范学院里不研究。确实令人吃惊，但这就是事实。这就好比航海学校里不研究地理一样。

这就是为什么很多老师缺乏一些基本知识，而没有这些知识就不可能和孩子们一起工作。班里，老师们面前有一个面色苍白、身体孱弱的男孩。他认真地听着老师说的每一个词，但他的眼睛却看着远处什么地方，他什么也没弄明白。这个男孩怎么了，他有什么健康异常？老师甚至想也没想过这个问题，因为他不懂解剖学和生理学。

师范学院里没有按年龄划分的和以儿童为对象的心理学、缺陷学、神经病理学等基础课程，可要知道，所有这些东西都是老师必不可少的，就像电气原理基础知识对电气工程师一样不可或缺。

我想请一位女老师——六年级的班主任——给自己班上的女生谈谈她们的身体开始性成熟时应该知道的东西。女老师——这位昨天的女大学生——说："得让我想想那时候妈妈和我说过什么，在大学里这方面我们什么也没学过。"

即使这不令人伤感，也是可笑的。

培养一个有崇高使命的教育者，首先应该培养他领导、管理学生的智力劳动的能力。这是科学组织教师劳动的核心！可关于思维过程，他知道些什么？如果要我说出来的话，不了解教育工作的人也许会感到吃惊（还会气愤）。师范学院的心理学课上，未来的老师只用几个钟头蜻蜓点水式地认识了一下人的思维（而关于儿童思维的特点，他甚至连蜻蜓点水的信息也没得到），就万事大吉了。

知道了这些，是否还值得对老师毫不了解孩子大脑里发生了什么感到吃惊呢？一年级时，老师就已经看到，科利亚轻松地理解了题目的条件，彼得却怎么也不明白题目说的是什么；而当后者弄懂、记牢题目的时候，又怎么也解不出来。这是怎么回事？为什么是这样？师范大学毕业的老师对儿童思维最重要的特点没有一丁点儿认识，所以他不知道为了发展儿童的思维要进行哪些合理的训练。

“不见孩子的教育学”

教育学应该成为师范学院里决定教师技能形成的主导学科。遗憾的是，教育学退居二线学科了。很多教育学教学手册有丰富的社会学综合内容。社会学是需要学的，但教育学应该是教育的科学，是教师技能的实践工具。教育学的中心首先应该是鲜活的孩子，然后是鲜活的老师及其思想、情绪和感受。

师范学院里的教育学，是大学生最不感兴趣的课程，这是老生常谈的问题了。听着枯燥、平淡、剥夺了人的热情的课程，大学生没有机会把自己的个性、思想、知识和兴趣跟课堂内容联系起来。我深信，如果我们想要培养真正的教育者，就应该至少拿出全部教育学课程（而整个课程的时间应该增加一倍）的一半讲教师心理卫生学①。心理卫生学，这是关于智力劳动的心理学、关于“个人心理的体操”的科学。20 世纪 20 年代，心理卫生学备受瞩目，后来却被遗忘了，这是不对的。心理卫生学只在一个创造性的领域达到了真正的繁荣——这个领域就是演员的创作。斯坦尼斯拉夫斯

① 心理卫生学，是研究人的精神心理健康，环境对人心理的影响，制定劳动、休息和作息标准等问题的卫生学分支。

基体系①是演员的职业心理卫生学。教师需要自己的心理卫生学就像需要空气一样。如果青年教师在课堂上不会把自己的想法送上必需的轨道，不会在所述内容和学生听众的心理状态之间分配注意力，那么，绝大多数情况下他们上半节课就已经受挫了。叙述的艺术和情感元素、幽默感、对孩子兴趣爱好的迁就……仍然是很多教师教育实践中的“空白”。

教师的教育学素养，是科学组织教师劳动的基础。

试验……雷巴克指出教育工作者有点害怕这个词是公道的。之所以有点害怕，是因为很多未征询教师的意见就提出来的试验是有害的。只有当试验的精神能支配教师自己的创造性劳动，当高等院校已经为试验做好准备的时候，真正的教育学素养才会进入学校。

试验的第一步是观察。遗憾的是，学校里鲜有教师观察、记录事实、做出结论和总结。学校里有怎样的观察田野啊，哪怕是观察孩子的智力发展、语言呢？为什么师范院校里连观察方法的选修课都没有呢？

我不谈综合大学毕业生的教育学素养问题。这是个非常大的话题，需要深入研究。相当数量的综合大学毕业生进入了学校。但是，为什么教育学和心理学在综合大学的处境比在学院里更加可怜？我认为，倒应该在大学一二年级就为每个大学生确定他未来的工作领域——是从事科学研究还是从

① 斯坦尼斯拉夫斯基的《演员的自我修养》包括一系列心理学训练，其实质内容是自我训练。随着时间的推移，这些训练不仅用于培养演员，还用于其他创造性职业和运动员领域 。

事学校里的科学教育事业。当然，这不是附加条件。综合大学毕业生有相当广阔的视野，他在学校里的实践工作也可以是科学教育事业。但是，为此需要从根本上改进大学生的教育学培养。

十二、最好的药（关于教育修养的思考）①

写在学校最显眼位置的传统箴言“健康的身体里有健康的精神”，几乎每天都提醒着我们的幼儿教师们。疾病和虚弱的机体对人的精神生活伤害极大。如果细心跟踪、观察生病或是虚弱的孩子的心理活动，就会发现这条规律果然言之凿凿。这样的孩子缺乏足够的意志力，无法集中精力。最终他也不明白自己劳动能力下降的原因和根源。

学龄前和小学低年级，是大脑皮层细胞紧张发育的时期。其发育的很多方面取决于整个机体在这个时期的状态，取决于周围环境如何影响思维的物质基础。如果一个孩子在几年的时间里被剥夺了充足的营养和新鲜的空气，他的大脑皮层细胞就会虚弱无力，它们得不到充分的补给，细胞之间的神经联系也会变弱。其结果就是孩子大脑的思维过程缓慢，记忆力差。

大脑皮层细胞一旦长期虚弱、缺血，造成的缺陷将是不可逆的：童年错失的东西是任何时候、任何东西都弥补不了

① 《最好的药（关于教育修养的思考）》一文载于1967年1月4日《苏维埃教育》。

的。现在，每个家庭都有很多机会避免这一缺陷的出现。如果人们没有利用这些机会，那么原因只能是他们在整个教育培养过程中教育修养水平低下，对健康的身体和健康的精神不够关心。

区分教师教育修养高低的一个标志，就是看他能不能发现和理解孩子的健康与精神生活之间的最微妙的多重联系。如果孩子打蔫、发呆，对所有能引起任何一个小学生兴趣的东西都无动于衷，如果他对任何一个有趣的故事、游戏或者同学的恶作剧都无动于衷，如果智力劳动很快就让他感到厌倦，请您注意孩子的健康状况。不要让他精力充沛的样子误导您：常常会有这样的情况，一个看上去似乎健康、面颊红润的男孩，却有某种问题。我的笔记本里有很多这样的记录：一些所有人都认为完全健康的学生，却被发现患有心血管系统疾病。需要花很大力气强健他们的心脏和神经发育系统，以避免后天性心脏缺陷的发展。

谈到孩子的健康和精神生活的相互关系时，务必要记住，孩子的健康很大程度上取决于精神生活的丰富多彩——取得成绩的骄傲、完成任务后的喜悦、愉快的精神情感。不仅仅是健康影响精神，反之亦然。我已经讲过，教师漫不经心的话语可能给整个机体系统造成严重的功能性损害。而心脏、心脏功能及其对其他系统的影响，特别是对负责智力活动的大脑皮层细胞功能的影响，取决于语言修养。教师的语言修养是作用于孩子的儿童世界、智力、意志和情感的最重要的工具。

教师积极的话语，是对孩子的健康、自我感受和自我教育的有力激励。教师的话语里蕴含的高尚情怀（这种高尚情怀来源于教师善良的心灵、同情心、热心和对孩子精神世界的理解），是使孩子精神饱满、富有朝气的食粮，这种食粮会促使孩子对世界的感知茁壮地发芽成长：孩子的体力得到充分发展，他的身体和精神生活协调一致。

……尊敬的同事们，我们要记住，如果没有我们日复一日地对学生健康的恰当关心，就谈不上身体和精神的协调一致，也谈不上思维、情感、世界观、道德观、审美品位和见解的协调一致。智慧的教师是孩子健康的亲密守护者。

还记得我最早教过的一个学生佩雷普科·格。那还是我刚开始从事教育事业的时候。这个男孩上学的时候患有胸腔疾病，心脏虚弱，常常生病，经常嘴唇青紫地一躺就是几个钟头。那时我和学生们晚上一起去佩雷普科家，我给他讲关于勇气和美、人性和正义的故事。我看见这个男孩的眼睛泛红，他忘记了自己的疾病，我们交谈快要结束时，他站了起来，与我们一起“画故事”。佩雷普科是个求知欲很强的孩子；关于周围的一切，他问了我很多问题。他为田间的每一朵花开心，为去年草丛里冒出的第一朵花开心。这个男孩乐观的处世态度都表现在了绘画上。我经常和他一起去田野里、池塘边，画我们眼前的东西。到了三年级的时候，阅读有关大自然的书成了他酷爱的事。

疾病没有退去，佩雷普科时不时病得很重。他被剥夺了和孩子们一起玩耍的乐趣，唯一的快乐就是认知的快乐了。

当这个男孩感觉心脏疾病快要发作的时候，他害怕一个人待着，就到学校来找我，我给他讲深不可测的大海和云雾缭绕的高山的神奇世界，讲捕食昆虫的植物、讲常年生活在干涸水池里的鱼的故事。认知的快乐如此强大，我们甚至成功地抵挡住了疾病发作。

我有一个鱼缸里的水族馆，我建议佩雷普科也给自己做一个。我们做了一个“小池塘”，我给了佩雷普科几条他要的小鱼、几只虾蟹和一些水草，小男孩的生活开始变得更有意思了。他的新发现一个接着一个，这给他带来了莫大的乐趣。后来，我们还在他舒适的房间里添了一个小花园：种上了小枞树和小松树、葡萄藤、胡桃、玫瑰、雪莲、铃兰和洋甘菊。所有这一切都需要不断的照料和细致的劳动。劳动成了佩雷普科生活中思维的指南和一切新发现的源泉。与此同时，劳动也成了他健康的有益来源。

掌握知识唤醒了他心中的喜悦，这个男孩因为求知的喜悦获得了高尚的情操，对自己的尊重在他心中扎下根来。

他还有了收集植物标本的兴趣。冬天，佩雷普科制作“小鸟餐厅”——山雀飞来他的窗台，有两只甚至在屋里安了家。看来奇迹真的发生了：疾病退却了，心脏疾病不再犯了。体力劳动在他的生活中开始占据越来越多的比例。他顺利地从七年制学校毕业了。现在，他是集体农庄的养蜂人，每天待在自己心爱的大自然世界里。

中枢神经系统好似调整幼儿发育机体中的所有系统和组织的钥匙。这把钥匙很大程度上掌控着儿童健康和精神生活的协调一致、身体和心理的协调一致。教师的教育修养最重要的特点是仁爱。应该带着善良的心灵和友善的心愿接近这把娇嫩、敏感的钥匙，这把决定着孩子的健康、自我感受、情绪和处世态度的钥匙。做不到这些就不配当教师。尊敬的同事们，我们要记住，孩子的行为里没有什么居心叵测的东西，如果他做了什么不应该做的事情，只是因为他没有是非对错的观念。他应该被谴责的行为——不是恶，而是错误。对于错误，应该以智慧的家长所拥有的那种宽容去对待。要当心，您的某些意图可能会像火一样让孩子受伤，使他为自己的行为倍感煎熬。您对孩子的伤害越多，他的全部精神环境——思维、情感和意志就越受到压制。这种压制会损害孩子的整个机体系统。

十三、《艰难的命运》一书选编[①]

1. 困难儿童

这本书里所写的，都是那些走进我的生活、在其中留下了不可磨灭的印记的真人真事。

……给困难儿童下一个通用的定义是很冒失的。不过，所有困难儿童身上也有一些不断重复的共同点。每个困难儿

① 《艰难的命运》（莫斯科，知识出版社，1967年）一书写的是在帕夫雷什中学受教育的困难儿童的问题。苏霍姆林斯基在该书序言里写道：“这本书里所写的，都是那些走进我的生活、在其中留下了不可磨灭的印记的真人真事。这本书我写得不容易，读者读起来也不会觉得轻松。困难儿童、青少年，这是一些精神消沉、心灵过于敏感的人。”

童都强烈地、深刻地感受到对他态度的不公正。在某些情况下，确实有所不公；在另一些情况下，儿童家里的教育环境歪曲了他对公正与否的认识。困难儿童诞生的基础，是父母冰冷、残忍、冷漠的态度和他们缺乏理智的爱，这种爱激发了利己主义，把一个人与集体和社会对立起来。绝大多数情况下，困难儿童被冷落，被剥夺了人类最大的幸福——兄弟般的团结、同志间的关系和朋友间友谊的幸福感。这种精神上的孤独来源于冷酷无情和缺乏理智的爱，也可以称这种爱是缺乏人道的爱。

形象地说，心灵上的折损最常出现在一个人被砍断了最主要的根的时候，最主要的根就是对自己、对他人、对生活的良好开端的信心。他只看得到丑恶，注意不到美好的东西。

对周围人的敌意变成了冷酷无情，变成了成心作对和专门让别人不痛快，冒犯那些在困难儿童看来只是表面装好人、实际上却是居心不良的人。如果生活中最糟糕、阴暗的那一面暴露给了孩子，在他面前呈现卑鄙的东西，抑制甚至摧毁了他对美好的信心，甚至让儿童的意识里产生了这样的念头，即所有人都是坏人，不能相信他们，那么，他就会过于敏感、不信任，会带着冷嘲热讽的笑容理解教育者关于美好的话。他会从心底认定教育者的话是谎话，这些话不仅是为了骗他，甚至还要麻痹他的警惕性，迷惑他。即使教师试图用关于善良和公正的泛泛之谈去影响他的心灵，那也永远不会成功。如果一个教师的班上有三四个不相信他关于善良的话、甚至——更可怕的是——因他的话而愤慨的人，那就是教师的灾难了。

困难儿童，这是父母恶习的产儿和家庭生活的灾难，是在无情、欺骗、迷惑、游手好闲、蔑视他人、忽视自己的社会责任的环境中开出的花朵。困难儿童教育的一个复杂之处恰恰就在这里，你知道家庭生活是孩子精神被折损的根源，却往往没把握机会接近这个根源；当你努力去融化把孩子推向深渊的冰块的时候，家庭的冷漠却继续生成一层又一层的坚冰……。而此时应该做的，恰恰是要用往往只对这个小孩子、这个少年起作用的明亮、乐观的力量去与阴暗、冷漠、谬误抗争。

最常见的困难儿童，往往是家长还没在道德上做好生养准备而生下的孩子。这是一个很重大的社会问题，一个需要我们认真考虑的问题。为什么生产出不合格产品——坏的机器或者零件的工人要负责任，而损害孩子、摧残他的心灵的父母却免受惩处？为什么急于摆脱孩子的父母，可以轻而易举地把孩子送到寄宿学校，然后就不闻不问了？社会应该严格检查步入婚姻者是否在道德上做好了创建家庭、生产和教育子女的准备。如果孩子没感觉到自己被父母需要，只觉得自己是他们的负担（他能通过最微不足道、在旁人看来似乎不值一提的小事体察到这点），那么他感觉到的将是巨大的绝望。任何东西也弥补不了只有在家里才体验得到的温暖和爱……

教育这样的孩子困难得令人难以置信。生活本身要求每一位青年男女都务必接受做好为人父母的道德准备的学校教育。你可以反驳我们说，我们的全部生活就是道德教育的学校。但是，生活的实践雄辩地证明，我们很多公民没有准备好遵守道德标准和原则，尽管学校里在专门进行这方面的教育工作……。而在精神上为这项人类最复杂的创造——生产和教育孩子做准备的工作，哪里也没有专门去做；在年轻人步入婚姻之前，谁也没有对他们提出任何要求……

生活使我确信，教育困难儿童是最复杂的工作，需要特别的注意力、耐心、技巧、策略、敏感的心灵和热情。每一个困难儿童都有一段独特的命运，都有一种独特的苦难，因此就需要教育者具有读懂他人的特殊才能。不能用刻板公式化的方式对待孩子，不能容忍像对待面貌模糊的群体、像对待可以随意替换的螺丝钉那样对待一个集体。为了教育困难儿童，使他成为一个好人，首先就要理解和体会他的痛苦，禁受住可能使孩子踏空的危险，而这些只有在日复一日极为尊重个性的氛围里才有可能实现。无论教师多么敏锐、多么深思熟虑，如果没有创建一个对善恶、对别人的痛苦与快乐敏感的、领悟能力强的儿童集体，形象地说，他就不可能找到打开困难儿童心灵的那把钥匙。困难儿童的教育工作最让我操心的，就是要让这些孩子一直能感受到来自集体的支持。一个人最需要的细腻帮助，首先体现在对痛苦的同情、体现在感同身受的能力上。比如在五年级的班里，同学们都知道，薇拉的父亲是一个酒鬼，好打架闹事，她的母亲经常以泪洗面。今天，薇拉来上学的时候眼眶蓝黑，她沉默不语，若有所思，看书却什么也没看进去。这就意味着她又一整晚没睡，意味着家里又发生了时常发生的丑事。敏感的心灵提醒着孩子们，在小姑娘最沉重的时刻，最好什么也不要问她，假装谁也没有猜到她心情差的原因。但是，与此同时，要准备好随时向她伸出援手，别让什么打扰、刺激她，让薇拉在亲切友善的气氛中得到缓解，恢复平静。孩子们课间背着薇拉，提前告诉老师今天最好别提问薇拉、也别叫她到黑板前做题。于是没有一个老师打扰薇拉，但与此同时，所有老师都努力让全班忙起来，让宁静、平稳的劳动氛围笼罩全班。文学课本来要读关于一个小姑娘艰难童年的作品片段，老师安排读的却是另一篇作品，孩子们阅读的是关于大自然、关于初秋阳光明媚的日子的作品。所有人都觉察出了老师这么做的原因，没人表现出困惑或吃惊。

如何培养敏感性呢？我们在自己的教育工作实践中努力让每一个孩子把心贴近他周围发生的一切，贴近世界上其他国家和其他大洲上发生的一切。让孩子像体会自己的痛苦那样体会别人的痛苦，当他得知别人的痛苦的时候，让他哭泣，让他在夜里久久不能入睡，让他想要做些什么以改善别人的生活。良心的声音、心灵的苦楚使人做出的行为，是培养敏感的心灵、同情心和同理心最重要的条件。我们正是在培养孩子对周围世界现象的敏感认识，让他们看见和懂得能引起他们忧心和焦虑的东西……

敏感、热诚、有同情心的集体是一种非常好的环境，它能使心情沮丧的孩子给自己找到可亲的家，找到关心和依靠……

2. “毫无希望的后进生……”

有这样的学生：他们学习困难，非常困难。老师说到这些孩子时流露着焦虑和不安：“不管教他们多久，不管做多少额外练习，都没有用。毫无希望的后进生……”我不准备深入分析这些困难的原因，只说说其中一个孩子的命运。

科斯佳·沃罗比约夫1949年入学。经过头几个星期的学习，我们就已经很清楚了，这个孩子要下很大功夫才能学会其他孩子轻而易举就掌握的东西。孩子们轻松地记住了新的字母，能在单词里找到字母，把一张张字母卡片拼成单词。可科斯佳费很大劲才能记住字母，很快就又忘了。一堂课结束的时候，他悲喜参半地学会了在其他字母中间找到字母“O”。但是，到了下一节课，他已经忘得一干二净，只能一切从头再学。女老师每次课后都把男孩留下来，课上为他也没少费心。多少还是有了一点效果，但是，他们为了取得这点成绩花费了大量的气力和时间。“如果这个男孩继续这么学下去，那么他掌握初等教育大概需要十二年的紧张劳动。”老师在教育委员会会议上如是说。算术课上遇到的困难更多。科斯佳能够数到10、数到20，但是2加2、4减3这种问题，他得绞尽脑汁用半堂课甚至四分之三课的时长。渐渐地，这个孩子意识到了，他和其他孩子不一样，所有人都分音节读上了关于老奶奶和小孙子的第一篇故事，可他，科斯佳，还在用一张张字母卡片拼单词。同学们解算术题了，他还在用小棒数数。

我想更近地了解这个男孩，在课外的环境里观察他，看他是如何领会周围世界的，他如何思考，有些什么兴趣爱好，什么让他高兴，什么让他难过。我有过好几次和全班一起去散步的机会，这让我与很多孩子都亲近了起来，但似乎科斯佳有点难接触。一个阳光明媚的秋日，我们来到了枝繁叶茂的槭树旁。我把孩子们的注意力集中在树叶的丰富多彩上，有黄色、橙色、红色和绛紫色的叶。观察孩子们领会大自然各不相同的方式很有意思：一些孩子是平淡无奇地看，另一些则饶有兴致地看着周遭世界向他展开的东西，还有一些感到惊奇，赞叹不已。科斯佳的眼睛里闪烁着快乐的火花。这个男孩拾起了几片不同颜色的叶子，欣赏起来，然后把目光从叶子转移到树上，寻找着什么。

“孩子们，让我们用树叶收集一套色彩吧，”我说，“每个人看到多少种颜色就收集多少片树叶。”孩子们兴致勃勃地干了起来，东跑西颠地忙起来了。一个男孩爬上了树，摇晃树枝，鲜艳的树叶纷纷掉到地上。科斯佳不慌不忙，他仔细观察树木，好像在找什么似的。收集好树叶，他小心翼翼地把它们装进一个专门做的口袋里。有时他笑了起来，显然是找到了要找的东西。此刻，这个男孩抚摸着找到的树叶，对着它轻声耳语，好像它是个有生命的东西似的。我无法把眼睛从科斯佳身上挪开。这就是他的兴趣点所在啊！这个男孩热爱大自然。当孩子们开始展示收集到的成套色彩时，我真是大吃一惊：这个男孩对美的感受如此细腻。别的孩子看到了 8 种、10 种、12 种色彩，而科斯佳看到了 21 种！

在一个星期六，我对科斯佳说：“明天咱们去树林吧！”

这让男孩满心欢喜。这是个恬静的阴天，我们在黎明时分出发。到了树林里，男孩活跃起来了。他问了我很多问题：为什么秋天树叶变得五颜六色？为什么松树和枞树的叶子不落？百灵鸟飞去哪儿了？为什么山雀和啄木鸟不飞走？瓢虫和其他小昆虫冬天做什么？为什么池塘里有一个地方（他注意到了这个地方）的水在最寒冷的时候也不结冰？

活跃、好奇心强的头脑……，那为什么这个孩子学习如此困难呢？要使学习变得容易，应该做些什么呢？这件事让我和女老师一起琢磨了很久。应该千方百计地发展、强化这个男孩的思维，拓宽他的兴趣，看来，这能够帮助他学习。在任何情况下都不该因为他学不会运算、记不住语法规则而给他打不及格。他终有一天有能力完成所有这些，但不能急于求成。不会阅读就不可能学会任何东西，也不可能发展思维。于是，老师把自己的全部精力集中在教会这个男孩阅读上。她和科斯佳一起在课后学习，为他制作了专门能拆分的字母。这些字母不仅能用来拼成单独的单词和句子，还能拼成小故事。这个孩子醉心于用他看到的东西编故事。

第一学年结束了，孩子们都能流畅地阅读了，可科斯佳还在组词，直到二年级结束他才学会按音节阅读。阅读教学是和参观同步进行的。这个男孩被拉进了少年农艺家小组。在这里，他被委托拣选用于试验的小麦和玉米种子。需要做的是数种子，均等分份，收拾到一起和做减法。这是单调无聊的工作，但这个男孩知道这项工作的必要性，他饶有兴致、激动地数着发出的芽，计算有多少种子还没有发芽。

直到三年级，科斯佳才能流畅地阅读。从这时起，他生命的新阶段开始了。他的眼前仿佛打开了一个神奇的世界——书的世界。我们组织了少年文学爱好者小组。科斯佳是星期六和星期天阅读最积极的参与者之一。小组的孩子们集合起来，如果天气好的话，我们就去森林或者我们的洞穴里，阴雨天我们就聚在小屋里，在炉子旁烤火、读书。科斯佳读着引人入胜的书：他最喜欢的是杰克·伦敦、迈因·里德、儒勒·凡尔纳和斯坦纽科维奇的作品——关于奇遇和旅行、关于强壮英勇的人们的故事。阿尔谢尼耶夫关于德苏·乌扎拉的旅行的书，我们读了两个星期——几乎每天都聚在一起读。我从学校图书馆里给男孩选书。每年新年送他的礼物都是书。他对读过的所有书籍都饱含情感。

但他算术和语法的情况依然不理想。三年级时，科斯佳艰难地解答出了一般孩子二年级结束时已经会答的题目。语法也是他的绊脚石。照理他一二年级都应该留级。他不会答题，听写出错很多，不能像其他学生写得那么快。作文对他来说更是完全不能胜任的任务。有一次要求以“我在森林里看见了什么”为题作文，科斯佳什么也写不出来，他倒是把看见的东西画出来了，这是一个有趣的绘画故事。但语法就是语法，教育委员会上老师们争论得很激烈：接下来拿这个男孩怎么办？留级，意味着把一个人抛出学校：他到十六岁时也就能掌握初等教育，最后成为一个学识浅薄的人。怎样更好呢？向社会释放一个学识浅薄的人，还是让孩子一年升一级，抓住能抓住的一切？

教育集体得出了结论，第二条路更好。在掌握算术和语法的过程中，无论科斯佳向前迈出的步子多么微小、缓慢，多少还是有了一些成绩。每堂课上，老师都给这个孩子单独挑选题目。全班独立解题，科斯佳解的是其他孩子一年前甚至更早时候解的题；给他制作了算术箱，成绩也只按照他力所能及完成的任务打分。班里笼罩的友好氛围和同学之间的互帮互助使这个男孩并不觉得自己孤单。他精神上的支持，是那些让他感觉自己是第一名、能帮到同学、老师也把他当作榜样的那些课程。这就是阅读课、植物学课、地理课、历史课和绘画课。开始阅读新故事的时候，老师几乎总是叫科斯佳。这个男孩能够洪亮、生动地讲述大自然的现象和历史事件。渐渐地，他还表现出了创作的才能：他把自己的想象带到了故事里。

我们怀着巨大的耐心让科斯佳学会了文理通顺地书写和书面表达自己的想法。我们给科斯佳带来了最有趣的故事，布置了这样的任务：每天抄写一页。我们告诉科斯佳，抄写的时候，把每个单词都重新读出来，记住它们是怎么写的。要知道这是你最爱的单词，你不仅要理解它们，还要感受它们：松树、黎明、天际、春风、太阳、河流、波浪，等等。这项工作从三年级学年末开始，一直延续到十年级毕业。科斯佳抄写了杰克·伦敦的几篇故事、屠格涅夫的《猎人笔记》、显克维支的《小音乐家扬科》、高尔基的《意大利的童话》和鲍里斯·波列伏依的几篇故事。这项工作每天需要的时间不超过二三十分钟，但它的价值在于其长远和持久。渐渐地，男孩的文理更通顺了，他开始理解语法规则了。以前，单词是辅助语法规则的例子，科斯佳为规则、也为例子绞尽脑汁很长时间，却什么也没弄明白；可现在，单词生动起来了，充满了色彩和声音，为什么秋天（осенний）一词里有两个字母“н”、为什么写夜莺（соловьи）的时候有软音符号就一下子变得明白了。我们知道了，科斯佳大脑里的思维过程进行得非常缓慢，要理解任何规律，男孩必须看见、“摸索”大量的事实——比其他学生需要多得多的事实。看来，正是因为这个原因，对科斯佳来说掌握语法的唯一路径就是抄写原文：在明白语法规则之前，他就需要比别人多写几遍。

让科斯佳从小学的一位老师手里顺利地过渡到五年级的几位老师那里去，教育集体付出了巨大的辛劳。每一位任课教师都很了解科斯佳。每堂数学课和语法课都给这个男孩准备了他力所能及的任务。五年级时，他开始解决三四年级的算术题。数学老师花费了巨大的气力教会科斯佳解题。这个男孩渐渐明白了，数学题是生活中每走一步都会遇到的实际关系。他开始按老师布置的任务在课堂上和家里编题、解题。

四年级的时候，文学阅读课、地理课、历史课、植物学课和绘画课给这个男孩带来了很多快乐。感觉到能在这里展现自己的才能，科斯佳兴致勃勃地承担起了课外的工作。在这里，他又展现出了组织者的天分：他喜欢和其他孩子一起去远足和参观，一起在树林里待上一整天，搭窝棚，读有趣的书，讲故事。他们的友谊一年年巩固下来。

科斯佳的其他爱好还有研究大自然、从事试验活动和地方志研究。他和生物老师的关系很好。夏天，他们几次远足去周边地区，研究了几种当地的果树。他们找到了20多种樱桃树，每一种都有自己的特点、具有罕见而非常宝贵的园艺栽培价值。13岁的少年科斯佳弄出了一个果树苗圃，里面培育着当地已知的所有樱桃品种的树苗。他做嫁接，杂交不同的品种。这项工作开始三年后，已经16岁的青年科斯佳开辟了一个果园，里面栽有27种樱桃树，其中几种具有宝贵的医用价值。至此，这成了一个独一无二的果园。一个经过了百般艰难才掌握了基本识字常识的人，找到了自己的志向，在其中展现出了自己的才能、禀赋和天分。在果园里劳动，养育植物、进行区域性研究是科斯佳热爱的事情。在自己所热爱的事情上取得成功，是获得精神满足和自豪感的源泉。

得益于此，智力上的弱点变得不那么突出了，而且，原本好像毫无天赋的一个人，还取得了成绩。直到六年级科斯佳才学会写出他的同学们在四年级就已经写出来的作文，这对他来说是最难的工作之一。但是，相信自己有可能获得哪怕是最小的成绩的信念支撑着这个少年，这得益于他感觉到了自己的天赋。到中学毕业时，这个年轻人仍不能掌握代数里最困难的章节，但是，他把这项学习延续到了工作之后，要求自己无论如何要独立战胜它们。

从学校毕业以后，这个年轻人成了一名园艺家。在植物学、农艺学和农业技术方面，他知道的东西比计划要求的多十倍，但在代数和几何方面，他知道的是务必掌握的知识量的一半。这种既定规则的被破坏使我们深深地确信：只有当一个人完全释放他的精神力量，他才能充分展现出自己的能力和才华。

年轻的园艺家给自己制定的目标是培育出在栽种后第二年就结果的樱桃树、欧洲大樱桃树、苹果树和其他果树品种。他已经从不到一米高的小树上获得了果实。“果园——这是果实，不是木材。”科斯佳说，“果园里不应该有大树。”把不同品种的樱桃树杂交，年轻的园艺家畅想着在这种极易成活的树上结出像葡萄那样的果实。在毕业后的三年工作中，他的个人藏书里补充了大量植物学、育种、农艺学、农业技术方面的书和文学作品。

教育，不是重建或者毁坏孩子所自然拥有的天赋，而是均衡地发展这些天赋。“教师是园丁，”维·格·别林斯基写道，“通过嫁接的方式，即使是森林里野生的苹果树，也能使它结出像家种的、香甜的、大得多的苹果；但是，费劲地强迫橡树结苹果、苹果树结橡实，却是徒劳的。大多数教育上的错误也正在于此：忘记了孩子的爱好、能力以及决定他在科学世界的意义的自然天赋，还想着只要是树，想让它结什么都行，哪怕是让核桃变西瓜。”

每个人都有他可贵的天赋。一个孩子再怎么学习没有章法、缺乏才能、无力掌握知识，其宝贵的天赋种子也会藏在那些平凡、平庸、落后现象里的某个地方。教育的任务就在于找到这粒种子，发现孩子可贵的天赋，让他走上那条人生的小道；沿着这条道走，他就会闪耀出自己独一无二的光芒。

这是折磨人的劳动，需要对人有巨大的耐心和无限的希望。教育后进生、不及格生、“能力低下的”学生和“没有天赋的”学生——这是检验教育学的技艺、艺术和人道主义的试金石。

十四、学会读懂心灵①

我与高尔基州一所中学的年轻女教师通信已一年多。这个姑娘非常坦诚地向我诉说着自己的思索和不安，这里不便讲出她的姓名。

她的第一封来信充满了焦虑和慌张：“我被折磨得甚至要放弃教师工作了……，折磨我的就是科利亚。我给孩子们讲述人们崇高行为的故事，他笑着打断我说：‘这是书里写得漂亮，实际上没有这种事……’我分发练习册——科利亚是三分，他甚至都不打开就把本子丢到窗外去了，百无聊赖地一直坐到下课。不久前，他还撕了成绩单甩到我桌子上。我该拿他怎么办啊？”

我问女老师：请您告诉我，您和这个男孩单独谈过话吗？您和您教的学生有面对面地聊过一两个钟头吗？你们有过聊着天走上几公里去田野、去河边、去树林的时候吗？你们有过在阳光里、在蓝天下开始，在星星闪烁时结束的谈话吗？您和您教的学生有过你们忘了谁是老师、谁是学生的时候吗？

① 《学会读懂心灵》一文载于《星火》杂志 1968 年第 41 期，后来又以相同的题目登在拉脱维亚杂志《学校与家庭》1969 年第 1 期上。

有过两个人像朋友一样相互敞开心扉的时候吗？

“没有，这些都没有过。”女老师回答。“我们这儿不怎么习惯这样做。况且，和他们说什么我都不知道，我也不会。因为教育学的教导是：对一个学生的影响首先应当通过集体。我在集体面前警告过科利亚很多次了——没用。也试过换一种方式，有意选这个男孩当小队长，想让他组织个什么集体活动……，但他不想干。他似乎恨所有人，至于为什么，我不明白。有一次，我在集体面前说：科利亚不会再干傻事了，会成为一个好孩子的。我想，他会温和些吧，结果却是：这个男孩突然怒气冲冲，对我说脏话……，后来还发生了些别的事。我在他的日志里给他母亲写：您为什么不关心儿子的成绩？科利亚变得面色煞白，坐到下课，没有动弹一下。课间，我看见他坐在角落里哭，我轻轻碰了一下他的肩膀，他转过头来，露出一副因为愤怒而扭曲的面孔。他说：‘你们都去死吧！’……怎么办啊？”

我写信给这位老师：难道您没看见孩子心里有苦衷吗？不是一时的痛苦，而是在内心深处、消散不去的痛苦。孩子的心被什么震惊了、刺伤了。请您对一切都仔细观察，对看到的一切都深入思考。要学会看见第一眼看不出来的东西。

一连几周没有回信。后来，我收到了等待已久的信……“科利亚和母亲一起生活，他不知道父亲是谁。对母亲来说，他这个儿子是不幸、失败的爱情的惩罚。男孩觉得家里谁也不需要他，他也没有一个真正的家。但是这种痛苦能怎么帮忙呢？”

我明白不能只给三言两语的建议。需要一次有关最严肃、尖锐的教育问题的大讨论。我们学校的教育学素养例行课程很快就要开课了（我们不时组织这种课，也邀请兄弟共和国的老师们来上课）。我邀请了高尔基州的这位女老师。

我们课程的主题，可以说是研究人的科学里最细腻的领域——**童年的社会心理学保护**。是的，不要害怕这个色彩非常鲜明的想法：**保护童年**。我们有需要保护的孩子，需要保护他们的心灵、感受和心情，有时候还不得不保护他们的生命。

在学校教育学素养的课上，我讲了两个故事，尽管这两件事过去了很多年，但永远留在了我心里。

一天清晨，在日出之前，我沿着池塘边走着。我看见一个深水坑边的老树桩上，坐着我的一个十岁的学生——黑眼睛的瓦西里科。他没发现我。在他大睁着的眼睛里，我看到了痛苦和绝望。我走近瓦西里科，把手放在他的肩膀上。男孩哆嗦了一下，转过头来。“我们离开这里吧，瓦西里科。”我说，“不管你有什么痛苦，不要做你想的那件事。生命比人的痛苦更强大。”男孩哭了……。第二天，他向我诉说了自己的痛苦。两个星期前传来了父亲去世的消息；而在男孩坐在水坑旁的前一天，他决定用自杀的方式结束自己的生命。在那之前的一天，他们家住进了一个陌生人，母亲说：以后他就是你父亲。

瓦西里科的生活在我面前揭示了一条重要的教育学真理：每个孩子都想成为某个人心尖上最重要的那一位。不懂得这个就教育不了人。每一颗年轻的心都应该这么机敏、睿智地去接近，它才会以信任和坦诚给予回应。

另一件事发生在十年前。五月里一个和煦的晚上，我检查完集体农庄回家。在铁道线不远处，我遇见了一个有着乌黑辫子、蓝眼睛的漂亮姑娘——我们学校九年级的一个女生。我就叫她，是奥莉娅吧？她惊慌失措的面容令我吃惊。此刻好像有个人在推我、催促我似的：快让这个姑娘停下，她在想什么不好的事。我追上奥莉娅，抓起她的手问：你怎么了，你想什么呢？泪水涌出了她的眼眶。我们坐在一棵倒在池塘边的槐树的树干上，她倾诉了自己的痛苦。与她通信了整整一年的男孩，现在从军队回来了，在街上瞧见她却冷漠地走了过去。

亲爱的教师朋友们，要知道，在我们学校里学习的不是熟记知识的机器，而是人，他们可能有痛苦、忧伤、阴郁、不安和惶恐，需要被怜惜、需要有人去擦干他们的眼泪。在痛苦和不幸中，人的心灵会对另一个人敞开——让这条真理为我们指明教育的原则。要学会读懂人的心灵。心灵的很多变化是不能摆到人们面前，不能拿到集体里讨论的。

一些教师、学者的奇怪观点让我感到困惑和担忧。我写了一篇有关老师与孩子单独谈话的文章，寄给了一家教育杂志社。得到的结论如下：文章的主题内容有所偏离；文中教育者的形象过度膨胀，过分高估了谈话的作用……。看看教育科学里造出了什么奇事：教育者的形象成了危险的了。

让我们仔细观察孩子们的表现，看他们是如何相处、如何对待家长、如何对待我们老师的，我们就会确信，孩子有在他信任的人面前倾诉自己的情感和思想、敞开自己的心扉的生理需要。这种需要诞生于童年环境里出现的那些不幸和伤心，因此需要敏锐、细心地保护孩子。

课间，小沃洛佳跑来找您，他的眼里满是焦虑和不解："我抓了一只金龟子，想看看它要飞的时候是怎么展开翅膀的。可是彼得把金龟子拿走，折断了它的翅膀，还把它扔到地上了。"孩子忧伤的双眼仿佛在问：难道彼得做得对吗？

老师们，请您注意，孩子这不是在用"微不足道"的小事打扰您！他是带着自己的痛苦来找您的。难道可以冷对一个鲜活的生命吗？不要随意打发掉孩子们类似的请求和诉怨。您越是耐心地对待他们，孩子们就会越多地来找您，他们也就更愿意在您面前敞开自己的心扉。

高尔基州的女老师信中说，不习惯与孩子谈一两个钟头。为什么不习惯？要知道，信中令她如此不安的科利亚实际上已经很长很长时间处于心理焦虑的状态了，他急需缓解。只有友善的话语才能解除孩子心头的压力、痛苦、悲伤和愤怒。请记住，我说过，每个孩子都想成为某个人心尖上最重要的那一位。让这个认为自己不被人需要的孩子感觉到他是您心尖上最重要的那一位、让他体会到这种快乐吧！这就会降低他内心被心理学家称为**消极情绪的因子**，用通俗的话说就是：您体贴入微的话语能驱散他的苦楚。

不过，孩子们和我们老师在一起的时候是一直诚实、直爽的吗？

遗憾的是，有的学校里盛行“强硬、有力的”环境——呵斥、威胁请家长、日志里记录“请采取措施……”。如果学校里弥漫着专制的影响方式，如果教师诉诸家长的帮助，暗中希望除了学校的影响环境，还有更为有效的家庭的影响环境，那就想都不要想孩子会来找您倾诉自己的想法和情感了。只有当您**从不**请任何人帮忙管束、给您的学生套上“嚼子”的情况下，孩子才会向您敞开心扉。请您记住，如果您希望父母强迫您的学生成为一个好孩子，而您的这种希望让孩子知道了，那就会如常言所说的“覆水难收”了：不仅自我教育，就连课堂里的正常秩序也不会有了。与家长联系是需要的，与他们谈话是应该的，但是，千万不要让孩子脑海里有这种想法：老师把最亲爱、最心爱的人变成了吓唬人的稻草人。教育中绝不能容忍让孩子把别人看成吓唬人的稻草人。如果您要让孩子想好的事，那就应该培养他爱父母、爱老师，让他身边都是充满爱心的人。

但是，如果一位老师成不了那种能让孩子倾诉内心最深处、自己最私密的事情（他绝不会在全班、全校同学面前讲的事情）的人，老师怎么能指望孩子的坦诚和信任呢！

不要以为孩子的一切抱怨都是告密、一切抱怨的小孩都是“爱哭的告密者”，就像我认识的一位老师爱说的，他们是潜在的告发者。**要学会倾听抱怨**。概括地说，听懂孩子说的话，这是巨大的教育学艺术。缺乏这种艺术的地方就不可能有教育！课间，一年级的娜佳跑来找您。她的眼神是欢快的，但声音里有委屈：“科利亚把野蔷薇籽塞进我领口里了，它们好扎人……”甚至连这些抱怨也不应该随意打发。您了解孩子们之间的关系，仔细想想，是什么让科利亚这么干：他只是对小女孩的玩笑报以回应，还是他有让同学不愉快的倾向？您遇到的是什么事情，决定着您的答复。请记住，这个第一眼看上去也许微不足道的抱怨，根本不是抱怨，而是对您这位老师的发问：到底什么是公正？给同学带来痛苦、委屈，这是好还是坏？您要能从孩子们的众多抱怨里听出这个问题，并且学会回答。但是，如果抱怨的原因是委屈，即使是米粒儿大小的恶，也不要急着惩罚欺负人的人。娜佳来找您，完全不是为了让您惩罚科利亚。她想要知道什么是好、什么是坏。如果您着急去惩罚，孩子们就再也不会向您寻求帮助了，因为在绝大多数情况下他们会看到这里的恶和不公。只有那些在心里筑起了委屈、对善良失去信心的人才会向您诉怨，他们去找您，是希望用您的嘴、您的意志去处理让他们不愉快的人。您一定要像防火一样，防止自己成为一件作恶的武器。

如果学校里充满善良和互信，那学生就会向您询问真理在哪儿、他该怎么做。在孩子激动的讲述中，您可能不会直接听到这些问题，但您要学会在“字里行间”读出它们。要替信任您的人保守秘密，这是教育学的一条基本规则。在向您敞开心扉的时候，他会诉说自己最艰难、最纠结的事，您也许会听到不体面的行为、知道您的学生之间似乎需要成年人立刻干预的相互关系。在这样的情况下，您要学会忍耐。您与学生谈话的结果不应该是惩罚。最伤人心的惩罚之一就是在集体面前公开非常私人的东西。

我已经说过，孩子渴望把自己的情感和思想托付给他尊敬和爱戴的人。但是，每个诚实、谦虚的人在这样的场合都会非常拘束。要学会从学生的眼中看见他最细微的心灵活动。找到唯一的，有时需要千里挑一的那个词，那个能巧妙、智慧地促使孩子敞开自己心扉的词。

一个人在您面前敞开心扉，这已经是教育工作的一个巨大成就了。但之后的事在很大程度上取决于孩子**如何看待和感受**您和他的心灵接触。如果您想知道的话，这是教育学当中最微妙、最难以琢磨的东西之一。这里面蕴藏着人道主义的伟大艺术。

古希腊毕达哥拉斯学派的哲学家已经懂得忏悔在心理学方面的价值。亚里士多德在其关于净化的学说中详细阐述了自述的实质。

在很多的宗教教育实践中，对人施加影响的这种形式被认为作用巨大。试问，为什么我们不应该利用这种形式实现自己的目标呢？如果学生不来找老师诉说自己的快乐和痛苦，无论谈论什么教育简直都是可笑的，那就没有教育，没有！坦诚心灵，或者，我们不害怕这个词，学生对心爱的老师的**忏悔**，在现代概念里，这是心灵和理智二者彼此升华的过程。正如人们在这些情况下所说的，**控制自己**，人控制自己的冲动，这恰恰也是巧妙地唤醒的自我教育。因此，和学生建立在信任的基础上的谈话能使人放松，改善自我感觉。分享快乐，快乐会加倍；分担痛苦，痛苦能减半。

个别谈话，这是我工作实践中不可替代的最重要、最有力的教育方式之一。最困难和最美好的教育时刻，恰恰也是进行单独谈话的时刻。没有这种对童年的社会心理学的保护，我无法想象如何进行正常的教育工作。要是没有这种保护，就不可能做好集体的工作。

各所学校里都存在学生**独自承受着无人同情的痛苦**这种现象，一想到这些就让人感到心痛。这种无人同情的痛苦伤害着孩子的心灵。察觉到自己有缺陷，常常是最可怕的苦楚：别人掌握得了知识，我却什么也不行；我是个失败者，我的命运也就这样了……。这种痛苦逐渐累积起来，与日俱增。孩子想要与人倾诉，却又觉得羞愧，于是他默不作声。在家里不说，在学校里也不说。看看自己的学生们，我们有时就会看到伤心、央求的眼神。要保护孩子远离痛苦。哪怕让我们先带给他一点点快乐：让他体会到成功掌握知识的心情，尝到自豪之感吧。

如果您和您的学生成了朋友，如果您连接起了相互之间的信任，如果您从没有把仇恨和伤心带给自己培养的学生，这时候您在道义上就有权对孩子进行教育了，您的教导也会被当作人生的经验、智慧而接受。您的关心、您的善意还将赋予您另一种巨大的权利——**富有智慧地严厉要求的权利**。没有建立在善良和公正上的富有智慧的严厉要求，教育就会变成小孩子的戏言。

还有一个条件，没有它就不可能有自我教育。这个条件，形象地说，存在于教育者的意志和受教育者的意志之间，就像是把教育和自我教育联结成了一个整体。这个条件就是学生对自己成长的清晰认识：**今天，我变得比昨天更好了**，善良和美好进入了我的心灵，而这在很大程度上取决于我自己、取决于我本人的意志。学生对自己成长有清晰认识的最佳产物，就是根植于自我价值感的自尊。只有在学生尊重自己的地方，才可能有自我教育。自尊心越强的学生，对您的教导就越敏感、越容易接受，他会觉得就应该这样教育自己。没有自我尊重的人，对您的教导和建议会充耳不闻。

自我尊重，是一种非常脆弱的东西，需要格外小心谨慎地对待。培养自尊心，只能用精细的教育手段。它忍受不了草率、强硬、有力的手段。我倒愿意称自尊为儿童的一种文化修养。这是心灵的柔软度，叠加了纯洁的思想、激励和心愿。在这里，我们是和学校里最有意思的事情，与最值得关注、遗憾的是却鲜有研究的事情，与孩子的智力劳动，更准确地说是与这种劳动在情绪领域的反映——**精神情感**打交道。对自己的尊重诞生于认知，而认知的快乐是儿童文化修养的源泉。如果学习不带来快乐，反而使人感到压抑，人就会变得冷漠，变得对他自己也无所谓，那么，自我教育也就无从谈起。作为教育者的教师最重要的任务就在于守护年轻的心中闪烁着明亮的精神情感的火花。

我们精细而艰巨的教育使命在于让智力劳动无一例外地成为个人个性的自我表达的最重要的环境。我知道，只要是一个正常的孩子都起码能在某一门功课上取得优异成绩。当我看见一个后进生的时候，我首先要努力确定抓住他的那个

“抓手”在哪儿，抓住它就能唤起孩子的自尊心。那么，这个被所有人都认为什么都不行的人，就会成为某一门功课上的优秀生。自尊心会唤起他健康的自爱之情。不要害怕这种情感，要发展和加深这种情感。如果一个人不再对自己无所谓，他就不会允许自己成为一个后进生。当然，一切并非那么轻而易举。这一切都需要理解孩子最细微的心灵活动。

我们的职责，不仅是把知识装进少年的头脑，还要当好一名治疗心灵创伤的医生。让童年的社会心理学保护也成为每所学校里最重要的教育要素之一吧。

十五、《把整个心灵献给孩子》一书选编

1. 学习——精神生活的一部分①

我努力使儿童对大自然奥秘产生的惊讶之情和认识事物后的欢乐感受成为激发和活跃他们思维的推动力。我们班上有几个学生（瓦利娅、佩特里克和尼娜），即使一道并不复杂的题，他们也要花很长时间才能弄明白。虽然情况各异，但结果却是相同的：这些孩子的大脑皮层细胞处于某种抑制的状态。老师给全班讲解的东西，这些孩子漠不关心。

观察表明，这些孩子的思维过程存在缺陷，其原因证实了大脑皮层细胞萎靡和迟钝的结论。缺陷在于这些孩子很难

---

① 1966 年，这部分最初以《把整个心灵献给孩子：童年时代》为题登载于《初等学校》第 9 期和第 12 期上，后来收入《把整个心灵献给孩子》（基辅，苏维埃学校出版社，1969 年，第 106–108 页）一书。

在记忆中建立，特别是保持几种物体或现象之间的联系。例如，出一道关于苹果、篮子和孩子的习题。他想着苹果和篮子，就忘了孩子。提醒了他孩子的事，他又忘了苹果和篮子。而深入思考周围世界的物体和现象之间的因果关系、小小的发现、对真理的诧异之情，这一切却让瓦利娅、佩特里克和尼娜欣喜若狂。他们情绪高涨，眼中燃起欢乐的火花。冷漠的神情消失了，也有了对学习对象的兴趣。如果具有鲜明感情色彩的问题能够进入孩子的意识，那么这时候他的头脑中就会发生一种波涛汹涌般的变化，过去沉睡着的力量仿佛苏醒过来了。我高兴地确信，智力发展最困难的孩子们越来越振奋起来了：他们兴致勃勃地听故事，能更好地理解题目的内容了。当然，我们还面临着细致的教育工作。我和有经验的低年级教师交流自己的观察所得，我们把这一工作称为**“从情绪上激发智慧”**。

我努力弄清当老师引起了瓦利娅、佩特里克和尼娜这些孩子对认识对象的有意注意力的时候，他们身上到底发生了什么。我读了生物学家、心理学家、教育家和神经病学家的著作。在知名学者弗洛伊德的著作中，我找到了有关大脑皮层细胞和皮层下中枢相互作用的有趣观点。弗洛伊德认为，皮层下中枢起决定性的作用，正如很多实验所证实的，皮层下中枢控制着人类精神状态的情绪过程。这位学者把情感和理智比作马和骑士；他认为，马选择道路（也就是说，情感由皮层下中枢决定）；马把骑士带往它要去的方向，但马做得如此巧妙，以至于骑士觉得好像是他自己控制着马似的。

总之，弗洛伊德认为，主导人类思维和行动的不是大脑皮层，而是皮层下的中枢神经。

伟大的俄国生理学家巴甫洛夫坚决否定弗洛伊德的观点，不过他也认为皮层下中枢具有重要作用。“皮层活动的主要冲动来自皮层下中枢，”他写道，“如果去除这些情绪，那么皮层就被剥夺了主要的力量来源。”但是，巴甫洛夫认为人类思维和行动的主要控制器是大脑皮层（骑士发号命令让马停下或转向）。

通过对儿童智力劳动的观察，我越来越相信，从大脑皮层下的神经中枢传至大脑皮层的情绪冲动（欢欣、激动、诧异、惊讶等的情感），就好像唤醒正在沉睡的大脑皮层细胞，让它积极活动起来。经验证明，低龄儿童智育的发展，应该通过发展他们求知的需要，也就是发展他们的求知欲、好奇心来实现。

去大自然的“旅行”已经成为我们学校各个年级的传统活动。孩子们总是迫不及待地等着到森林、田野里和池塘边去的日子，事先就想好了要做什么游戏。与克服困难相结合的游戏、扮演童话和现实中的人物的游戏都是孩子们最喜爱的。我给二年级的孩子讲鲁滨孙的故事，然后就开始了长达几个月的引人入胜的游戏。讲了斯巴达克的故事后，孩子们在高山上的悬崖峭壁旁建立了一个起义奴隶的童话营地。关于远古时代居住在我国边远地区的斯基泰人——牧人、猎人和捕鱼人的故事非常吸引孩子们，他们自创的游戏重现了古代劳动者的生活和劳动。

教学应该与各种智力和体育游戏紧密结合起来，要让游戏激起鲜明而激动人心的情感，这样周围世界就会像一本引人入胜的书一样展现在孩子们面前。除了到大自然去“旅行”和游戏以外，体力劳动也提供了身心发展的广阔天地。没有充满欢乐和激情的劳动，就难以想象幸福的、真正的童年。经验使我深信，体力劳动不仅能让孩子获得一定的技能和技巧，培养道德，更能开阔孩子的视野。这个世界能激起道德、智力和审美方面的感情，没有这些感情，孩子就不可能认识世界，老师也就不可能进行教学。在我看来，与学习交叉进行的体力劳动是孩子在幻想和创作的世界里引人入胜的旅行。我的学生们正是在体力劳动的过程中形成了最为重要的智力品质：好奇心、求知欲、灵活的思维和鲜明的想象力。

如果孩子的生活中有被高尚思想鼓舞着的体力劳动，那么课堂上的脑力劳动就会成为吸引孩子、被孩子喜爱的活动，就能发展和充实孩子……

2. 蓝天下的学校①

在这里，在大自然当中，特别明确清楚的是：我们的教师们是和自然界里最娇嫩、最精细、最敏感的东西——孩子的大脑打交道的。一提到大脑，您就要想象这是一朵挂着露

① 此部分选自《苏霍姆林斯基选集（五卷本）》第 3 卷（基辅，苏维埃学校出版社，1977 年，第 33－34 页）中的《把整个心灵献给孩子》，有删节。本书所选的这部分研究的是儿童的自由教育、与自然和谐统一、儿童健康等问题。

珠的娇嫩玫瑰。要想摘下花朵又不使露珠掉落，需要多么小心谨慎啊。我们每时每刻都需要这样的审慎态度，因为我们接触的是自然界最精细、最娇嫩的东西——正在成长的有机体中会思维的物质。

孩子用形象进行思维。这意味着，比如，当他听老师讲“一滴水的旅行”的故事时，便在自己的想象中描绘银色的滚滚晨雾、厚重的乌云、隆隆雷声和涔涔春雨。这些他想象中的图像越鲜明，他对自然规律的理解就越深刻。当他大脑中娇嫩敏感的神经元还不够强壮的时候，要去发展和加强它们。

儿童在思维，这就是说，他大脑皮层的某一组神经元在感知周围世界的形象（图画、实物、现象、词语……），并通过极精细的神经细胞传递信号，就像通过交通线路一样。神经元对信息进行“加工”，系统整理、分类、对比、比较；而这时新的信息又不断输送进来，不断需要被感知、被“加工”。为了既能处理一个又一个接踵而来的新形象，又能“加工”信息，神经元的神经要在转瞬间从感知形象转而去“加工”它们。

神经元神经这种快得出奇的转换，就是我们称之为思考的东西——**孩子在思考**。儿童的脑细胞如此娇嫩，它们对感知对象的反应如此敏锐，以至于只有当感知和思考对象是可以看得见、听得见和摸得着的形象时，它们才能正常工作。只有当儿童面对的或者是直观的现实形象，或者是描述得非常鲜明的语言形象，使儿童好像看得见、听得到、摸得着所讲的东西时，作为思维实质的思考转换才有可能进行（这也就是孩子们喜欢童话的原因）。

儿童大脑的天性要求务必在思考的源泉处——在直观形象中，首先就是在大自然中培养他的智力，让思考能从直观形象转向对这个形象的信息“加工”。如果把孩子与大自然分开，如果从上学的头几天开始孩子感知的就只有词语，那么他的脑细胞就会迅速疲劳，从而无法胜任教师布置给他的工作。要知道这些细胞是需要发展、加强和补充能量的。这就是低年级教师经常遇到的下述现象的原因所在：孩子安安静静地坐在那里，两只眼睛看着你，好像在注意听讲，实际上一句话都没听懂。因为老师只管滔滔不绝地讲，孩子需要思考规则、解答算题、理解例子——这些全是抽象和概括，没有生动的形象，大脑很疲劳，这时就出现跟不上的现象了。这就是为什么要在大自然中发展儿童的思维和增强孩子的思考能力的原因所在，这是儿童机体发展的自然规律的要求。所以说，每次到大自然去的旅行就是一堂思维课，一堂发展智力的课……

3. 我们的“幻想角”①

……与世界上的其他动物相比，人的身体发育期——从出生到成熟这一时期是最长的，每位教师都考虑过这一点吗？人的机体直到 20 岁甚至 20 岁之后都在成长、发育，变得更加强壮。人体发育的长期性蕴含着自然的巨大奥秘。自然好

① 本文摘自《苏霍姆林斯基选集（五卷本）》第 3 卷（基辅，苏维埃学校出版社，1977 年，第 141 页）。

像把这个时期划分出来专供发展、增强和培养神经系统——大脑皮层所用。人之所以能成为人，是因为他在很长一段时间都在经历**神经系统的幼年期、大脑的童年期**。

婴儿降生时就有几十亿个能对环境做出精细反应、并能在一定条件下发挥思维功能的细胞，这些细胞构成他的意识的物质基础。此后，从出生到成年、从成年到老年的整个时期都不会再增添一个新的细胞。为此，神经系统思维体的细胞在幼年期应该经常在积极的活动中经受锻炼，这些锻炼的基础就是活跃的感知、观察和洞悉。

人在洞悉周围世界各种现象的因果关系的实质之前，应该在童年时代经历一个思维锻炼的阶段，这种锻炼就是观察各种物体和现象；孩子看见生动的形象，然后想象，在自己的观念中塑造这个形象。看见现实中的对象和创造幻想中的形象——思维活动的这两个步骤并不存在任何矛盾。儿童把童话故事中幻想的形象作为鲜明的现实来感知和思考，并且还自己创造它们。创造幻想中的形象，这是使思想的萌芽迅速发育的最好土壤。

在思维的童年时期，思维过程应该尽可能紧密地与周围世界中生动、鲜明、直观的事物联系起来。一开始先不让孩子思考那些因果关系，只是让他细心观察对象，在里面发现一些新的东西。孩子就能从傍晚昏暗的树丛中看出一头暴怒的公牛来。这不只是孩子的幻想，也是思维的艺术因素、诗的因素。同样是这些树丛，另一个孩子会从中看到另外的东西，属于他自己的东西——他在形象中融入他自己感知、想象和思维的特点。每个孩子不仅在感知，也在描绘、创作、创造。儿童看到的世界，是一种特殊的艺术创作。被感知并被孩子创造的形象都带有鲜明的感情色彩。孩子在感知周围世界的形象并在幻想中给形象增添东西的时候，欣喜若狂。感知饱含的情感，是儿童进行创作的精神来源。我深信，没有情感的高涨，儿童的脑细胞就不可能正常发育。儿童大脑中发生的生理过程也和情绪有关：每当孩子注意力集中、情绪高涨、专心致志的时候，大脑皮层细胞的营养就在增强。细胞在这一刻消耗了很多能量，但同时也从机体得到了很多能量。我通过对低年级学生脑力劳动的多年观察证实，在情绪十分高涨的时候，孩子的思维特别清楚，识记也进行得特别有效。

这些观察对儿童的教学过程做出了新的说明。低年级学生的思维与情感和体验分不开。教学过程，特别是对周围世界的感知要充满情感，这是儿童思维发展的规律提出的客观要求。

4. 大自然——健康的源泉①

……在战后的头几年，很多孩子明显更容易患上神经官能症。我的一些学生，特别是托利亚、科利亚、斯拉瓦和费佳几个人，出现了情绪抑郁、对生活冷漠等情况。我尽量努力不让孩子们的拘束、胆怯、犹豫不决和过于腼腆发展成神经官能症。我们低年级教师建议通过集体生活使孩子快乐起

① 本文摘自《苏霍姆林斯基选集（五卷本）》第3卷（基辅，苏维埃学校出版社，1977年，第52–53页）。

来，并达成共识：在学校里，平息孩子在家庭生活中遭遇的痛苦、悲伤和冲突，这至关重要。教育者要设法**了解**每个孩子的心里发生了什么、他是在什么心境下来到学校的，为的是避免再给孩子敏感的心灵造成一点伤害。每个孩子的精神生活中应予以细心关注的问题，都要在我们的心理学研讨会上研究。学校集体应该设法化解孩子的忧伤和悲痛。

那些因悲惨遭遇而受到心灵创伤的孩子，要给以特别的关注。科利亚、萨沙、托利亚、佩特里克和斯拉瓦等人，他们的神经有时紧张到了极点。稍微碰触到他们中的一个，就有可能“起火”“爆炸”；在特殊的日子里，甚至不能向他们提问。对其他孩子有效的影响体系，对这几个孩子完全不适用。我在医学著作中接触到了“**医疗教育学**”这个概念，它准确地表达了那些行为上表现出心理病态烙印的孩子的教育实质。医疗教育学的主要原则包括：（1）怜惜孩子易受损伤的病态心理；（2）利用学校健全的生活方式和制度引导孩子摆脱忧郁的思想情绪，激发热爱生活的感情；（3）在任何情况下都不要让孩子觉察出他被当作患者对待。

我们学校曾有一个患癔症性神经官能症的男孩沃洛佳。父母过分夸耀孩子的做法让我非常不安。他们认为自己的儿子是个天才儿童。我担心，随着必然会出现的失望，可能会激起孩子对父母乃至对所有大人的憎恨。在我看来，治疗这种孩子的主要手段就是培养谦逊的品格和对他人的尊重。我一直力求让沃洛佳用心感受他身边的每一个人。

思维迟钝和忧郁的孩子在医疗教育学中居于特殊地位。

治疗大脑皮层细胞的迟钝和怠惰，也需要像治疗心肌或肠道疾病一样的缜密和耐心。不过，这种治疗还要求千百倍的审慎精神和教育技巧，以及对每个孩子个性特点的深入了解。

5. 什么是小学？①

……一至四年级的学习阶段——从 7 到 11 岁——是一个人的形成时期。当然，这个过程在小学毕业时并未告终。但是，正是在这几年中，一个人要度过他最紧张的一段生活。在这个阶段，孩子必须为今后的学习做好准备，为日后顺利学习积累知识和技能，此外他还应当有丰富的精神生活。在小学学习的这几年是孩子道德发展、智力发展、情感发展、身体发展和审美发展的完整阶段，只有做到让孩子不仅为今后掌握知识做好准备，并且在当下就过着丰富多彩的生活，各方面的发展才能成为现实，而不是空谈。

我们国家有成千上万名优秀的小学教师。对孩子来说，他们每个人不仅是知识的明灯，还是真正的教导者和生活导师。苏维埃国家的小学，是普及中等教育的牢固基础。但是，不能不说，很多小学，特别是八年制学校和完全中学的小学班里还存在着严重的问题。在我看来，某些学校小学班学生的处境不佳：孩子仿佛背着一个大口袋，而教师则竭力把尽可能多的东西塞到里面去。把这一重荷一直背到一定的分界线，也就是背到中高年级学习阶段之前，不少教师把这当作小学生生活和活动的意义……

① 本文摘自《苏霍姆林斯基选集（五卷本）》第 3 卷（基辅，苏维埃学校出版社，1977 年，第 101-102 页）。

6. 300 页《大自然的书》①

……我把理智感看成是发展和巩固个别儿童记忆力的主要手段。瓦利娅的记忆力很差，似乎一切都会从她的头脑中“消失”。要尽量让这个小姑娘的心由于对周围世界的画面感到惊讶而颤动。连续几天，我们来到田野、森林、河边、花园和养蜂场，读《大自然的书》中题为“一切有生命的东西都必须适应周围环境”这部分内容。我引导孩子们注意，有些花在炎热的天气里合上自己的花瓣，而到了傍晚凉爽的时候，又重新张开花瓣。我指给他们看，雪花莲那纤细的茎像箭一般冲破又厚又密的包叶，蜜蜂如何建造蜂巢和用蜜填满蜂房，葡萄藤的根为了吸取水分如何扎进三米深的土里，柳条如何插入软泥长出根来并长成一棵小树……。这些发现使这个女孩欢欣鼓舞。她那冷漠的眸子里出现了兴致勃勃的动人神情。沉默寡言的瓦利娅开口了，她问：“蜜蜂怎么知道朝哪儿飞才能飞回家去？它怎么找到自己的蜂巢呢？雪花莲不觉得冷吗？这时候树下还积着雪呢。”有问题，就有思考，而有了思考，就能记住周围世界的画面和大自然的规律……

7. 活的习题集中的 1000 道题②

学校的一项重要任务，就是培养具有好奇心、创造性、

---

① 本文摘自《苏霍姆林斯基选集（五卷本）》第 3 卷（基辅，苏维埃学校出版社，1977 年，第 141 页）。

② 本文摘自《苏霍姆林斯基选集（五卷本）》第 3 卷（基辅，苏维埃学校出版社，1977 年，第 145-149 页）。

不断探索并勤于思考的人。我认为，童年时代是思维发展的关键期，而教师则是关心学生的身体和精神世界成长的人。关心儿童大脑的成长和强健，使这面反映世界的镜子始终反应灵敏、易于感受，这是教育工作者的一个主要职责。如同肌肉因身体的操练和不断克服困难得以发育和强健一样，紧张的劳动对大脑的形成和发展也是必不可少的。

孩子的大脑是在建立周围各种物体和现象之间的多方面联系——因果联系、时间联系、功能联系的过程中发育和强壮起来的。我认为，我的任务在于帮助孩子们理解周围各种现象之间的这些联系，培育、巩固和发展他们好学、敏捷和善于观察的才智。

解答培养想象力和敏捷性的习题是激发大脑内在力量、活跃智能的练习。这些习题就产生于周围的物体和现象之中。我引导孩子们注意某个现象，力求让他们看到隐藏着的、他们暂时还不明白的联系，让他们产生找出这些联系的本质、弄懂真理的意愿。一个人积极的活动和劳动往往是解题的关键。孩子集中智力，力求在物体和现象之间建立联系的同时，就在进行一定的工作。周围世界里蕴藏着成千上万道习题。人们想出来的这些题目，以趣味谜语故事的形式存在于民间创作之中。

下面是孩子们在休息时解的第一批习题中的一道：

要把狼、山羊和白菜运到河对岸去。狼和山羊、山羊和白菜既不能一起运，也不能一起留在岸边。可以一起运的只有狼和白菜，或者让每位“乘客”单独过河。渡河几趟不限。请问，怎么运送狼、山羊和白菜才能保证它们“平安无事”呢？

民间教育学中有成百上千道类似的智力开发题……

这类智力开发题是训练智力极好的手段。解答每一道习题，都得记住前后两到四步“棋”。这项工作开始半年以后，瓦利娅和斯拉瓦已经会解答这类习题了，但佩特里克和尼娜还是毫无进展。他俩记不住为走下一步“棋”不能忘的东西。

怎么解释这一现象呢？看来，一些孩子还没有掌握把思维从一个对象瞬间转向另一个对象的能力。我认为这是记住一道习题所有组成部分、在思维上抓住好几步“棋”的能力。至于大脑皮层细胞为什么没能锻炼出这种能力，则是另一个问题。这种能力并非总由思维体天生的特性所决定，但也不能忽视这个原因。观察证明：如果思路骤然中断，如果孩子的思维、注意力不能一下子同时抓住眼前出现的和在这之前刚刚出现过的东西，那他就不会思考，就难以在好几个物体和现象之间建立起联系。

我研究孩子们的思维，特别是像瓦利娅、佩特里克、尼娜这些脑筋迟钝的孩子的思维，不是为了某些学术目的，而是为了减轻他们的脑力劳动，教会他们学习。观察证明，首先需要教会孩子抓住一系列物体、现象和事件，理解它们之间的联系。孩子应该从对一个物体的本质和内在规律的深入观察，逐渐转向从远处、在一定距离之外对一系列物体的观察。越是研究脑筋迟钝的孩子的思维，我就越发深信，孩子不善于理解习题，那是因为他不善于从具体事物中得出抽象概念、不善于从具体转向抽象。应该教会孩子用抽象的概念思维，不要让他们在自己的想象中描绘狼的具体形象，不要让她的思维停留在山羊怎样探头吃白菜上。对孩子来说，所有这些形象都应当是抽象的概念。然而，通向抽象概念的道路一定要经过对具体事物的深刻理解。要教会孩子用抽象概念思维，要培养他的思考能力，否则孩子就只能拼命记忆、死记硬背，这会使他的思维更加迟钝。

上了一个月又一个月的课，我越发认识到学龄前儿童家长的教育学修养有多么重要。在孩子还没有入学的时候，就应该多和父母谈谈教育的问题。出于对未来的小学生的关心，我们成立了家长学校，请2—6岁孩子的父母来学习。我们拟订了课程大纲，其中涉及的问题包括儿童的身体发展、心理发展、道德发展和审美发展，家长对未来的小学生思维培养的关注等。现在，这所学校已经长期办下来了。

当父母是自己孩子的唯一教养人员的时候，在孩子的学龄前阶段，家长的教育学知识显得尤为重要。在2—6岁这段时间里，儿童的智力发展和精神生活主要取决于父母的教育学基本素养，它表现为能否明智地理解这个正在发展中的人的最为复杂的精神活动。我们尽力使家长具备一定的知识和技能。在家长学校的教学中，我们特别注意如何教会孩子思考、用什么方法发展他的智力的问题。在多年工作经验的基础上，我们提出了1000道关于周围世界的问题，这是孩子们最爱问家长的问题，我们告诉家长应该如何回答孩子的问题、如何发展孩子的求知欲和好奇心。我们和家长们一起制定了一个带学龄前儿童到大自然去散步的大纲，拟出应该成为观察对象的事物。特别注意的是，要使每一个有学龄前儿童的家里都有重视书籍的氛围。

多年的观察证明，有些遗传性因素会造成智力困难。父母酗酒是儿童整个机体的可怕敌人，特别是对娇嫩的思维体有致命的影响。

每当有条件编写锻炼大脑的习题时，我总是把思维缓慢、记忆困难的孩子安排在靠近自己的位置上。往往要想出多种多样的有趣问题，最后才好不容易使尼娜的思维活动区之间产生了联系周围概念和形象的最初通路……

记忆力差的孩子很难思考和想象。如何加强和发展孩子的记忆力，如何以经常可能被用作思维工具的概念、真理和概括来丰富记忆力，这是早就挂在我心上的问题。“算术箱”是增强记忆力的一个手段。这是一种直观教具，孩子们用它来检查自己的算术知识。检查的方式是构筑有趣的数学正方形：用木块组成正方形的各边；每个木块上标上数字，各边所有木块上的数字的总和必须相等。“算术箱”里还有复习乘法的专门习题。

微型电子算术器——通过电路转动的仪器，是发展和巩固记忆的绝妙手段。每个学生都在这台仪器上复习乘法表和自然数列的组成。在三年级时，我们就开始制作自己的微型电子算术器了，到四年级结业前，我们已经有了 4 台仪器。在进行这一工作的过程中，我再次确信，思维和动手相结合对学生的智力发展是多么重要。学生由于参与制作直观教具，原来不牢固的记忆得到了巩固（当然，这是与其他影响思维过程的手段相结合取得的一定效果）……

8. “童话室”①

……如果能让一个在思维发展上遇到较大困难的孩子想出一个童话故事，并在想象中把周围的几件事物联系起来，那我就能满怀信心地说，这个孩子已经学会了思考。上面谈到，我曾费了好大力气激发瓦利娅的思维、巩固她的记忆。激发她思维的一个方法就是把周围事物和现象的联系骤然揭示出来，让她产生惊讶之情；另一个同样重要的方法是编童话故事。瓦利娅很长时间都没能自己编出一个故事，这一直使我焦虑不安。直到第三学年，这个小姑娘终于编了一则关于青蛙、船和小鱼的故事。下面就是这个故事。

青蛙看到一条小船泊在河边。打鱼的老爷爷把船留在那里，自己进村取干粮去了。青蛙想划一划船。它爬出小水洼，跳进小船里，操起了桨。就在这时候，小鱼游过来说：“你这是想干什么呀？你只会在水洼里游，可船喜欢深水。”青蛙没有听小鱼的劝告，把船往自己的水洼里划。当划近的时候，船也说话了：“小青蛙，小青蛙，你把我往哪儿划呀？”青蛙回答说：“我想把你划到我住的水洼里去，让我们所有的青蛙瞧瞧，我是怎么划船的。”船笑了笑，它想：“等老爷爷来了，看他怎么教你划船。”青蛙吃力地把船划进了水洼。

① 本文摘自《苏霍姆林斯基选集（五卷本）》第3卷（基辅，苏维埃学校出版社，1977年，第180-181页）。

结果，船陷进污泥里了，再也不能往前了。青蛙呼哧呼哧地直喘气，可是船还是纹丝不动。青蛙们都从水洼中爬了出来，把这一切都看得一清二楚，因为青蛙早就冲着水洼喊过："看哪，我划船划得多好啊！"青蛙害臊了，一下子跳进水洼里，烂泥四处飞溅。青蛙们大笑起来。打鱼的老爷爷来了，把船从污泥中拖了出来。青蛙们被惊动了，它们藏进了厚厚的绿藻里。晚上，它们大着胆子爬出来，呱呱地笑了起来。从此以后，每晚它们都呱呱地笑——从晚上到天亮，水洼里响彻青蛙的叫声。这是它们在笑爱说大话的青蛙……

十六、《公民的诞生》一书选编

1. 请爱护少年的神经系统①

少年期是大脑发生深刻质变的时期。大脑额叶、颞叶以及顶叶部分，正进行着树突快速发育的复杂过程，人类特有的认识、思维和创造功能通过这些过程得以形成。神经纤维的数量不断增长，无论是一组组的神经元还是个别粒子，以及包括大脑皮层神经中枢在内的皮层各区域，都是由这些神

---

① 《请爱护少年的神经系统》一文最初载于《科学与社会》杂志，在《把整个心灵献给孩子　第二部：少年的培养》的总标题下；还以《请爱护少年的神经系统!》为题，收入《公民的诞生》（基辅，1970）一书。《公民的诞生》是作为《把整个心灵献给孩子　第二部：少年的培养》的续篇出版的。以此为题，苏霍姆林斯基在《科学与社会》杂志（1969 年第 6 期，1970 年第 10 期，由作者本人编辑）上发表了一系列文章。

本文摘自《苏霍姆林斯基选集（五卷本）》第 3 卷（基辅，苏维埃学校出版社，1980 年，第 396–404 页）。

经纤维联结在一起的。

抽象思维的生理解剖学前提并不是在一帆风顺、毫无痛苦的过程中建立起来的。这一过程涉及少年精神生活中表现出的自我肯定、自我认识、自我监督和自我评价的各个范畴。少年的神经元与大脑皮层下神经中枢变得特别敏感，在一定条件下会变得近乎病态地容易受到刺激，这不仅是因为来自周围世界的任何一个信息被“破译”，被加以系统化并与先前获得的信息相联系，而且也与思考者本人的个性有关。少年对周围世界和对他自己的思考似乎是同时进行的。从一组神经元到另一组神经元的神经脉冲的转换速度很快，这使得信息的积累和保存不仅在意识中，而且也能在潜意识中进行。

少年思维中的这些性质上的新特点，是与急剧变化的生理解剖学过程联系在一起的，在这一点上做到心中有数，对于教育工作来说意义特别重大。少年的神经系统有时处于极度紧张的状态：只要稍有不慎或触及不当，少年就会“暴跳如雷”“火冒三丈”。这就要求教育者必须首先对思维与情感之间复杂的相互作用，以及对意识领域和潜意识领域采取非常谨慎和敏锐的态度。应当注意到，在这一时期，大脑皮层下神经中枢内特别强烈地印下了认知和自我认知的情感烙印。

科利亚、米沙和托利亚在自己家里看到过人与人之间的不公正和冷漠无情的关系。上学以后，一些事在这些男孩的记忆中似乎已经消失或淡薄了，可是认知的情感烙印却深深地刻在他们的行为和自我感觉之中。假如我向他们中的某个人问起：“你家里情况怎么样？”回答我的往往是勃然大怒。

在男孩们那种激烈的、求知心切的、仿佛要刺穿人的心灵的目光里，或者在沉默寡言的孤僻中，我察觉到了他们内心紧张的精神状态。我猜测，少年在这时候正需要帮助和忠告，可是，如何体察他们敏感的内心世界呢？

我并不把帮助和忠告强加于人，而是力求使一些骄傲的、自尊心很强的少年向我敞开心扉。要做到这一点，就需要有精神上的一致，让我和我的学生都忘记我们是师生关系的事实。特别重要的是，在神经系统发生重大变化的少年时期，少年的内心深处也正进行着最初的自我肯定与自我认识的过程。应当使这个骄傲又好面子的人感到，与自己在一起的不是一个用教育家的自作聪明来对他人行使巫术的教育者，而只不过是一个富有同情心的、诚挚的朋友。一个教师越少摆出教育者的架子，越少一本正经，他就越是一个优秀的教育者，少年们也就越喜欢接近他。

一致的兴趣爱好似乎能成为一种使少年接近教育者的力量，从而达到精神状态上、首先是道德情感上的一致，表现出对邪恶、不公正和轻视人的尊严的毫不妥协。当米沙的父亲对家庭做的坏事也点燃我心中的憎恨时，在我怀着不安的心情看着凝神沉思、存有戒心的米沙时，他就对我敞开了心扉。对痛苦的共鸣战胜了冷酷，这种冷酷正是少年敏感的心对邪恶、谎言和不公正行为最激烈、最危险的反应。残忍不仅会使少年的心灵变得野蛮，而且还会影响到他的神经系统，破坏其体格与精神的协调发展，压抑少年的身体和精神。

由于仓促、错误的结论，少年把自己疾恶如仇的感情从对个别人转到对所有的人。有时，他还会对世上的一切都变得冷酷无情。所有的一切对于他来说都是凶恶的，与自己格格不入……

少年只要一想起那些在一天、两天、三天，甚至一个星期以前使他惊讶和激动不安的话，他的心就会不安地跳动起来，血压就会“蹿高”，浑身上下忽冷忽热，脸上红一阵、白一阵。如果在这个时候开口说话，他的嗓音往往会打战或由于极度紧张而断断续续。

要学会注意和理解这种精神状态。别问“你怎么啦?”这种问题。对学生的这种“掏心术”是与苏维埃教育学的人道主义精神相抵触的，这样对待少年就是犯罪。人在少年期的内心生活比任何其他的发育成长期都更为丰富，而这种精神生活会影响到他的身体健康，影响到他的思想和行为。内心的震颤会导致少年机体各部分普遍的不协调。我遇到过这种情况：少年对邪恶与不公正的愤怒情绪持续几分钟之后，引起了体温的急剧升高，后来就出现了神经系统慢性疾病。强烈的情绪震荡往往还会引起少年消化功能的紊乱。

保护少年的中枢神经系统，也就是爱护他的心脏及整个机体。教师应该掌握一种最巧妙的工具，使人道、同情心和对少年短处的宽容态度都能暗含其中，这个工具就是语言。千万要当心，别让你的话成为一根碰触娇嫩的身体的鞭子，不但灼伤身体还会永远留下难看的伤疤。正是因为这样的碰触，少年时代显得如同荒漠一般。富有哲理和同情心的话语，就像是生命之水，能使人得到安慰，催生乐观的生活感悟，激发正义必胜的信念。

只有当教育者说出的话是真诚的肺腑之言时，只有当他的话里不掺虚假、不抱成见、没有“谴责”和“痛斥”学生的想法时，话语才能保护和爱惜少年的心灵。为了让少年感受强烈而特意使用尖刻的字眼，这是一个人缺乏最起码的教育常识的表现。如果少年处于心情紧张和异常激动的状态，如果他的大脑和心脏之间的感受之弦拉得很紧，他是永远不会感到自己有错的。只有在平静下来之后，少年才能体会到自己的过错。因此，教师的话首先应该使少年平静下来。如果说，教师的呵斥在教育工作中本来就是一种毫无意义的工具，那么，用这个工具对待少年，只能体现出教师在教育上的无知。因为呵斥本身——不管少年有无过错，在他们看来就是一种不公正。想用呵斥来压制少年的倔强，迫使他们处于一种战战兢兢的听话和服从状态，这就如同挤压弹簧，我们越是用力挤压，危险就越大，因为它要么会压断，要么会反弹起来击中那个挤压它的人。

每当您想方设法使少年处于不敢说话的顺从状态时，您就像是在激怒和过分地刺激一颗本来就已经很紧张的心脏。当教师大声呵斥的时候，形象地说，少年的心脏就像着了火一样：紧张的神经敏感地、近乎病态地把信号输送到大脑，而大脑一次又一次地刺激心脏。

我有时会遇到一些情绪极度紧张的少年，特别是尤尔科、维克多和舒拉，他们一直使我感到不安。少年们好像在等我开口说点关于他们的事，可是，只要我说话的嗓门一高，他们就会面红耳赤，全身发颤。这时候，我就竭力保持镇静。我尽量轻声、但富于表情、以饱满的热情说出每一个词，仿佛我并不是在有意缓和他们的情绪。少年（有时候两三个人在一起）注意听我说话，他越是全神贯注，我就说得越轻。一两分钟过后，紧张的气氛就消失了，情绪激昂的危险火苗就熄灭了。我看到了一颗平静的心。如果这是在全班面前说的，教室里就会一片肃静。在这种情况下，就可以控制对少年说话的口气了：略微提高一下嗓门，可以使他们觉得这是一种要他们注意听讲、勤奋学习和明白事理的合理要求。

用断然命令、不容反驳的语气说话，往往会使少年的神经系统极其疲劳、衰弱和过度兴奋，而后又感到压抑。从性质和功能上说，少年的智力活动是有其独立性的。只有当少年似乎对真理的正确性表示怀疑，并按照教师的建议从各方面对其仔细观察、检验并独立地得出结论时，真理才能变成他的信念。少年不仅研究自然界的各种现象和规律，而且也研究道德、真理，研究人。他们特别注意研究教师。教育者与少年的谈话不应该是绝对的命令，而应是一种富有启发性的思维；只有这样，少年才会在您身上发现一切美好的东西，您内心中最细微的想法才会展现在他们面前。

当绝对命令和不容置疑或反驳的气氛占据主导地位的时候，会出现一种教师常常觉察不到的危险状况。绝对命令往往会在少年的意识中激起反抗情绪。在少年期，由于控制情感的大脑皮层的作用增强了，少年几乎从不公开表达自己的反抗，但这使他的情感体验更加深刻了。既不耐烦、无法容忍，又要默默无言地顺从，这种感受使少年的心脏经常处于一种亢奋和紧张的状态。在强烈的情感刺激下，大脑皮层下神经中枢开始发挥作用，似乎在向理智发出警告：别妥协，你自己的肩膀上也长着个脑袋。这些来自大脑皮层下神经中枢的信号是那么强大，以致少年虽然听见了您说话的声音，却没有注意到这些话的含义，它们仿佛在少年意识的表面爬行；随后进入抑制过程，心脏不再那么紧张，逐渐松弛下来。可是，当教师说出某个想法时，又会重新激起少年的强烈反抗（当少年感到教师言行不一，或者感到教师所说的和他在实际生活中见到的现象有矛盾时），少年的心脏会重新紧张起来，来自大脑皮层下的信号又被重新送入大脑皮层。

在思考中认识和在认识中思考，这正是少年自我肯定的开始。但由于教师不给少年这种机会，少年的心始终备受煎熬。经过若干年这样的折腾之后，少年的心就会变得冷酷粗俗、没有人情味儿。这种人的心中往往是不存在什么神圣的东西的，潜意识不再是良心的敏锐卫士。这不仅造成道德的沦丧，还会给健康带来巨大的危害。用言听计从的精神教育出来的人都有压抑感情的特点，他们不可能形成乐观、愉快的世界观。

尊敬的读者，请不要以为我的意思是反对教育工作中的命令、要求和秩序。教育者如果不理性地表现自己的意志、没有集体与社会的要求，那么教育将变成一种自发力量，教育者的话也就成了一种抽象的善良的糖浆。要知道，真正的教育是培养一个人对他人、对社会和对人民的责任感，如果没有坚强的意志、严格的要求、坚决的命令、理性的教导，没有使个人的利益服从于多数人的利益，服从于集体、社会和人民的利益的教育，人就不可能有什么责任感。少年往往尊敬、钦佩和爱戴意志坚强的人，不能容忍意志不坚的人和空洞无聊的废话。这是我们教育体系中极为宝贵的真理和原则。我提醒大家，在教育工作中要避免那种令人生厌的、不应出现的现象，即除了命令与要求之外别无他策以及不尊重少年个人意志的行为。教育者对少年的心灵施加意志影响的技巧在于，要使少年在理解自己职责的同时，愉快地自己命令自己、自己要求自己；要使您，一个教育者，用人的责任感和道德美来吸引和鼓舞少年；要有一种严厉的、必须无条件服从的纪律，这种纪律与鼓吹宽恕一切以及抽象善行是势不两立的，并且要使这种纪律成为少年的自我肯定和他本人的道德力量的一种表现。

如果对于儿童来说，人际关系的道德侧面主要是以鲜明的图画和成年人的行为与品行展示出来的话，那么，少年则已经能够通过言语来认识道德世界了。他往往仔细倾听别人在讲什么，对他来说，成年人的话就成了鉴定讲话人的道德的依据。少年敏锐的意识和潜意识不仅能听出别人说话的内涵，还能看出一个人的言行是否一致。对于少年来说，言语的教育力量与其说是取决于言语本身的正确性，倒不如说是取决于教育者是否言行一致。如果说话者说的话并不代表他个人的信念，而只是例行公事：他只会讲漂亮话，而过去和现在从没做过什么漂亮事，少年就会把这些漂亮话看作谎言和欺骗。在这种情况下，话说得越漂亮，话里虚假的鼓励越强烈，它在少年心里激起的反抗就越强烈，对少年心灵的压抑就越大。对于少年的精神与体格的协调发展非常重要的是，给少年讲道德真理的深刻含义的人一定要有高度的道德修养，这是他讲这些伟大而神圣的话的前提。

在对少年的教育中，尽量不伤害少年的神经系统和心脏，这是非常重要的。多年的观察表明，少年在课堂上等待教师提问的时候，心情处于极度紧张的状态。当教师的眼睛在花名册上寻找提问对象的那一瞬间，孩子们敏感的心仿佛都停止了跳动。当全班学生终于（有时是经过了长时间的思考）听到了被叫学生的名字后（如果这时测量学生的血压的话，会看到指针突然抖动了一下），学生们往往会如释重负地松一口气：没叫到我（当然，只有那些从小受的是循循善诱的教育，没有听到过恶言恶语，没有亲身体验过强硬“意志”教育方式的人，才会有这种灵敏的反应。对于习惯了皮带和敲后脑勺的少年，则无所谓了，反正叫谁都行）。由于经常经受这种考验，一些少年的心会变得不再灵敏，有的少年甚至还会患上一种学生特有的神经官能症。在我的学生升到五年级时，我从瓦里娅和柳霞的身上看到了这种神经官能症的最初征兆（顺便提一下，女孩子们往往学习特别勤奋，原因就在于生理解剖学上的特殊性使她们的意识和潜意识较早地表现出了对言语的敏感）。我们的教师集体考虑了这样一些问题：为什么要让少年经常地经受这种神经紧张的磨难呢？如果刚一上课，教师就在谈话中不露声色地说出今天将由谁来回答问题，这不是更好吗？事实表明，这样做要好得多。少年们不会心情紧张不安，对教师的提问他们已经有了心理准备。而这并不影响学生的勤奋，也不会影响他们学习的积极性。

实践证明，为了不引起少年神经系统的紧张，需要采取一些特殊的教育方法。这首先是进行户外劳动，要单独一个人，远离喧哗和叫喊。每个少年在一天的紧张学习之后，应该在果园里劳动半个小时。把精力转向体力劳动，就能缓解神经系统的紧张状态。使神经和心脏平静下来最好的办法，就是进行一些简单的体力作业，这种作业是达到研究目的的一种手段（例如，用铁锹或铲刀整理土地、施肥、浇水、剪枝，等等）。这种劳动十分有益，就像是给神经系统和心脏“充电”一样。

对于神经和心脏来说，最好的休息是到田里去劳动一整天，或者就像上面讲过的那样，到森林里去进行冬季劳动。秋天一望无际的原野、洁净透明的空气、湛蓝的天空和在土豆或甜菜地旁做好的可口饭菜……，所有这一切都使身体与精神协调一致。在这样的劳动之后，就可以在班里开始那种可能引起紧张和不安的谈话了。

在集体里待的时间长了，就需要换换环境，一个人单独待一会儿，保证充分的休息，以消除那种因交往而引起的精神紧张。在课堂上进行了紧张的脑力劳动之后，不宜再开会。这样做，会使神经系统疲劳、衰竭，尤其是大家在会议上还要谈到个别少年精神生活中某些细腻、十分敏感和脆弱的领域时，更是如此。如果需要集中精力，当谈话会引起骚动和惊慌不安时，我总是在体力劳动之后把大家召集起来（特别是需要谈到一些会引起少年们极大愤怒的事情时）。感情的直接流露和崇高纯洁的情感火花总是通过智慧的思想变得更加高尚，要使这个年龄段的人以清醒的头脑参加谈话，谈话前就不能让他的心受到其他烦心事的干扰。

在一个完整阶段的学校生活之后，脱离集体进行一段较长时间的修整是必要的。每个学季结束后，少年应该单独待在自己家里小住。这是完全必要的，就像他们需要集体的丰富多彩和生气勃勃的精神生活一样。我总是和家长们商量好，在家里的这段时间应该给少年找那些能吸引他们的工作。

2. 心理修养①

为什么在一个人需要自我肯定的时候，学校没有给他任何关于自己，其中包括关于人类的知识，没有给他关于人之所以高于一切动物的特殊知识——关于人的心理、思维和意识，关于精神生活中情感、审美、意志和创造方面的知识，这实在令人费解。人对自己其实一无所知，这一事实常常是造成巨大不幸的根源，为此社会往往不得不付出高昂的代价。没有心理修养和体格，精神和审美的修养是不可想象的。我努力教给少年一些关于人的最基本、最必需的专门知识，以

① 《心理修养》一文载于《科学与社会》杂志 1969 年第 9 期，在《把整个心灵献给孩子　第二部：少年的培养》的总标题下。后来收入《公民的诞生》（基辅，1970）一书。本文摘自《苏霍姆林斯基选集（五卷本）》第 3 卷（基辅，苏维埃学校出版社，1980 年，第 404-409 页）。

及在生活、劳动中和与他人的相互关系中使用这些知识的本领。

心理修养的知识并不是一个简短的心理学提纲。我把这些知识称为自我认识与自我肯定的入门知识和个人精神生活的修养。在传授这些知识时，我力求让少年不仅只是懂得有关身体与精神的统一和心理的物质基础这些科学唯物主义观念。复杂的生化过程是精神的物质本体，任何脱离了肉体的灵魂是不存在的，像世上所有的生物一样，人也是会死的，要让少年相信这些观念并不困难。但这样做，就意味着把人与动物等量齐观了；所以，与此同时，还需要让少年在思想上明确，人是具有崇高理想的创造者。

要用心理修养的基本知识激励少年，使他们树立起乐观主义精神和对自己力量的信心，这是十分重要的。首先我确定了心理修养基础知识的内容。这项工作从感觉的基本概念做起。五年级学生掌握了各种感觉的概念，便兴致勃勃地观察起自己的感觉来了。我们还进行了提高视觉和听觉灵敏度的专门训练。这些训练在感觉修养的形成中起了巨大作用。

在游览和远足时，少年们识别了树叶、草和天空的各种色调。他们能够看出蓝天因季节、光照和其他因素的变化而形成的十多种色调。我们在树林里、河岸上和海边训练分辨各种不同的声音。这些训练在培养孩子们对母语词汇及其发音的细微特点的敏感性方面起了巨大作用。我们所有教师都相信，语言修养在很大程度上取决于声感修养。声感修养还决定着审美修养的形成。孩子们学会了区分玫瑰花颜色的四十多种色调。由于找不到足够的词表达所有的色调，少年们还自己创造出了一些富有诗意的词。

在发展嗅觉修养时，我使学生们养成了在机体上不容忍发霉气味的习惯。他们无法待在空气混浊的房间里。在做任何一项工作之前，他们都要先给房间通通风。

培养知觉修养的工作在五年级就开始了。我利用鲜明直观的例子给他们讲授了周围世界的事物和现象的概念。我特别注意培养他们协调一致地认识事物的能力，对他们进行了对空间的知觉修养的训练。在不同的季节里，我们从位于高处的草原墓地上，观察物体的轮廓是如何因距离的远近而发生变化的。少年们总是兴致盎然地完成这样的训练。我用几句话描绘了某个物体的外部特征，他们仔细倾听每一个字，考虑一会儿之后就打开绘画簿，把自己对所听到的话的理解用图画的形式表达出来。这种训练的目的是发展视觉—听觉—动觉的综合认识形式。

少年们逐渐进入了思维世界。在户外，我用鲜明的例子向他们讲授了有关思维及其过程的知识。对思维修养问题的实质的讲解具有很大意义，因为在少年时期，抽象思维所占的比重越来越大。我们的课程和练习多半是为了培养少年的抽象思维能力。我们对周围世界的事物和现象进行分析、排列、对比，进行推理练习。在观察周围世界时，少年们找到了因果关系，他们为自己的发现感到惊奇：同样的现象在一种情况下是结果，在另一种情况下却是原因。这些发现丰富了智力的感受。

在语言修养课上，我讲述了语言的起源与发展、语言与思维的统一以及语言的表现力、感染力和形象性。我认为，学校教育的一个严重缺陷就是语言素养教育与思维素养教育的脱节，防止这种脱节是一项非常重要的教育任务。多年的观察证明，少年的精神生活会因死记硬背那些他不太理解或根本不理解的词句而变得空虚。把语言作为现实生活生动而鲜明的反映，让学生接受下来，在概括、抽象的概念中明确其含义，使语言的相互联系反映出思维的相互联系，这是心理修养最重要的特征。

自我观察在语言修养的教育中占有重要地位。少年学着进行自我检验：我对自己所说的话的意思是否清楚？我能否正确地用语言表达我的所思所想？为此我们进行了一些练习：少年对自己的所见所闻做口头描述，同时力求表达出一些最细微的差别（颜色和声音上的）。经验证明，这些练习对于语言修养的形成很有价值。

课堂上，少年们在学习叙述、讲解和谈话的过程中学习自我观察与自我监督。在讲新课之前，我先布置任务：不仅要思考含义，而且还要做出逻辑分析，例如区分出主要的组成部分、确立概念之间的依从关系等。

关于情感的生理基础、高尚的情感与卑鄙的情感、情绪和情感冲动等的概念，六年级学生已经能够理解了。我把发展高尚的情感与预防卑鄙的情感视为一项重要的教育任务。在分析某种情感的性质时，我力求向他们说明情感范畴与道德范畴的一致性，使他们相信，只有高尚的思想和高尚的行为才能孕育高尚的情感。于是，孩子们就学着发展自己的高尚情感了。

意志修养的培养与少年精神生活的各个方面紧密相连。与心理修养的任何其他方面相比，意志行为更能深刻影响少年的精神生活。因为这种精神生活是自我观察与自我教育的广阔领域。在给孩子们讲述意志坚强的人的故事时，我教大家怎样确立目标、做出决断、战胜困难。对一些意志薄弱、优柔寡断的学生要个别地做工作；先教他们给自己提出一些困难不大的工作任务，完成这些任务后再向困难较大的工作过渡。

记忆力的培养和自我培养在心理修养中占有特殊地位。我逐渐发展和加深有关记忆力生理基础的概念。我根据少年的年龄特点，使他们理解，在脑力劳动过程中，他们的头脑里发生了什么变化，什么东西决定着他们努力的成果。多年的观察使我得出结论：在有意识记和无意识记结合点的某个地方，隐藏着培养记忆力的源头，因为学生对所学东西的意义思考得越深入，事实与现象的本质在他的思维中展现得越清晰，他对这些事实与现象的记忆就越牢固。少年掌握了对认识的研究方法。大量的事实证明，如果学生是在对日新月异的实际情况进行研究、分析中获取知识的话，那么这里进行的就不仅仅是有效的识记，还有对记忆力的培养。这是一个需要进行专门研究的有关少年时代精神生活的大课题。

为了使少年很好地了解自己，我和他们谈了气质与性格、神经系统的类型与思维的类型。通过这些谈话，少年自我观察的能力明显地加强了。

少年们逐渐懂得了诸如才能、爱好、兴趣、志向这类概念。精神生活这些方面的心理修养与一个人的道德修养、公民意识和社会积极性是不可分割地联系在一起的。教育的目的在于使每一个少年在能力的培养中成为我的助手和同志。我教导少年们："无论从事什么工作，都要专心致志，把智慧和情感投入工作中去。因为只有这样，才能认识自己、找到自己。"

一位教师同行问我："应该在什么时候、什么地方进行这些关于心理修养的谈话呢？教学计划并没有安排进行这项工作的时间。"如果学生与教师没有共同的精神生活，就不可能进行教育。我们把关于少年心理素养的这些谈话叫作"关于人的故事"。在我们长时间的精神交往中，这些故事引起了少年们极大的兴趣。在远足休息的时候，寂静的傍晚在"欢乐的阔叶林"中，在黄昏时分的教室里，当少年们为了让我给他们讲点有趣的东西而特地来到学校的时候，我都会讲"关于人的故事"。世界上没有任何东西比人本身更有意义。

今天，当人的生命活动中，细腻的神经系统的作用一代比一代更强的时候，心理修养的培养就成了人的全面发展的主要影响因素之一。

3. 少年的智育和教养——教师们教育观点和信念的统一①

……作为班主任和校长，我认为自己的使命在于使教师们在最重要的教育和教学问题上具有一致的观点和信念。观点的一致是每位教师充分发挥个人的创造才能的前提条件。任何一位教师都不可能是所有优点的完美的化身。每个人都有某方面的特长，每个人都有自己独特的活力，能在精神生活的某个领域比其他人更鲜明、更充分地表现自己；而教师恰恰可以在自己擅长的领域对少年的成长产生影响，并做出自己的贡献。但与此同时，每位教师都应该成为统一的整体的一部分，这个统一的整体是智力修养、道德修养、审美修养、体质修养、心理修养和情感修养的源泉。

我们的教育观点和信念是在工作过程中形成的，包括以下几个方面的内容。

（1）每位教师不仅是教学者，也是教育者。由于教师和少年集体在精神上的一致性，教学过程就不仅是传授知识，还表现出多方面的关系。智力、道德、审美和社会政治方面的共同志趣把我们每位教师与少年联系在一起。课堂教学是点燃少年的求知欲和道德信念火炬的第一颗火星。

（2）我们每个人都应该对每个具体的学生施加个人影

① 《少年的智育和教养——教师们教育观点和信念的统一》一文1969年载于《科学与社会》杂志，在《把整个心灵献给孩子　第二部：少年的培养》的总标题下，后收入《公民的诞生》一书。本文摘自《苏霍姆林斯基选集（五卷本）》第3卷（基辅，苏维埃学校出版社，1980年，第410-414页）。

响，使少年对某件事产生兴趣，为它着迷并受到鼓舞，激发起他特有的个性。我们每个人都不应该是抽象的教育智慧的体现者，而应该是帮助少年认识世界，同时也认识少年自己这样一个活生生的人。少年把我们看作**什么样的人**，这一点有决定性的意义。对于少年来说，我们应该是具有丰富的精神生活的榜样；只有在这种条件下，我们才能在道德上有权力实施教育。世界上没有任何人能像智慧、博学而又大度的人那样，令少年赞叹，吸引少年，有力地激发他产生成为更好的人的愿望。

在我们的学生身上，天才的数学家和物理学家、语言学家和历史学家、生物学家和工程师、在田间和机床旁进行创造性劳动的能工巧匠的天赋还没有发挥出来。只有当每个少年从教育者那里得到了“生命的活水”，这些天赋才能展现出来。没有“生命的活水”，这些天赋将会枯竭、衰退。智慧要用智慧来培养，良心也要用良心来培养，而对祖国的忠诚，也是通过积极为祖国服务培养起来的。

我们的学生信任地把自己的命运托付给了教师，我对这些教师有多年的了解。这是一群聪明、诚实的人，他们热爱孩子、热爱科学、热爱书籍。对知识和认识的渴求这股强大的力量使我们亲近起来，团结成了一个集体。我们每个人都感到自己是个学生，每个人在智力生活领域都有自己某方面的爱好……

(3) 我们认为，只有在集体和个人丰富的智力生活环境中，才可能有充分的智育。我们认为，人的智育在少年时代出现质的变化，不仅表现为从形象思维向抽象思维的明显过渡（过渡是一个相对的概念：儿童也有抽象思维的因素，而少年也保留着形象思维的因素），还表现为少年在智力生活中的自我肯定：在正确施教的条件下，他有把自己的知识财富奉献给他人、并从他人那里得到知识财富的精神需要。课堂教学，课上获得的科学基础知识，教学过程中获得的智力劳动素养——所有这一切对智育具有重大意义，但所有这一切都只是多方面的智力生活的组成部分。在集体中应当经常拨动着好钻研的思想的脉搏、追求科学知识的脉搏、渴望接触吸引人的有趣问题和书籍的脉搏。

集体智力生活的源泉、指路明灯和首要动力，依然是教师。智力生活是否存在，取决于教师的知识、思想、兴趣的丰富程度和他的博学程度。对于幼年期的孩子来说，教师是事物和现象的世界的开启者；而对于少年期的孩子来说，教师是思想世界的开启者。青年精神志向的纯洁、高尚和无私，在自我肯定时期的钻研精神和对知识的强烈渴求，教师与学生之间关系的真诚和富于人性，这一切都取决于集体的智力生活的丰富程度。要防止孩子在少年期和青年期出现巨大的不幸，这种不幸表现为灵魂空虚、糊里糊涂地消磨时光、对长者态度冷漠，甚至犯罪。防止出现这种不幸，首先就要使一个人在少年时代体会到智力生活的丰富、美好和充实。知识使人的心灵变得高尚，不仅因为知识所包含的是真理的内容（苏维埃学校的道德教育就建立在这些真理的基础之上），还因为在我们的社会中知识能提高人的价值这一事实。

(4) 我们深信，世界上每一个正常的人都能获得智力财富，都能得到活跃的智力生活的幸福。课堂教学方法不论多么完善，都不可能保证教育是十全十美的。越是在课堂上学习科学基础知识有困难的人，越不能把他的智力生活只局限于基础知识。当一个人知道了比要求他知道的东西多得多的时候，他才能体会到获得知识的快乐。

防止学生学习成绩差（学习落后，对知识、科学、书本和学校态度冷漠），并不在于无休止地督促和挽救成绩不佳的学生，而是要把每一个学生都引导到集体的丰富的智力生活中来。少年生活中的挫折和不正常，其根源在于他产生了一个痛苦的念头，在他面前只有一个悲哀的世界：我什么都不会，我什么也学不了，别人能学会的东西我也学不会。如果一个人在自我肯定的时期揭示的是这样的残酷真理，就会酿成他的悲剧。他会失去成为一个好人的信念，感觉不到集体对自己的有益影响，因为在这样的情况下不存在真正的集体。他变得孤僻、多疑、刻薄。如果还常常有人指责他懒惰、游手好闲的话，他就会变得冷酷无情，并且真的成了懒汉、“二流子”，他就彻底堕落了。书本对他来说是苦难，而不是快乐的源泉。

少年的内心空虚，这是莫大的不幸。

(5) 我们坚信，少年期的智育和教学，与童年期的完全不同。我们向少年揭示的不仅是自然和社会及其发展规律，还要揭示他们自己。这里指的不仅是少年的心理修养，还有所有课堂上智力劳动的性质和目的。少年在认识世界的同时也在认识他自己。少年在认识自然和社会规律的同时，也应该确立这样的信念，即确信他的进步不仅是因为知道了某些新的东西，而且因为他真的变得更聪明了。少年在学习任何东西时都应看到思想上的斗争，并且在这场斗争中始终有坚定的立场和自己的见解。

我还记得开学前夕与五年级的教师们有过这样一次谈话。我们设想了我们学生的未来。我们教师中未必有人能活到2000年，而学生们将在创造力旺盛的时期迎接21世纪。他们将是世界的主人，将成为工程师、农艺师、医生、教师、建筑师……。但是，他们每个人首先应该成为一个热爱自己祖国的爱国主义者，成为真正的人——一个头脑清醒、品德高尚、勇敢坚强、心灵手巧的人。他们前面还有数十年创造性劳动的漫长道路。在这期间，科学将有很大的发展。如果把我们的学生走上工作岗位时所掌握的知识水平作为一个基数的话，那么，在漫长的劳动生活过程中，他们每个人都还要给自己的精神财富再增加五六倍的知识量，否则就会被生活甩在后面，不能胜任工作。生活越来越要求人们不断更新知识。没有对知识的渴求，就不可能有充实的精神生活，也就不可能有劳动的、创造性的生活。因此，我们必须培养学生进行自我教育的自觉需要。

我们得出的结论是：未必可能每天商量该布置多少家庭作业，我们要根据合理的工作量安排，任何时候都不能忘记集体智力生活的充实。我们每个人都要去发现少年的禀赋、爱好和才干。我们将在抓住少年的智慧和心灵方面开展竞赛。

4. 科学原理的基本知识和学会学习[1]

牢固、自觉地掌握基本的科学原理，是进行完备的智育最重要的条件。教学是从基本的科学知识开始的，没有基本的科学知识就不可能掌握知识的巅峰。

孩子们要在低年级时掌握最基本的书写知识（牢记单词的正确写法），掌握算术概念、规则和公式，到了少年期仍然需要目的明确地进行这项工作。如果没有牢牢记住最基本的科学原理，就谈不上自主学习。

在给五到七年级学生备课时，我们每个教师都会明确，哪些内容是应该永远牢记的；哪些内容只需理解，不必背熟。我们制订了学习乌克兰语、俄语、法语最基本的书写知识的三年计划。我们认为，少年的思想应该为进行创造性的智力工作做好准备，创造性的智力工作要求对事实和现象进行思考、探索。多年的经验使我确信，持续不断的死记硬背是学生智力劳动中的谬误，会催生思维的惰性。只知道背书的人可能记住了很多东西，但如果他需要从记忆中找出最基本的原理，他的头脑里却是一团糨糊，那么这个人面对基本的智力作业也会束手无策。如果一个人不会为识记选择**最必要的东西**，那他就不会思考。

如果一个少年写作文时每一个单词都要考虑怎么写，解

---

① 《科学原理的基本知识和学会学习》一文1970年载于《科学与社会》杂志，在《把整个心灵献给孩子　第二部：少年的培养》的总标题下，后以《记忆、思维和学习能力》为题收入《公民的诞生》一书。本书摘自《苏霍姆林斯基选集（五卷本）》第3卷（基辅，苏维埃学校出版社，1980年，第462-465页）。

题时简单的乘法公式也要去想，那他是什么也思考不出来的。有的知识，学生应该无须思索，而应该在智力工作中对它们运用自如。一个有经验的钳工拿起自己的工具不必仔细打量，他熟悉每样工具的特性。同样的道理，一个智力工作熟练的学生从自己的记忆库里提取最基本的知识时，也无须思维高度紧张和集中。

这对少年来说具有特殊的意义。抽象思维的蓬勃发展使少年对必须牢记的基本原理产生了一种独特的轻视心理。(既然世界在时间和空间上是无限的，那么有什么必要记住某一个公式?) 但是，不知道具体的事实和事物，就不可能进行抽象思维。如果一个少年的记忆中没有“信手拈来”的基本原理，那么他在表达自己的思想时就有笨嘴拙舌的特点，因为他的思想是混乱的，而这对他的整个智力生活都有深刻的影响。

我们很重视引导学生对基本原理既进行有意识记，又进行无意识记。“思维教室”里放着一些直观教具和仪器（如微型电子算术器)，专门用来进行自我测验和记忆训练。每个少年都有一个“自我测验”笔记本，上面记录那些必须永远记住的东西：代数公式、物理公式、化学方程式等。在有关心理修养的座谈会上，我教少年们把时间分成几段，每隔一段时间检查一下自己对材料的记忆情况。

在低年级，我们很重视培养阅读、书写、推理、观察和表达思想的能力。如果这些能力在少年期未能得到发展和强化，少年学习起来就会感到很困难。

我们每个教师都很重视完善学生的快速阅读能力。少年时期最重要的是训练默读。六七年级的学生应该具备完整地抓住一个长句里各个部分的能力。不具备这种能力的少年，就会思维迟钝，思想好像停滞在无数死胡同前面。如果抓不住一个长句里完整的、在逻辑上独立的每个部分，不能猜出一个句子某一部分的内容，甚至不能把整个句子读完，所有这一切不仅会影响学生当下的成绩，还会影响他大脑里的生理解剖过程。不掌握阅读技能，这会阻碍、压抑最精细的神经纤维的可塑性，而这些纤维是保证思维体中枢之间的联系的。不会阅读的人，也不会思考。

所有这些都不是无足轻重的，其间潜伏着智力局限、智力生活贫乏的严重危险。训练不仅需要在低年级进行，在少年期进行这种训练对所有教师提出了更高的教育修养要求。我们每个教师都做到了在五六年级继续训练富有表情的朗读。训练富有表情的朗读是必要的。没有这种朗读就不可能培养少年在视觉和思想上抓住一个长句中各个逻辑完整部分的能力、培养少年理解一部分并同时转入下一部分的能力。换句话说，需要教少年同时进行阅读和思考。这种能力在心理上的复杂性在于其外部动因，这种外部动因能激发大脑的内部力量。

教少年学会阅读吧！为什么有的学生在童年时聪明伶俐、理解力强、爱好钻研，到了少年时代就变得智力平平，对知识不感兴趣、有了惰性？这是因为他不会阅读。人的大脑，是一个复杂的整体，如果某一部分没有得到足够的发展，整个大脑的工作就会受到抑制。大脑皮层上有管理阅读的部位，这些部位与大脑最积极、最有创造力的部分相联系。如果管理阅读的部位堵塞了，皮层上所有部分的生理解剖发展就会受到抑制。而且还有一种危险：大脑皮层上的发生过程是不可逆的。如果一个人在少年期没有学会在视觉和思想上抓住长句中各个逻辑完整的部分并理解整个句子，那么他就永远也学不会了。

我们思考一下这种情况：个别少年很少做家庭作业，但成绩还不错。这并不总能用他们才能非凡来解释，往往是因为他们善于阅读。阅读本身又发展了他们的智力。

我们也注意使书写成为一种半自动化的过程。每个教师都有自己的一套书写练习体系，学生练习书写这门课程所规定的单词和词组。我们教学生在听和写之间适当分配注意力。谁在课上不能胜任这项任务，就要做补充练习。

在语言和文学课上发展观察力和正确表达思想的能力，到思维和语言的源头去旅行，现在已经纳入自我教育的范畴。

十七、《给教师的一百条建议》一书选编[1]

1. 关于做“困难”学生的工作

大概不会有教师不同意，我们教育工作中“最硬的核桃”之一，就是做“困难”学生的工作。他们理解和记住教材用的时间要比一般学生用得多上三五倍，而且学过的东西第二天就忘了；学习教材以后，不是隔三四个月，而是隔两三个星期就要让他们做防止遗忘的练习。

三十多年的教育工作经验使我确信，对这些孩子来说，上面提到的“第二个教学大纲”起着特别重要的作用。对这些孩子来说，把学习仅限于必须记牢的材料是特别有害的，这会使他们头脑迟钝，养成读死书的习惯。我尝试过许多减轻这些学生脑力劳动的方法，并得出了结论，最有效的方法是扩大阅读范围。是的，这些学生需要尽量多读些东西。在三至四年级和五至八年级工作的时候，我总是注意给每个

---

①　下面几篇文章摘自苏霍姆林斯基在生命最后的几年写的《给教师的一百条建议》一书。这些文章最初以《给教师的建议》为题载于《国民教育》1969 年第 5、6、9、12 期。根据作家生平和作品手册（《苏霍姆林斯基　作家生平和作品》，安·伊·苏霍姆林斯卡娅、奥·瓦·苏霍姆林斯卡娅编。基辅，苏维埃学校出版社，1987 年）所述，单行本《给教师的一百条建议》于 1981 年在乌德穆尔特（伊热夫斯克）出版。基辅苏维埃学校出版社则以《教育学图书馆》为题出版了这本书。该书由一百条建议组成，每条建议都有一个明确的主题。本书选取了几条苏霍姆林斯基论述困难儿童教育教学问题的建议。

《关于做“困难”学生的工作》的建议在书中的编号是第 10。本文摘自《苏霍姆林斯基选集（五卷本）》第 2 卷（基辅，苏维埃学校出版社，1979 年，第 480–482 页）。

"困难"学生挑选一些书和文章来读，选的是那些用最鲜明、有趣和吸引人的方式阐明概念、结论和科学特征的书和文章。这些孩子应该尽可能多地对周围世界中的事物和现象产生疑问，并带着这些疑问来找我，这是对他们进行智力教育很重要的前提条件。

"困难"学生读的东西和他在周围世界中遇到的东西，应该不时为他开启一些新的、令他感到吃惊、诧异的东西。在"困难"学生的教育工作中，我一直遵循这个要求，这也是我给所有教师的建议。大脑皮层神经细胞的萎缩、怠惰和虚弱，可以通过惊奇和诧异治愈，正如肌肉的萎缩可以通过体操治愈一样。很难说清当孩子面前开启了什么令他感到惊讶的东西时，他的头脑中发生了什么变化。但数以百计的观察使我得出结论：人在惊奇、诧异的时刻，一种有力的刺激因素会起作用，这种刺激因素仿佛唤醒了大脑，驱使它加紧工作。

我永远也不会忘记小费佳。从三年级到七年级，我教了他五年。算术题和乘法表是他的绊脚石。我确信，这个孩子只是来不及记住题目的条件，在他的意识中来不及形成作为条件基础的事物和现象的概念：这孩子心里刚想转入下一步，就忘了上一步。和费佳相似的孩子在别的班也有，虽然总的来说不太多。我为这些孩子专门编了一本习题集，里面大约有 200 道题，主要取自民间教育故事。每道题都是一个吸引人的故事。绝大多数题无须做算术运算；解这种题意味着先要思考，动脑筋。下面就是我编的《**粗心散漫儿童习题集**》

中的两道题。

① 在炎热的夏天，三个疲劳的牧羊人躺在树下休息时睡着了。一个淘气的牧童用橡树上长的“墨果”把牧羊人的额头涂黑了。醒来后，三个人都笑了起来。但每个人都以为其他两个人是在互相笑对方。突然，一个牧羊人不笑了，他已经猜到自己的额头也被涂黑了。他是怎么想的？

② 古时候，在广阔的乌克兰草原上，有两个相隔不远的村庄——真话村和假话村。真话村的村民总是说真话，假话村的村民总是说假话。假设你们当中有谁突然回到了古时候，来到了其中一个村子，只要向碰到的第一个当地人提一个问题，就能知道是到了哪个村庄。那么，应当提什么问题呢？

一开始，我们只是把习题当成关于鸟类、昆虫和植物等的趣味小故事读。过了好一段时间费佳才明白，原来这些故事就是习题。有一道最简单的习题，他想了想，然后在我的帮助下解出了这道题，解法之简单令他吃惊。费佳问：“也就是说，这里的习题每一道都是可以解的？”于是，他一整天一整天地离不开习题集了，每解出一道题就像是取得了一次大胜利。解出的题他都誊抄在一个专用的练习本上，在文字旁边还**画出了**题目里的动物和植物。

我为费佳专门准备了一套小丛书，包括大约一百本小书和小册子，他从三年级一直读到七年级。后来，我又准备了另一套小丛书，大约有两百本书；除费佳外，还有三个学生也用了两年。一部分书和小册子和课上学的内容有直接联系，另一部分则没有。我把阅读这些书看作是一种锻炼智力的体操。

到了五年级，费佳的成绩就赶上来了，能和其他学生解同样的算术题。到六年级时，这个男孩突然对物理感兴趣，成了少年设计师小组的积极分子。创造性劳动引起他的兴趣越大，他读的书就越多。后来，他在学习上还遇到过其他困难，特别是历史和文学。他的每个困难都是通过阅读得以减轻的。

念完七年级后，费佳进了中等专业学校，成了一个业务熟练的优秀专家——一个调整机床的技师。

我从来没有给费佳和其他这样的学生因为课上没学会的东西而补过一次课。我教儿童阅读和思考。阅读似乎起了诱导作用，唤醒了思想。

请记住，越是“困难”的孩子，他在学习中遇到的似乎不可克服的困难越大，他就越需要阅读。阅读能教他思考，思考会刺激智力觉醒。书和书唤起的鲜活的思想，是防止读死书最有力的手段。读死书是一件大坏事，会使智慧愚钝。学生思考得越多，在周围世界中看见的不懂的东西越多，他接受知识的能力就越强，而您这位教师工作起来也就越容易。

2. 教材的首次学习①

学生学习落后和成绩不佳的根源之一，是首次学习教材时学得不够好。

---

①《教材的首次学习》在《给教师的一百条建议》一书中的编号是第 14。本文摘自《苏霍姆林斯基选集（五卷本）》第 2 卷（基辅，苏维埃学校出版社，1979 年，第 490-492 页）。

对教材的首次学习指的是什么，这个术语用得合适不合适？依我看，是合适的。因为知识在不断发展，对教材的学习也要长期进行；对知识的每一次运用，同时也是知识的发展和深化。而首次学习，就是从不知向知，向理解事实、现象、性质、特征的本质迈出的关键性的一步。

例如，学生在许多课上都要跟乘法公式打交道。经验证实，学生在学习公式的头一节课上对公式理解得深或浅，关系到很多问题。首先就关系到，学生是不是随时准备把它作为工具去获取新知识，换句话说，关系到接下来的新概念、新真理的首次学习。还有一条重要规律：学生的意识中含混、模糊、表面的观念越少，他感到的落后压力就越小，他在思想上对首次学习新材料就越有准备，课堂上的智力劳动就越有成效。

学习教材的第一堂课，应当成为特别的一课。就是说，这堂课必须组织得**特别明确**，学生独立进行智力劳动的效率在这堂课上**特别**重要。您要力求在首次学习教材时看到**每个学生**智力劳动的成绩。在首次学习教材时，看到“困难”学生独立工作极为重要，这些学生思考和理解迟缓，需要用较多的例子和时间理解教材的实质（提供给他们理解的例子往往也要和给大多数学生的不同）。

有经验的教师总是力求在首次学习教材的课堂上看到学生是怎样独立完成作业的。在这种课上，一定要让学生独立做作业，在做作业的过程中理解例子，进而懂得概括性的真理（这里指的是自然学科以及语法课的课堂教学）。

十分重要的是，要使学生的理解过程含有运用知识的成分。正是在这里需要做“困难”学生的工作。要走近他们每个人，还要看到每个人的困难所在，只让他做专门为他准备的作业。有时要在课堂上弄清楚，必须给这个或那个学生布置单独的家庭作业；有经验的教师通常在课堂上就及时布置这种作业。成绩不佳的学生智力劳动的效率，首先取决于首次学习教材时他在**课堂上**当场有逻辑、有条理地做作业的情况；不可只让他听同学们的正确回答，看他们抄写板书；一定要促使他自己动脑筋，耐心地、有分寸地激励他在每一堂课上多取得哪怕一点点的智力劳动的成果。

教语法时，我总是努力使学生在首次学习教材的课堂上及其书面练习中不出差错。可能这听起来有点不合情理，但这是真理：如果学生在课堂上一个差错也不出，他就把语法掌握住了。如果在课堂上不出错，那么在家庭练习中也就不会出错（或出的错很少）。语文教师工作困难的一个原因，就是学生上课时已经在自己的书面作业中出了错；教师的失策在于，他没有把力求不出错当作目标提出来。

怎样在实践中使学生不出现书面错误，从而奠定牢固的知识基础呢？这取决于许多因素，可能首先取决于学生的阅读速度。想要书写合乎语法、不出差错，学生就要学会快速阅读。还有其他的因素，如课堂教学的结构以及课堂教学的方式方法。备语法课时，我力求预先估计到在什么地方、在哪个词上学生可能出错，具体是谁可能出错。对任何一个“有疑问的”词，都要先解释清楚。

我建议，不可让学生在首次学习教材时只在表面上理解事实、现象和规律，不可让他们在首次学习语法规则时就出差错，不可让他们在首次学习数学定律时就做错例题、解错习题等。

3. 阅读是“困难”学生智力教育的重要手段①

这里指的是这样一些学生，他们对所学材料的领会、理解和记忆都很困难、迟缓：一项内容还没有理解，另一项内容又该学习了；一项内容背熟了，另一项内容又忘记了。有的教师认为，要减轻这类学生的学习负担，必须最大限度地缩小他们智力劳动的范围（有时候教师对学习困难的学生说：你只读课本就行了，不要分散精力去读别的书）。这是一种完全错误的观点。学生越是感到学习困难，他在智力劳动中遇到的困难越多，他就越需要多阅读。就像感光力弱的胶卷需要更长的曝光时间一样，成绩不佳的学生的智力也需要更明亮、更长久的科学知识之光的照耀。不是补习，不是没完没了的“督促”，而是阅读、阅读、再阅读，这才是在学习“困难”的学生的智力劳动中起决定性作用的东西。

在基洛夫州波格丹诺夫中学的优秀数学教师、乌克兰共和国功勋教师伊万·古罗维奇·特卡钦科②那里，没有“差生”。他的创造性劳动有一个卓越的特点，就是合理地组织

---

① 《阅读是“困难”学生智力教育的重要手段》在《给教师的一百条建议》一书中的编号是第23。本文摘自《苏霍姆林斯基选集（五卷本）》第2卷（基辅，苏维埃学校出版社，1979年，第506-507页）。

② 伊万·古罗维奇·特卡钦科（1919—2003），波格丹诺夫中学的校长和革新者，苏霍姆林斯基的战友和好朋友。

阅读，也就是我们这里所说的发展智力的阅读。在他任教的五至十年级，每个年级都有一些“困难”学生，要是没有一个极好的图书室，有几百本书以鲜明而吸引人的形式讲述在这位教师看来是世界上最有趣的数学科学，那么这些学生是永远也不会及格的。在开始学习方程式之前，学生们便阅读了几十页关于方程式的材料，其中主要是吸引人的故事，那些由方程式组成的民间益智难题。

问题的好处，不仅在于可以把学生从成绩不佳中拯救出来，而且在于可使学生的智力得到发展。“困难”学生阅读得越多，他的思维就越清楚，智力发展就越积极。

专门考虑、安排、组织成绩不佳的学生阅读科普读物，这是教育者要操心的一件事。实质上，这是学校生活实践中对后进生进行个别工作的一项主要内容。

4. 技能和知识之间不可比例失调①

技能和知识之间的比例失调表现在：学生还不具备作为掌握知识的工具的技能，教师就不断塞给他各种新的知识，让他掌握，不许他放过。这样的学生就像一个没有牙齿的人，不得不囫囵吞枣，起初感到不舒服，后来就害起病来，什么也吃不了了……

上面我们谈到，许多学生之所以掌握不了知识，是因为不会快速并有意识地阅读，不会边读边想。这是一种最可悲

① 《技能和知识之间不可比例失调》在《给教师的一百条建议》一书中的编号是第 24。本文摘自《苏霍姆林斯基选集（五卷本）》第 2 卷（基辅，苏维埃学校出版社，1979 年，第 507-511 页）。

的比例失调。会快速并有意识地阅读——既会朗读，也会默读，这不仅是有文化的起码表现，而且是在课堂上和自学时能真正进行逻辑思维的一个极重要的条件。

不会快速并有意识地阅读的人，是不可能学好知识的。快速并有意识地的阅读，就是用眼睛和思维领会句子的一部分或不长的一整句话，目光离得开书本，说得出记住了的东西，同时还进行思考——不仅思考所读的内容，还思考跟所读材料有关的情景、形象、观念、事实和现象等。

在小学阶段就应使阅读达到**这种**完善程度，否则就无从谈起自觉地掌握知识。不仅如此，不会快速阅读就去追求知识的掌握，还会使学生的智力钝化，引起其思维的混乱、不连贯、不完整和简单化。您也许遇到过有些五六年级的学生，就像人们说的，一句完整的话都说不出来。我逐字记下了这些学生的话，并做了分析：这些话似乎是一些与上下文脱节的单词，相互之间没有任何联系。这些学生根本不能把自己的部分想法用语言表达出来，因而说话**磕磕巴巴**、含糊不清。对这类可悲事实的多年研究使我得出一个结论：智力上的含糊不清（我这样描述这个缺点），是由于不会快速并有意识地阅读、不会边读边想造成的。很多词孩子之所以不理解，都不过是由于这个简单的原因，他们来不及好好地读下来并领会这些词的含义，更没法在自己的意识里把它们跟有关的概念联系起来。学生不会快速而有意识地阅读，就来不及思考。阅读时不思索、不思考，儿童的智力就会变得迟钝。

怎样使阅读快速并自觉，让孩子在视觉和思维上迅速领会含义相连的一整串单词呢？要做到这点，系统的练习是必需的。这里谈谈我教小孩子时，检查阅读的速度和自觉程度的方式。一个学生正（初次）读着童话或故事，比如一个关于原始人生活的故事。我在他眼前，即在黑板上挂上一幅有关原始人生活的鲜艳图画，有烧火、准备食物、捕鱼、儿童游戏、制衣等内容。如果学生（这里指的是三年级学生）朗读故事时，不能让目光离开书本，在快读完时还来不及好好地看一下画、记住故事中没提到的那些细节，就说明他不会阅读。阅读时如果眼睛一刻也离不开书本，那么这也不算阅读。阅读过程中什么也无法领会的学生，实质上不会边读边想，而这恰恰不能称为有意识的阅读。

到了学习的某个阶段，学生应当掌握快速书写的技能，能同时书写和思考。如果缺乏这种技能，便又会造成一种比例失调。同样地，只有通过足够数量的练习才能达到这种书写速度。书写过程应达到自动化的程度，学生无须考虑怎么把字母连成词或是该写上哪个字母。注意力的中心应该是所写的内容。通过足够数量的练习，在第四学年可以达到这一目标。但书写的自动化取决于阅读。书写错误多的总是那些阅读差的学生。

为了养成快速并有意识地书写的技能（在学生有良好的阅读能力的条件下），可依照下面的方法进行练习。教师给孩子们讲述某种自然现象、事件、劳动的过程；讲述中明确区分开逻辑上相联系的几个组成部分，每部分都有主要内容和与之相关的细节。讲述时，学生按教师阐述材料的顺序把主要内容记录下来。缺乏边听边简略记录讲述（讲授、解释）内容的技能，是不可能掌握知识的。在许多例子中，学生落后的原因恰恰就在于他们缺乏这个最基础而又十分复杂的技能。

这一技能的作用，并不仅仅在于实际运用。它是智力发展的必要条件。不会边听、边写、边想（也像不会边读边想一样），是不可能进一步学习知识的。

善于选择、综合和分析事实，是一个十分重要的技能，知识是否掌握得好在很大程度上取决于此。有经验的自然科学各科教师以及语法教师，注意使学生的思维不受教师阐述（解释、讲授）时援引事实的限制，以致知识和技能之间比例失调。这种比例失调会使知识成为停留在学生头脑里的僵死的负担，得不到发展，因为知识得不到转化，没有新的事实加以充实，也不被用来解释新的事实。这就出现了我想称之为“知识僵化”的情况。由于知识处于这种状况，便可能遇到一种乍看起来十分奇怪的现象。例如，学生背熟了物质的三种状态的概念，但在生活中却注意不到有大量事实可用来从原先不知道的新侧面解释这种概念。于是，在知识测验时，学生遇到了物质从固态变为气态的事实——生活中随处可见的现象时，茫然失措，不能理解和解释其实质。

为了学会自觉地把知识结论运用于生活实际，必须独立收集大量事实，对这些事实进行理解、综合、比较、分析。收集和处理事实，本身就是知识的一种**状态**，一种活动的状态。这种状态指的是，从课堂上所获得的知识体系中自觉地选取需要的规律、特征、定义。使知识处于这种状态多么重要啊！多年教学工作的经验使我确信，收集和处理事实是一种特殊技能，它能使知识经常处于发展之中，而这种发展是十分独特的：学生不仅分析他周围的事物，而且分析自己的种种想法。在收集和处理事实时，学生就走上了自我智力培养的道路。

某门课程体系内的事实的特征，在我看来，是一个十分重要的教学法问题，同时也是一个一般的教育学问题。形象地说，事实犹如思维的翅膀所依托的空气，要以这种看待事实的观点分析教学大纲。要考虑选择哪一部分事实用于课堂讲授，哪一部分留给学生去收集和处理；要为收集事实这一过程本身拟定方法上的指导；要教学生学会去思考事实。

5. 怎样研究学前儿童的思维①

人的思维有两种基本类型：一种是逻辑分析思维，即数学思维；一种是艺术思维，即形象思维。伟大的生理学家伊万·彼得罗维奇·巴甫洛夫的这种分类，对解决儿童的智育以及个人爱好和能力形成的问题，具有极其重要的意义。请您在九月一个晴朗的日子，把自己未来的一年级新生集合起来，和他们一起到秋天的树林中去，很快您就会发现，这两种思维类型在孩子们身上表现得很明显。树林，特别是初秋的树林，总是能吸引孩子们的注意。在这里，他们不可能无

① 《怎样研究学前儿童的思维》在《给教师的一百条建议》一书中的编号是第39。本文摘自《苏霍姆林斯基选集（五卷本）》第2卷（基辅，苏维埃学校出版社，1979年，第547-550页）。

动于衷：他们情绪激动，赞叹不已，这就是对周围世界产生了逻辑认识和感性认识，即理性上的认识和心灵上的认识。蔚蓝深邃的天空，装扮得绚烂多彩的树木，披上了初秋明朗色泽的密林内外，这一切都吸引着孩子们的注意。不过，他们对周围世界的看法各不相同。只要细心观察，您就会看到两种认识类型，这是两种思维类型的表现。一部分儿童为大自然和谐的美景所陶醉。他们惊叹和赞赏美景时，是把各种物体当作一个整体接受的。他们看见了日出，也看见了树木披上秋装后美不胜收的色彩，还看见了神秘莫测的密林。然而，儿童把这一切都看成像各种乐器奏出的复杂音响中的和声一样——孩子们没有听到个别的声音，他们没有从周围世界中区分出个别的细节。而当某一个物体或某一种现象吸引他们的注意力时，全部的和谐对他们来说就集中在了这个物体或现象上。例如，孩子注意到了一簇满布着琥珀色果实和银白色露珠的野蔷薇，那么，他们除了这簇花以外就再也看不见其他什么了，整个美妙的世界对他们来说就在大自然的这个作品上。

这就是对周围世界的艺术认识或者说形象认识的最突出特征。具有这种认识的儿童，会兴致勃勃、津津有味地讲述他们看见的情景。在他们的叙述里有鲜明的形象。他们用画面、形象，用色彩、声音和动作去思维。他们对周围自然界里的音乐很敏感，而且，一般说来，对自然界的美也很敏感。在他们的认识里情感因素占优势，和理性相比，他们似乎更多地用心灵来认识事物。要注意到，这会在他们学习过程的智力劳动中留下深刻的痕迹。鲜明地表现出艺术思维的儿童，有兴趣学习文学，喜欢阅读，热衷于诗歌创作。学习数学时，他们经常遇到比较大的困难，这门课一般都学得不好。

而对于另一些孩子来说，似乎不存在什么和谐的美。您可以想象一下，一个和暖的秋日里，松林边的落日景色：深红的晚霞，宛如铜铸的老树干，以及静静的湖面上色彩变幻的粼粼波光，等等。但在学龄前儿童的集体里，总能找到所谓不理解这种美的儿童。他会问：为什么太阳落山时变成了红色？夜里它躲到哪儿去了？为什么有些树叶秋天变成红色的，有些却变成橘色的，有些变成黄色的？为什么橡树叶子在霜冻后很久还是绿色的？他们的目光首先看到的，不是世界的形象方面，而是它的逻辑方面，即因果关系；这就是逻辑分析思维，或者叫作数学思维。具有这种思维特点的儿童容易发现事物的因果关系和依存关系，了解一连串事物和现象之间的联系。他们容易进行抽象思维，喜欢研究数学和其他精密科学。他们对抽象概念的逻辑分析，如同具有艺术思维的儿童对鲜明的形象那样感兴趣。

这两种思维类型是客观存在的，教师应当了解在每个儿童身上哪种类型占优势。这对于在教育中正确指导学生的智力劳动极为重要。教会思考、发展思维，意味着，一方面要发展每个儿童的两种思维领域：形象思维和逻辑分析思维，不可有片面性；但同时又要善于把每个学生的智力发展引导到最符合其天性的轨道上。

儿童的思维也有处理速度上的区别，可以说是思考的快慢不同。

有的孩子思维很灵活。他刚在想蜜蜂怎样从花上采蜜，教师介绍了花朵的复杂结构后，他的思想很容易就转移到另外的目标上去了。再拿解算术题时的思维情况来说，有的学生能在思想上抓住题目条件中所讲的一切——筐子、苹果和园子里的树木。有的孩子的思维则完全不同，我想称之为“稳定集中性思维”。如果他的思想集中在一件事物上，就很难转移到其他事物上去。仔细思考一件事物时，他就忘了别的。想着每千克苹果的价格，他就忘记了每筐苹果有多少千克和总共有多少筐。教师往往错误地把这种思维特点看作是智力发展的反常现象。其实，智力活动迟缓，无论对于具有形象思维的儿童，还是逻辑分析思维表现得明显的儿童，都是常有的事。教师往往不加分析就草率地对儿童的智力发展做出了完全错误的结论。对思维过程明显迟缓的学生产生的误解，尤其令人痛心。这往往是一些特别聪明伶俐的儿童，但其思维的缓慢却引起了教师不满，于是，儿童焦急不安，他的思维似乎麻木了，甚至根本不能再想什么了。

所有这些在开始学习前就应该看清楚，了解清楚。没开始教课的时候，研究儿童思维的特点是最容易的。我向将要负责一年级的教师们建议：在儿童入学前的一年，要带他们到思想的源头——到大自然去旅行二三十次。把孩子带到这种环境中去，这里既有鲜明的形象，也有各种现象之间的因果关系；孩子们在这里赞叹，感到惊奇，同时也进行思考和分析。

6. 怎样发展儿童的思维和智力①

怎样发展学生的智慧，提高他们的智力？在我看来，这是学校教育中最尖锐却研究得不够的一个普遍问题。给予知识，这只是智育的一个方面，探讨这个方面不能离开另一个方面，即培养和发展智力。发展思维和智力，就是发展形象思维和逻辑思维，以及提高思维过程的活跃程度，消除思维迟缓现象。

多年的经验表明，必须开设专门的思维课。在学前阶段就应该时不时地上这种课。从一年级开始，思维课就应该成为智育的一部分。思维课既有助于学生对周围世界的形象、画面、现象和物体进行鲜活、直接的认识，也有助于发展他们的逻辑分析、知识探求、思维能力，发现事物之间的因果关系。

如果您想教“头脑迟钝”的学生学会思考，就要把他们带到思维的源头去，让他们观察一系列现象，从而了解其中的因果关系。思维过程迟缓的儿童在思想上抓住这一系列现象，努力记住一些事实、事物以及它们之间的关系，这就是在进行着任何东西都不能替代的思维锻炼。要让儿童在对一系列现象的观察中不断有新的发现，这就像在他面前燃起了思考的火花，从而促使思维过程活跃起来。思想的火花一经点燃，孩子就想知道更多的东西，想深入了解新的现象。这

① 《怎样发展儿童的思维和智力》在《给教师的一百条建议》一书中的编号是第40。本文摘自《苏霍姆林斯基选集（五卷本）》第2卷（基辅，苏维埃学校出版社，1979年，第550-551页）。

种想法和愿望，就是提高思维过程活跃程度的推动力。

7. 怎样培养记忆力①

培养记忆力，这也是学校工作实践中的一个尖锐问题。大概我们每个人对“健忘”的儿童都有过无可奈何：今天他记住了，明天又忘了。我想就培养记忆力提出一些意见和建议，这些意见和建议都是以实际材料和经验为依据的。

越是靠自己的努力、靠顽强的意志获得的知识，逻辑认知对学生的情感领域触动得越深，新知识在头脑中记得就越牢固、越有条理。

在开始记忆之前，儿童应该进行上面所说的思维锻炼。记忆任务越复杂、越困难，对思维、思考和智力的培养就应当越精心、越细致。一个孩子如果只看见事物和现象的表面，即对所有人来说都显而易见的方面，在深入考察事物和现象时没有任何“发现”，没有体验过发现各种现象“意外”的相互联系时的惊奇感受，那么，这样的儿童就很难记住什么东西。

我坚信，不论在课堂上还是在家里，在孩子还不到熟记和背诵的年龄时，应特别注意培养他的记忆力。学龄前和小学阶段是打牢记忆力的黄金时期。应该设法让孩子在直接观察的过程中掌握关于周围世界的现象和规律的重要原理，而不必专门去熟记和背诵。

---

① 《怎样培养记忆力》在《给教师的一百条建议》一书中的编号是第 41。本文摘自《苏霍姆林斯基选集（五卷本）》第 2 卷（基辅，苏维埃学校出版社，1979 年，第 551–552 页）。

我们每个人也许都曾为这种奇怪的现象感到困惑：在低年级学习成绩优良的孩子，小学毕业后一下子就变得学习不好了。这是怎么回事，为什么会发生这种现象？原因之一就是没有在小学进行以发展思维、培养智力和给记忆力打基础为目的的专门训练。应该在小学阶段奠定记忆力的牢固基础，这种基础就是儿童在教师的指导下，在直接认识周围世界的过程中所获得和掌握的知识。

8. 爱惜并同时发展青少年的记忆力①

死记硬背总是有害的，在青少年时期尤其不可以这样做。在这个年龄段，死记硬背会产生“幼稚病”——使成年人停留在幼稚阶段，使他们智力迟钝，阻碍能力和爱好的形成。死记硬背的产物和不良后果之一，就是书呆子气。这实质上是把教育儿童的方式方法搬到青少年身上，会使人智力幼稚而又试图掌握严肃的科学资料。这会使知识脱离生活实践，使青少年的精神活动和社会活动的范围受限。

造成这种巨大灾难的主要原因之一，是少年和青年用儿童的方式获取知识：逐一背熟课本上的材料，为的是随后再把自己的知识逐一“倒给”老师听，好得个分数。过多的有意记忆只会让人变傻。

把书呆子气驱逐出学校，这是一项非常重要的教育任务。但是，如果中高年级的相当一部分教材要求的正是有意记

① 《爱惜并同时发展青少年的记忆力》在《给教师的一百条建议》一书中的编号是第42。本文摘自《苏霍姆林斯基选集（五卷本）》第2卷（基辅，苏维埃学校出版社，1979年，第552-554页）。

忆——让学生坐下来背熟，不然就不知道，这里不能耍什么花招，那又怎么能驱逐书呆子气呢？

要做到这一点，唯一的办法就是建立有意记忆和无意记忆合理的比例关系。如果八年级学生应记住的材料数量用 x 表示，那么，在这个时期学生应理解和思考的材料就要多几倍，为 $3x$。同时，在要记住的材料和只要求理解无须记住的材料之间，应该有一定的联系——不一定是直接联系，但最好是与问题相关的联系。例如，解剖学和生理学研究人的神经系统，这一章节里有许多全新的知识，几乎应该全部记住。为使学习不致变成死记硬背，可以建议学生看些关于人体的有趣书籍——关于人体的全部系统、神经系统和杰出学者相关的研究成果的书。学生从并不要求记住的阅读中会记住许多东西，但这完全是另一种记忆，是无意记忆，和学生有意地去记住教材内容有本质区别。这种记忆建立在生动的兴趣、建立在思考和痴迷的基础上，认识的情感因素在这里起着很大的作用。看有趣的书引起的无意记忆，有助于活跃人的思维。人的思维越活跃，有意记忆就越得到发展，越能保持和再现大量材料。如果理解的材料比需要背熟的教材多好几倍，那么，按课本记（背）教材内容，就不再是死记硬背，而会成为有理解的阅读和有思维的分析。多年的经验使我确信，如果有意记忆以无意记忆为基础，即以阅读和思考为基础，那么少年在学习课本的过程中就会产生许多问题。他知道得越多，不懂的地方就越多；不懂的地方越多，他按照教科书学正课就越容易。

建立无意记忆和有意记忆合理的比例关系，这首先取决于教师。作为教科学基础知识的教师，您不应该只是知识的传授者，而应成为青少年思想的主宰者。您对新材料的叙述和讲解中，应含有能点燃学生勤奋好学和渴求知识的火药的火星。听了您的课以后，学生应该有强烈的愿望阅读您顺便提到的书。他应对这本书念念不忘，一定要找到不可。

这样看来，青少年记忆力的发展，取决于中高年级教育教学过程的一般智力文化修养。

十八、《和青年校长的谈话》一书选编①

1. 困难儿童是些什么样的孩子

这些困难儿童给教师、给家长带来了多少沉重的思想负担、焦虑和痛苦啊……

---

① 这部分选自苏霍姆林斯基《和青年校长的谈话》一书，这本书谈的是学校教育教学过程的指导、教育者创造性的劳动、学校集体的精神生活和学生的道德教育等问题。

这本书中的片段最初载于《国民教育》1965 年第 9、11 期。1973 年，启蒙出版社出版了这本书的俄文版，后来被收入《苏霍姆林斯基选集（五卷本）》第 4 卷乌克兰文版和俄文版，还被收入了 Н. П. 库金编辑的《教育文选（三卷本）》中（莫斯科，教育学出版社，1979—1980，第 3 卷）。

这本书由八次谈话组成，每次谈话都围绕着一个问题。第四次谈话的主题是“困难儿童”，分为以下几个话题：困难儿童是些什么样的孩子？他们为什么变成了困难儿童？要有经验丰富、了解儿童心理世界的教师。本文摘自《苏霍姆林斯基选集（五卷本）》第 4 卷（基辅，苏维埃学校出版社，1980 年，第 532-550 页），有删节。

有一次，我从基洛夫格勒回家，在公共汽车上认识了一位年轻的铁路员工。这是一个三年级学生的父亲。当时，他正要回家，回一个偏僻的小站——他常年工作的地方去。小站附近没有学校，家长都把自己的孩子送到旁边一个大村子里的八年制学校去上学。这个三年级学生的父亲刚参加了家长会回来。这个年轻工人的眼神令我吃惊，我在他的眼睛里看到了痛苦和焦虑。这是那种在考虑是否还值得活下去的人的眼神。生活中，我极少看到人的眼睛里含有那么深切的痛苦和绝望。

当汽车里只剩下我们两个人时，我对他说：

“和我说说你的痛苦吧。也许，我能帮得上忙。”

下面就是那位工人和我说的话。

“我去参加家长会了。我儿子上三年级。每次需要我去学校的时候，都像要剜我一块心头肉一样。每次听到的都是同样的话：班里所有孩子都不错，有学习良好的，有及格的，也有优秀的，就我的孩子是个笨蛋。当然，老师是用别的话说的，但我是那么理解的，老师也希望我那么理解。如果他有什么能得个三分，这对他来说就非常好了。别的孩子一节课能解三道题，我的孩子一道也解不出来。老师说：‘读完一道题条件的结尾，他就忘了开头了。’我看得出，老师可怜我，没有把所有话都直接说出来。别人不在时，我单独问老师：‘我儿子以后怎么办啊？能不能送他去一个什么特殊的学校？’他说：‘不，不用送，那里也不接收，因为他不是低能儿，而是正常儿童。’如果他正常，怎么学不好啊，连三分都得不了？这到底是怎么回事？请您相信，我愿意拿出我的半辈子生命，只要能把儿子培养成人。要知道，如今没有知识，就谈不上做人……”

让我们仔细想想这些话吧。我们社会成员的智力发展和道德发展，现在已经达到了很高的水平，所以家长们都感到担忧：我们要在自己的孩子身上再现自己，而且我们希望再现得比自己更好、更完美。每一个落后的、成绩不好的孩子，都是一个巨大的人间悲剧。

困难儿童，他们是些什么样的孩子？不久前，这种论断还相当流行：没有学不好的学生，只有教不好的教师。如果真是这样的话，那就不应该有困难儿童了，他们就是无能的教育者臆想出来的，是为自己教育的无能找的借口。因此，为了保险起见，“**困难**”这个词总是放在引号里，这样做比较安全。没有困难儿童，只有“困难”儿童，似乎这就完全不同了。

我们教育者听到这一切是很痛心的。听到不好的、成绩不佳的学生是我们工作不好的结果，我们感到痛心。报刊上关于单纯追求及格率的讨论此起彼伏。如果我们不对此加以解释——本来也无须解释，如果我们不清楚明确地表示那些掌握大纲规定的知识比大多数学生困难的儿童，也应该在普通学校里学习，那么，关于单纯追求及格率的讨论就永远是徒劳的、没有意义的。但这就产生了一个问题：既然这些孩子掌握知识比大多数学生困难，那么，应当用什么样的标准来检测困难儿童掌握的知识呢？

困难儿童总是有的，摆脱他们是不可能的。教师们都很清楚这是怎么一回事。困难儿童是这样一些孩子，我们看到他们由于各种各样的原因在智力发展上不正常，有所偏差。那些常用的教育方式方法，在对大多数儿童的教育工作中会取得良好的效果，但用在困难儿童身上却不能奏效，需要找到一些其他特殊的教育方式方法。

“困难儿童”是一个复杂的概念。每个困难儿童都有自己特殊的、与其他困难儿童不一样的个性，有自己偏离常规情况的原因，有自己受教育的经历。

听了上面那位年轻的铁路工人的话，我给他讲了一个困难儿童的事，这个孩子的命运让我的心绪几年都难以平静。

也许你们当中的每个人，现在也正为这样的事伤脑筋：一个班的孩子都在聚精会神地听讲，教师正在讲解数的乘法，大家都能听明白；彼得也在听讲，看上去他甚至比别的孩子听得更认真，更用心，至少他是非常想弄明白讲的是什么……。但是，其他孩子都听懂了，做完了习题，彼得却什么也没有听懂。教师布置了独立作业题。所有人都在读条件，一个一个地着手解题。不一会儿，几乎班上所有孩子都把题解出来了，只有彼得一个人坐在那里，对着习题发愁，垂头丧气，他怎么也弄不明白题目的条件。好几次他试图把式子列出来，加呀，减呀……，但是最终什么也没得出来。更确切些说，他自己也不知道，他求出来了什么没有，因为他不明白这道算术题是什么意思，老师要他从中求的是什么。有这样的孩子，他们能听懂教师的讲解、提问和布置的作业中个别的词句，但不明白句子之间的关系。

也许，在每一所规模比较大的学校里都有像彼得这样的学生，但在每一种情况里，学生成绩不好、学习落后、最终留级的原因却各不相同。如果教师费了很大气力把彼得“拉”到了五年级，这固然很好，但通常的情况是孩子读到了三年级，就再也升不上去了。这里有一种情况似乎有些奇怪，让人难以理解：彼得比较容易学会阅读，一开始似乎能跟上其他孩子的进度，但到了需要同时掌握技能和知识的时候，他还是落后了。在这种情况下，校长常常责备教师不会教。教师就责备学生自己不用心，不用功，花在家庭作业上的时间太少，懒惰，抄同学的作业，等等。教师的所有这些说法往往看上去是完全公正的：儿童理解力差、脑筋迟钝，常常是和不用心联系在一起的，而不会思考、不善于集中注意力则会转变为懒散。

为了帮助困难儿童克服所有这些毛病，教师在课上和课后都要对他们进行个别辅导。如果困难学生勉强能跟着全班升级，那主要是因为有额外的讲解，还有就是对他降低了作业的难度。当明白了不管付出多少努力，困难儿童也掌握不了跟其他儿童同样多的知识后，教师就开始用特定的标准来评定他的学业成绩，并且每个困难儿童都有自己的标准。孩子竭尽全力完成教师要求他做到的事情。他信任教师，尊重教师。他珍视自己每一个微小的进步。教师的表扬，是激发他新的内在力量的活水，而内在力量是取得学习进步必需的东西。教师从不责备彼得懒散或者脑子笨，对他的力量也不丧失信心。他给予孩子精神上的支持。孩子不可思议的勤奋的真正来源，就在于他对教师特有的信任。这样的教育者的确有巨大的教育智慧和人道主义的耐心：他眼看着孩子一连几个星期都没有任何收获，或者付出了艰难的努力才取得了一点点极其有限的进步，但是，教师仍然坚信，这个孩子最终一定会达到他所追求的目标。我想，教育者的这种信心、这种希望，可以和医生对卧床不起的重病患者的信心和希望相提并论。

教师的这种信心和希望，最终得到了回报：在孩子智力活动的某个阶段，出现了乍看起来无法理解的豁然开朗的局面。突然间，这个孩子读完了以前根本不会做的习题以后，一下子就解出来了。他体验到了一种令人激动的快乐之情，他胜利了，体验着豁然开朗那一刻的难忘感受：那些以前不明白、不理解的东西，忽然间在他面前敞开了，变得清楚了。这不是偶然现象，而是一个人对自己的力量永葆信心地进行智力劳动后合乎规律的结果。的确，一切就在于要相信自己的力量，并拥有情感的动力。

不可能用某些极端的办法——对困难儿童的意志施加影响的方法使他们的智力活动发生质变。不能用强制的办法让一个人变聪明。谁要试图用强力的、用“意志”的手段作用于儿童，他就会犯难以纠正的错误。这种错误之所以难以纠正或者根本无法纠正，是因为使用了“意志”手段之后，那些必须采用的、而且是唯一可以采用的方法就会变得不起作用了。对教师最重要的一个要求，乍看起来似乎非常简单，实际上却是最细致的教育技巧，这就是要增强儿童对自己力量的信心，并耐心地等待他智力劳动中哪怕只是微小进步的时刻的到来。这种进步，这种豁然开朗的局面，并不意味着这个孩子在学习上就会一帆风顺了，就会完全变成另一个人。事情远没有那么简单。这个进步实质上非常微小，乍看起来它好像只是一次偶然的成功。但是，这次成功使孩子体验到了取得胜利的快乐，他能从胜利中汲取新的能量。请您爱护困难学生的这种乐观情绪。在这里，有教师施展教育技巧的基础。从一个胜利走向另一个胜利，这就是对困难儿童进行智育的过程。如果他今天还有什么做不到的事情，不要给他打上二分。不要急于根据评分标准十分严格地评定他的学习成绩。娇嫩、纤弱的植物需要特别的照料。在我看来，教育任务是不能用什么普遍万能的办法一挥手就解决的。

乐观主义、乐观愉快的世界观、对自己力量的信心——形象地说，这些就是照亮困难儿童前进道路的火光。如果扑灭这个火光，儿童就将陷入黑暗、孤独之中，他就会被无尽的忧郁和绝望吞没。

我们现在来看看，如果孩子对自己的力量丧失了信心，将会怎么样？

教师认为儿童跟不上是由于不认真、不用功、懒惰，因此经常在课上和课后尽可能多地给孩子布置作业，把他留下来做额外的练习。但是，这样做没有任何积极的效果，因为学习成了彼得的苦差事，让他厌烦。他已经知道，不管在书本前坐多长时间，反正总是得二分。他似乎觉得，老师把他留下来做额外的练习，只不过是为了再给他打一个二分罢了。他已经学会了骗老师，骗家长，学会了抄作业。甚至在他能够独立写点什么时候，他也不写了——抄作业不费劲，况且同学都同情他，总是“帮”他——把作业给他抄，因为他们知道，这样可以让他在学校和家里免去许多不愉快……

您是否想过，为什么不管怎么禁止、怎么恐吓，对于把家庭作业借给自己的同学去抄的行为都无济于事？对同学的这种帮助，是出于对解不出题目、不会做作业的同学的同情。但是，那些懒惰的学生渐渐地也习惯抄作业了。同学们对懒惰的学生也不拒绝提供这种帮助。确实，孩子们也不可能分得清谁是懒惰，谁是不会做。

懒惰，通常是散漫的产物，但也常常产生于无知。彼得渐渐变懒了，有时候他也成了一个爱搞恶作剧的人：教师不愉快的时候，他反而幸灾乐祸。因此，毫不奇怪，“脑筋迟钝”“什么也不懂”的学生经常让教师不愉快。我们听过许多关于智育和德育相互联系和统一的议论。大家谈的很多，比如，历史课上学了斯巴达克领导奴隶起义，学生就对压迫者充满了仇恨；对宇宙无限的认识培养了学生的唯物主义信念。这一切确实非常重要，但是，这里有一个条件：在掌握知识的过程中，必须使一个人确立起自尊，使他珍惜自己的荣誉、自己的名声。如果这些情感迟钝了，如果学生觉得自己什么都不行，那么，关于智育和德育统一的一切安排都会落空。因为学生麻木的心灵会变得对周围发生的一切都漠不关心。

看到一个孩子的自爱之情麻木到如此程度，看到他竟然因为自己成了同学嘲笑的对象而感到得意，心里真有说不出的难过。

某些也许不太显著的智力发展异常，会逐渐转变成道德方面的问题。有多少这样的困难学生正坐在课桌后（多半坐在最后一排），他们给家长、给老师带来了多少不幸啊！让我们把自己放在彼得的位置上看看吧。想象一下，如果我们日复一日、月复一月、年复一年地总是感觉到自己比同学落后，做不到别人能做到的事，那么，我们的心情将会如何？我们将会怎么对待老师呢？那些关于斯巴达克和宇宙无限的生动讲述，会在我们心里留下些什么呢？

像彼得这样的倒霉蛋，他们愤恨、顽固、无礼、任性、不听话地坐在课桌后面，等着下课的铃声，满教室地丢千纸鹤（这是最好的情况），用小刀刻桌子，或者把电灯泡拧下来。有时候，晴天霹雳似的传来了彼得离家出走的消息，教师大为震惊……。观察表明，在某些班级里，教师对这类儿童，特别是对这类少年，花费了大量心血，以至于他往往再也没有精力对剩下的大多数学生进行正常的工作了。同时还不应忘记，如果一个班里有两三个对什么事都无所谓、对自己的力量失去信心的学生，那么教师对这个集体的教育影响实质上就会大为削弱。

2. 他们为什么变成了困难儿童

学校里有困难儿童，这不是学校教师和校长的错。但遗憾的是，我们错在没有努力弄清楚孩子变成困难儿童的根本原因。而这正是教育者的神圣职责。如同医生仔细检查病人的身体，寻找和探究病源，以便着手治疗一样，教育者也应该深思熟虑、细致耐心地调查、研究儿童在智力、情感和道德方面的发展情况，寻找和研究困难儿童形成的原因，从每个人的困难和特点出发采取相应的教育措施。教育者手中还有一种方法，他可以防止使儿童变得困难的那些原因产生。当然，这不能只靠教师的力量，还要得到社会的帮助。

很难想象一个真正的人道主义医生（每个医生首先都应该是一个人道主义者），会对病人说："您的病治不好了，您没希望了……"这样的医生一天也不能留在医院里！可是，在我们这些人当中，在教师队伍里，有多少人每天都让孩子觉得自己没希望了，有时甚至直截了当地说这些话？我前面提到的那个年轻的铁路工人之所以绝望，正是因为他儿子的老师让他觉得，什么方法都用过了，再也不可能有什么效果了。这样做是不能容许的。我们应该珍惜我们神圣的职业荣誉，高举人道主义的旗帜。医生长年累月地医治病患，他也许比我们教育工作者有更充分的理由做出悲观的结论，但是，他相信科学的强大力量，相信患者本人的精神力量。教育上的人道主义精神就在于，当一个人做不到绝大多数人都能做到的事情时，不要让他觉得自己低人一等，而要让他感受到人间崇高的快乐——掌握知识的快乐、智力劳动的快乐、创造的快乐。在我们的工作中，人道主义的最高境界，就是必须依靠对自然力的深刻认识，甚至征服那些似乎自然已经决定了的东西。要成为一个真正的教育工作者，就要深入地研究关于人的心理和精神世界的自然科学知识和生理解剖学原理，研究儿童的心理过程对于周围环境中极其复杂多样的因素的依赖性。

多年的教育工作实践，对儿童的智力劳动和精神生活的调查研究——所有这一切使我确信，孩子变成困难儿童，学习跟不上、落后，绝大多数情况下都应归因于孩子在童年早期受的教育和所处的环境。学龄前儿童和学龄初期儿童的父母和老师打交道的，是自然界里最精细、最敏感、最娇嫩的东西——儿童的大脑。如果一个孩子成了困难儿童，如果别人能做到的他都做不到，这就意味着他在童年时没有从周围人那里得到对他的发展来说应当得到的东西。困难儿童正是在一至七八岁这个年龄段形成的。如果教育者没有发现、也不懂得这一点，没有查明儿童智力发展异常的根本原因，那么，这个孩子在以后的智力生活中还会遇到更大的困难。如果对这些原因进行了调查研究，把它们弄明白了，教育的强大力量就可以发挥作用，就像同样建立在严密的科学基础之上的医治病患一样。

我们教师应该记住，不管困难儿童已经被耽误到什么程度，我们都要引领他走上一个公民应有的劳动生活和精神生活的道路。我们的崇高使命就在于使我们的每一个学生选择的人生道路和职业，不仅能给他一份糊口的面包，还能给予他生活的欢乐和自身的尊严。

智育在形成人的精神面貌、道德面貌和公民形象方面，一年比一年发挥着更大的作用。决不能允许学校里有一群觉得自己学不下去、什么也学不会的孩子。这不仅对他们本人造成了精神上的创伤，还直接造成了这样的后果：在某些地方，一定数量的少年脱离学校集体，后来又脱离生产单位，他们游荡街头，造成社会的不安定。未成年人和青年人违法犯罪的原因之一，就是他们感到自己在智力上低人一等，精神苦闷。如果再加上不良的家庭环境，那么困难儿童在道德行为方面出现崩溃的危险性还会加剧。我想特别强调：必须使困难儿童首先成为接受学校教育的人，使学习成为他们确立人的高尚尊严的领域。

我们应该明确地认识到，不管我们的困难学生彼得将来是成为学者、工程师、工人还是农民，他首先将成为共产主义社会的公民，他有权享受作为一个人的幸福。而这种幸福，没有创造性劳动、没有思想和知识是无法想象的。由无知到有知的道路非常复杂，而且每个孩子走的路都不尽相同。这条道路，对于一些孩子来说没有什么困难；但是，另一些孩子却需要再三的帮助，否则他们的困难就无法克服。不管一个孩子学习困难到什么程度，他都应该学会思考。书籍应该成为他快乐的源泉。语言应该进入他的精神世界，成为他的个人财富。

困难儿童理解力差、头脑迟钝，常常表现为他们缺乏求知欲，不爱动脑筋。我多少次见到这种莫名其妙的现象，教师对这种奇怪的现象简直感到吃惊：真理明明就在眼前，你看，只要思维的链条把两样东西连起来，一下子就会弄懂，可是学生却视而不见。困难儿童智力发展的这种特点——求知欲减退，观察周围世界的兴趣淡薄，正是帮助有经验的教师的抓手，帮助他抓住问题的症结所在，进而找到促进困难儿童智力发展的方法。

一个人的品质是在他出生以后，靠人与人之间的关系、社会关系而形成的。每一位教师、每一位家长都应该记住这条重要真理。为什么彼得把题目的条件读到结尾，就忘了开头？为什么他不能在自己的意识里把几样东西，比如苹果、篮子和树木这三样东西联系到一起？莫非大自然亏待了彼得，他的大脑跟其他孩子的不一样？为什么彼得学习起来那么困难？

这是因为他童年时所处的环境，没有给予他一个孩子在这个阶段应当获得的一切。人的思维是从提出为什么的疑问开始的。孩子看到周围世界的无数现象，虽然只有一岁半或两岁，但他已经不是单纯地接受现象，而是以人的眼睛去看、去惊讶了：蜜蜂向盛开着花朵的苹果树飞去，落在白色的花瓣上，后来又飞走了。飞到哪里去了，为什么呢？有的小鸟在树上做窝，有的在屋檐下筑巢，为什么呢？晚上草原一片灰暗，早晨却铺上了一层白色的毛茸茸的地毯，为什么呢？太阳落山了，天空中星星闪烁，这是怎么回事呢？雪花落到小手套上，真漂亮，就像能工巧匠用银子雕出的花样，这么漂亮的东西是从哪里来的？冬天，树枝光秃秃的，没有生气，春天就发芽了，长出绿叶，这是怎么回事？夏天燕子飞来飞去，忙于筑巢，冬天它们就不见了，它们躲到哪里去了呢？我在梦里看见了一只从没见过的怪鸟，醒来它就不见了，这是怎么回事呢？我到底看见了鸟，还是没有看见呢？

人不可遏制的好奇心和求知欲、对大自然的奥秘或者对周围世界的美的惊异和赞叹（请注意，这是非常重要的），所有这一切不是大自然赋予的，而是从其他人那里获得的，这就是人的正常发展必不可少人际关系、社会关系最重要的原因。如果一个孩子看到黄蜂钻进墙上的一个窟窿里，大吃一惊，问道："为什么它钻进去了？"他吃惊并不是因为他生来就有好奇心，而是因为父亲、母亲、他周围的大人已经教会他感到惊奇，教会他问问题了。儿童的好奇心是逐渐形成的，他周围的人不容易觉察到这一点。我们成年人把各种东西、事物、现象展现在孩子面前，这正是儿童好奇心形成的根源。因此，我们在孩子面前展现的东西、事物、现象越多，他就越会提出一个又一个的新问题，他就越会感觉惊奇、喜悦。在儿童的意识和潜意识里，对美的惊奇和赞叹、对人的智慧和灵巧双手的赞赏也逐渐沉淀下来。通过所有这些情感的折射，来自周围世界的信息进入儿童的思维。在认识、理解、发现的过程中，儿童不是"径自"发展起来的，不是那样，而是人的思维千百年来积累的经验促使着他发展。

35 年的学校工作使我确信，教小学生，首先就是教他们观察，教他们发现世界。请您观察和研究一至四年级的教育教学工作：孩子通过自己的努力看到些什么，发现些什么。

发展小孩子的思维，首先就是发展他的观察能力，通过对周围世界的视觉感知丰富他的思想。但是，观察能力（这里指人的这一能力）不是自然的天赋，而是从有意识的生活开始，它就是人与人之间相互关系的产物。人观察世界的技能，取决于什么人在童年早期教育孩子，他们在周围世界里看见些什么，以及他们是如何教孩子观察的。教育者的任务就在于使儿童发现事物和现象之间最细微的差别和变化，思考其中的因果联系。学校里聪明伶俐的学生都来自这样一些家庭：家长会教孩子看出周围世界的事物和现象在色彩色调上的细微差别、它们的运动和变化，以及它们之间的相互依存关系。

儿童正是在看到什么新的、不认识的东西，产生惊讶之情的那些时刻，才进行着最积极、最紧张的学习。

一个人出生以后，对他的智慧的教育开始得越晚，他就会变得越难教。非常遗憾的是，这一点有些教师已经忘记了，而很多家长则根本不懂得这个道理。直到现在，在家长们中间还流行着这样一种错误的观点：让儿童的意识在入学之前都保持一张白纸的状态，一个字母也不用教他认，不用教他阅读，这样他入学后会学得更轻松。在学龄初期暴露出来的学前教育的一个严重缺陷，就是学龄前儿童所处的环境没有促进他的求知欲的发展。缺少了这个，实质上就没有智育。我想，要是每位小学教师都能设计一套在未来几年对学生进行智力教育的基本大纲，那就好了。大纲里应说明，儿童要在周围世界中看到和发现哪些东西、哪些因果联系，他不断增长的求知欲应当经过哪些阶段。学前教育机关尤其需要这样的大纲。那里的孩子如果不每天发现一些周围世界现象的因果联系，他们的求知欲和好奇心就会逐渐消失。

如果孩子被剥夺了正常的人际环境，情况往往会更糟糕……

的确，如果当父母的懂得这些道理就好了……。有个想法多年来使我感到不安：不应该剥夺任何一个孩子童年时的人的环境，因为人的环境能激起好奇心和求知欲，教会孩子思考。如果孩子不在幼儿园，他就应该受到学校的教育影响；他的父母也应该学习如何施教。我们的教师集体在提高家庭的教育学素养这一重要问题上已经做了几年的工作了。这项工作是整个教育教学系统中的一个重要方面。在家长学校学前组的课程中，我们讲了儿童从出生到入学前不可或缺的人与人之间的关系。这些关系远不是全能在儿童教育机构中形成的。通过跟同龄儿童之间的交往，孩子只走过了人际交往实践中的一小段路。他们只有与父母、与哥哥姐姐交往时，才能开展人与人之间关系的充分实践。我们告诉家长要和年幼的孩子谈些什么，如何引导他们进入大自然、美和艺术的世界，如何让孩子产生无数个**为什么**。经验证明，形成完整的人际关系最有利的条件，是儿童与父母和祖父母两代人的交往。老一辈人传授给孩子几个世纪以来的生活经验，以及体现在故事、歌谣、传说里的民间智慧，这对孩子的智育具有巨大意义。

故事、歌谣在学龄前儿童智育方面的作用，是怎么估计也不为过的。我想给校长和组织课外活动的教师提个建议：请您教母亲和祖母给小孩子讲民间故事。是的，特别要讲民间故事，因为这里面不仅有智慧和思想，还有语言最细微的感情色彩。我曾确认过多次，民间故事中有血有肉的鲜明形象激起的强烈情感，无论快乐还是悲伤，无论赞叹还是惊奇，都是我们要使儿童产生的最细腻的精神活动，也是我们所说的信念的核心。儿童感知您讲述的艺术作品和历史故事的情感内核，是从感知童话开始的。

困难儿童如果碰到一个不了解他智力发展落后的原因、不明白人的心理形成的实质的教师，他的命运会怎样呢？遗憾的是，这是常有的事，这给家庭带来了痛苦，给社会带来了巨大的麻烦：儿童被永远剥夺了我们社会绝大多数成员能够享受的东西——科学的财富、精神文明的成果、智力活动和创造的快乐。不能认为这种孩子是智力落后儿童，他是正常的。只有懂得了儿童的心理过程，懂得了思想是怎样产生的，懂得了怎样发展和巩固记忆，才能理解儿童智力发展上的偏差。令人遗憾的是，在很多情况下，这些儿童最终成了后进生。如果智力发展上的偏差——往往是实质上很小的偏差，还没有在人的精神面貌上打下烙印，还并不十分要紧。如果孩子感觉自己在精神上也低人一等，那就是巨大的不幸了。他们最终会成为不幸的人。如果在我们的社会里，还有因为这种原因而变得不幸的人，那还谈得上什么社会的和谐发展、什么普遍的幸福吗？社会幸福和每个人的幸福是分不开的。我们关心每一个人，就是追求我们整个社会的幸福。

对于儿童的智力发展，我首先是从他未来个人幸福的角度来考虑的。不能把幸福看作是某种完全个人的东西。在我们这个和谐公正的社会里，人是最高的目标，个人的幸福是最重要的社会福祉、财富和价值。我们社会的每个公民都应该成为完全不受侵犯的、属于他个人的精神世界里的幸福之人。如果没有这种幸福，也就无法想象和谐、幸福的社会。

3. 要有经验丰富、了解儿童心理世界的教师

童年时代缺乏真正的人的环境，这是一些孩子成为困难儿童的主要原因；当然还有其他一些原因，例如年幼时患传染病、父母嗜酒等。

对于有智慧、有经验的教师来说，低年级的几年学习生活是训练儿童思维的重要时期。教师不时带这些孩子到大自然中去——去田野、森林和河边，带他们去工厂车间、实验室、工作室。在那里，好动脑筋、好奇心强的孩子不时地就会冒出问题：是什么？怎么样？为什么？教师就要在孩子们面前揭示自然现象的真谛、因果关系，唤醒他们正在打瞌睡的大脑。这是一项长期的、需要细心和耐心的工作。如果缺乏耐心和宽容、缺乏对未来的信心，是根本不能从事这项工作的。对困难儿童的这种教育工作，就是要使周围世界的事物和现象在思维和情感的折射下成为一种刺激，唤起儿童大脑的潜在力量。在和一群困难儿童去大自然或劳动场所的时候，我总是努力使儿童对周围世界的事物和现象的认识带上鲜明的情感色彩。惊讶、诧异的情感，这就是我在这些思维课上努力要在儿童头脑里唤起的东西。

对于智力发展迟缓的儿童，这些思维课就像空气一样不可或缺。针对困难学生的这种专门的教学，与所有孩子都要学习的基本课程并行，一般需要进行两三年，具体时间取决

于儿童智力发展的落后程度和取得的成绩。需要再次声明的是，在这件事上是不会一下子就取得成绩的。可能 100 节思维课看起来都没取得什么成绩，而只有到了第 101 节课，您才在孩子的眼睛里看到了第一束求知的火花。

在这种情况下，能够看得见摸得着、在某种程度上可测定的成果，不是儿童掌握的知识量，而首先是求知欲和好奇心，是看见不懂的东西并寻找激动人心的问题之答案的能力，是不断增长的求知欲。

教师和学校领导认为强迫困难儿童学会一定的教材，就能把他“拉上来”的想法，是大错特错的。有时候不幸的原因就在于教师走了这么一条错误的道路。不要强迫孩子尽可能多地坐在那里抠书本，而要培养智慧，发展大脑，教孩子观察世界，发展孩子的智力。关于这一点，无论教师还是校长一刻也不应该忘记。

我还想再说一遍，当困难儿童和其他更有能力的孩子在一起上课的时候，他需要教师给予特别的关注和耐心。教师所说的任何一句话、所做的任何一个手势，都不能让这个孩子觉得教师对他的未来丧失了信心。在每一节课上，困难儿童都应该在认知的道路上前进一步——哪怕是十分微小的一步，获得一点成功——哪怕是不足挂齿的成功。如果一连几个星期甚至几个月，困难儿童做的作业都比一般学生做的容易得多，也不要担心。要让困难儿童完成专门为他们选定的作业，并且对完成的结果给以评定。请您始终如一、坚持不懈，同时保持耐心（还要对困难儿童的头脑不灵活有耐心），困难儿童的思维总有一天会豁然开朗。这将成为一种强有力的情感推力。敏锐的同情心，对儿童心理的了解，耐心和坚持，这一切都有助于使儿童的智力发展逐渐赶上来，使他不再是困难儿童。

要是这个豁然开朗的时刻还不来怎么办呢？这种情况也是有的。在这种情况下，在学习中首先要对困难儿童进行智育，不要让他在童年就因为低人一等而痛苦，设法让他充分展示自己的才能，就显得尤为重要。在这种情况下，要把劳动教育提到首要地位：必须使每个人都在某个方面展现自己，在某个方面表现出自己的才能。不管一个学生在学习上多么困难，不管他接受知识多么吃力，在任何情况下都不应该让学生时代在他的心里留下痛苦的印记。对待这类学生，以下教育任务具有特殊意义：要在他们的心灵中培植起对书籍的终生的尊重和对智力生活的兴趣。在我们的社会里，不应当有任何一个人把生活仅仅看成是为了糊口而奔波。

关于困难儿童的讨论，是一个重大的课题，也是一个难题。实际上，这是最复杂的教育问题之一，忽视这个问题就要付出高昂的代价。这篇谈话谈的是智育方面的困难，还有其他方面的困难，例如道德教育方面的困难：在儿童的心灵中，任何创伤和震动都会留下深刻的痕迹。

十九、要慎待儿童[1]

读者，首先是我们的教师同行，读了 A. 布连科娃的信会说，这只是孤立的事件而已。难道能以此为根据下结论、提出这个问题来讨论吗？如果信中提到的人已经认识到了自己的错误并感到愧疚，难道这还不够吗？

不，无论我们的学校有多少善于体察青少年和儿童心智的优秀教师，我们也没有任何权利忽视这种粗野施教、罔顾孩子命运的现象，即使这些只是个别现象。对家长绝望的求救，其实也是孩子们"怎么办"的呼号，绝不能置之不理。要知道，这是普遍的呼吁——反映这类问题的信件有数百封之多。

有人认为，学校就是一座知识仓库。学生每天来到这儿，从仓库中领取些东西……。领取得越少，就越糟。谁领得少，谁就是不中用的。

我们忘记了，我们的旗帜上写着"一切为了人"，国家赋予学校的使命是极为繁难的。我们是教育者，我们的职责是培养人，而人是最有价值的，是组成社会的宝贵财富。社会把他们托付给了我们，我们对此铭记在心了吗？

有一次，我有事来到一所学校。这所学校新建了校舍，

---

① 《要慎待儿童》一文载于 1969 年 2 月 19 日《文学报》（第 8 期）。这是苏霍姆林斯基给读者 A. 布连科娃关于"皮带教育学"的回信，谈的是家长把体罚儿童当作基本教育方法的家庭教育问题。

很漂亮。这里的一切都很完美：有教研室、明亮的走廊、带淋浴室的体操房。但不知哪个学生把墨汁涂在了新刷的墙壁上。结果，校长、主管行政的副校长和值勤人员全都聚在了这块墨迹旁，轮番刷洗起来。而就在此刻，校门口有两个逃课的六年级学生正在踢球。无论校长还是教师，谁也没有发现这两个逃课的学生，这两个学生就在那里玩了一个钟头。怎么能让墙壁上的一处墨迹在教师眼前挡住了学校里最重要的东西——孩子和他们的不良品行呢？

当你看到学校有时为避免出现后进生而绞尽脑汁，使出了浑身解数，你会为他们惨淡经营所付出的气力和精力而感叹，为他们没有抓住时机而叹息。要知道，每个学生无一例外都是一个完整的世界，一个还没有被完全打开、研究清楚的世界。我们教育者就应该是开启这个世界的人，应该启蒙学生的自我意识，并帮助他们完善自我意识。

也许我在回答“什么是教育”这个问题上有悖于科学的准确性，但我依然认为，教育就是使人得到提升，这是一种经常、细致、艰难而愉快的工作。

教师真正的教育艺术在于教会自己的学生尊重自己，爱惜自己的人格。如果孩子不尊重自己，那就已经处在悲剧的边缘了。

在这里，我想摘录一封来信的片段：一个男孩不想吵醒母亲，半夜悄悄地起了床，他打开日志本，改了上面的分数……。如果只是擦去二分，为这个二分感到羞愧的话，这还不算糟糕。但是，如果这个小家伙从学校回到家，满不在乎地把书包一丢。家长问：“今天得了几分?”他答道：“你自己看吧……”或者，还常有这样的情况，孩子干脆把作业撕了。老师问：“那我往哪儿打分呀?”他答：“就打到我脑门儿上吧。”那就更糟了。

在集体里，人天生本能地希望自己是好的，希望人们认为他是好的。我们的使命就在于千方百计地发展这种愿望。

请揣摩一下孩子的心理吧。别人的字母写得漂漂亮亮，而我却写得歪歪扭扭；别人解起题来轻轻松松，我却一筹莫展。大家都是好学生，唯独我是表现不好的学生。我今天差，明天还差……。他那幼小的头脑还想不明白，他和同学并没有什么两样，为什么突然就成了后进生了。于是他很害羞，后来，慢慢就不害羞了，因为他已经习惯了自己和别人不同。他越来越相信：不是所有人都能当好学生的，总得有人是后进生。久而久之，他的心也变得粗糙了，僵化了。我不知道学校里还有什么比这更悲惨的事。

如果教育这一本该倾注智与善、本该反映细致而有力的思想工作成果的神秘领域，闯进了 A. 布连科娃信中所写的所谓“皮带惩罚”，那就是更严重的悲剧了。

至今仍有部分家长相信，皮带比信念与和善的话语更有力，学校跟养大一个孩子的家庭不可同日而语。我们就该不遗余力地打破这种对“皮带教育学”的迷信，坚决杜绝家庭使用这种体罚手段。

A. 布连科娃的这番话倒是对的，不幸的是，部分教师在这方面有着和家长类似的歪理。

设想一下，如果我知道我的学生万尼亚的父亲天生只有生孩子这么一种本事，那么有一天，我把这位“有本事的”父亲叫到学校，对他说：“您的万尼亚是个大懒虫，不想学习。”这里发生的事情不言而喻：我是教师，当然不能打人，我借父亲的手去打孩子。那么，我就成了同犯。

我见过不少自以为是知识分子的人，但这并不妨碍他们认为不用皮带抽孩子就不足以显其威，就会宠坏孩子，不能培养孩子适应生活的能力。实际上，皮带不仅会打掉儿童的自尊心，而且会摧残他们的心灵，使他们滋生最卑劣的不良品质：怯懦、仇恨和虚伪。只有在童年没有尝过巴掌和拐脖儿滋味的孩子，才能成长为毫不妥协地同恶行做斗争的人。

十五年前，我们学校来了一个小姑娘，她编故事的能力令人称绝。有一次课间休息的时候，这个叫奥列霞的小姑娘跑到我的跟前，眼中充满了恐惧。她嚷道：“彼得对格里沙……用棒子，用棒子……”看来，在她的字典里甚至还没有“打”这个词。她不知道，一个人竟会打另一个人。她的童年就是这么幸福。难道这个小姑娘进入社会后就会由于天真无邪而措手不及吗？事实绝非如此。后来，面对一个用匕首刺向妇女的歹徒，此时已19岁、已经是一名大学生的她夺下了歹徒手中的刀子。她负了伤，但救了一个妇女的命。

“皮带惩罚”破坏了成年人和孩子心灵上的沟通，注定会使家长和教师的一切努力付诸东流。如果孩子靠体罚就能成为模范生，那么这种孩子不打也是能成才的。什么能用来代替失去权威的皮带呢？孩子在皮带的“教育”下会变得不怕体罚，智慧真挚的话语又听不进去。家长的威严和教师的威信扫地，将来孩子也只能任其自然了。

某些教师的做法是不能容忍的，他们由于教育学素养低下，不善于用理智控制情绪，往往诉诸精神上的“小皮带”。如果你真的尊重儿童，就不会凌辱他，不会动用“强力”“震慑”手段，如大声训斥、敲桌子、威胁等。

这并非是宽恕一切的说教，有些人一听到你说“尊重”“关怀”“热诚”这类字眼儿，就有了这种联想。我深信，所谓“强力”“威慑”手段与真正的教育要求是水火不容的。我们向儿童提出了许多要求，如果他们不相信自己的力量，而你这位教师也跟着认为学生是不中用的后进生，那么，无论怎么努力划桨，教育的小船只会搁浅。

学校并非知识的仓库，而是启蒙的灯塔。所有儿童的能力不尽相同，而学校最重要的任务就是培养他们的能力。

如果本应带给孩子生活和求知快乐的学习成了他们的心病，我们还能心安理得吗？他的心病就在于今天、明天、日复一日地觉得自己是个后进生。我手头还有这样的信：“我的小女儿学习成绩很差，得了一个又一个的二分。放学回家后她总是闷闷不乐。一天夜里，我醒来听到她在哭。‘女儿呀，你怎么啦？’她说：‘妈妈，我们去一个没有学校的地方吧……’”

在学习的沃土上栽培一个人，这就意味着我们时刻不能忘记，我们是在和心智尚未成熟的儿童打交道。有的孩子的思维就像湍急的小河，有的则较为迟钝。不要着急给他们打分，也不要过于看重分数。在低年级时根本不要打二分——对学生来说，二分就是鞭子和棍棒。不要摧毁孩子做优等生的愿望。

在我们学校低年级有这么一条规则：在孩子自己对某项功课感到满意之前，老师不予打分。老师们会对他说，你再做做看，你能行……，孩子在做优等生愿望的激励下会全力以赴地做功课。这就是实现上面所说的那种真正的要求的开始。这个小孩子就鼓足了力量——这种力量在孩童的心灵中是源源不断地迸发出来的——去攀登更高的台阶。他从学校高高兴兴地回家，他会幸福地梦见自己的进步，而不是偷偷爬起来涂改分数。我们曾把不止一个孩子从低沉甚至自暴自弃的状态中拯救出来，用的方法就是既不给他们打二分，也不对他们采取什么“强力”措施。

当然，这一切并不意味着拿二分也可以顺利升级。这样做就是最残酷的不负责任。我赞成激发一个人对自己的尊重。如果一个孩子懂得尊重他自己了，他就会主动对自己提出老师提的那些要求。

学校是发展世界上最为复杂的关系——人际关系的地方。这种关系之所以复杂，是因为这里进行的是人类伟大而艰难、快乐又痛苦的创造性劳动。教育的智慧，就在于用创造者的目光看待自己的学生。

二十、智育与人的全面发展①

……我们认为，真正的教育会达到这样一种和谐的状态：知识能够保证一个人的一般智力发展达到最佳水平，而在掌握知识的过程中得到的这种一般发展，又能不断促进掌握新知识的能力的增强。即使在智力发展、智慧创造力的发展相对不依赖于知识多少的条件下进行教学，也要保证教学在发展智慧、培养聪明的人方面具有特定的**方向**和明确的目标，否则就不可能有充分的教学。早在学龄前阶段就应该开始把握教育工作的这种特殊的方向性。在学龄前儿童入学前的两年，教师就要开始带他们进行活动（到大自然去参观，做游戏，进行集体劳动）。很多角落都有激发学龄前儿童思考的丰富环境；我们创造条件，使儿童与自然环境、与人们的关系更加丰富。让学龄前儿童进行这些活动最重要的任务，在于研究每个孩子是**如何**思维的，教会他思考，激发他的求知欲和对智力活动的兴趣。我们有这样一种出发点，思维是大脑的离散性工作——大脑在瞬息间离开一个思想，转移到另一个思想上去，然后再回到原来的思想上，如此往复。这种转移是在瞬息间进行的，转移的速度决定了把反映世界的痕迹保持在意识里的能力、对认知对象的理解能力，还决定了

---

① 本文是苏霍姆林斯基《人的全面发展教育问题》中较晚完成的一篇，写于 1969 年 10 月至 1970 年 4 月，是一篇博士论文。本文摘自《苏霍姆林斯基选集（五卷本）》第 1 卷（基辅，苏维埃学校出版社，1976 年，第 97-101 页）。

特别重要的**对自己的思想进行思考**的能力。我们提出的目的，是要对每个孩子思维的特点有所了解，所以，早在孩子坐到课桌之前，我们就要去看他们的大脑是如何工作的。我们看到，孩子们大脑工作的离散性的表现有所不同：有的孩子身上的这种离散速度很快，有的孩子的离散速度则较慢，由此就产生了聪明与不聪明、理解快与理解慢、记得牢与记不牢、掌握知识的能力强与弱等的区别。智育，就是对思维活动的持续研究，是谨慎地接触大脑并改善其离散性。

为了改善大脑的离散性，我们上一种专门的**思维课**——从学龄前开始上到八年级末；孩子们在这门课上探索、理解、认识大自然和劳动。孩子们成了研究者，经常把思考与双手的精细操作紧密联系起来。这种联系（手使大脑得到发展）真正拯救了那些学习非常困难的儿童。如果没有教学中这种特定的方向性，即**发展智慧**和**培养聪明的人**的方向性，那么这些孩子注定将面临不幸的命运。改善大脑离散性的主要条件，正是在幼年——5—7 岁，然后是在小学的 7 到 9、10 岁，在孩子面前尽可能多地开启他们未知的东西。在智育中有这样一种悖论：小孩子未知的东西越多，**关于未知的东西的思考**越会使他们感到惊奇，大脑的离散性就越能得到改善，这个小孩子也就变得越聪明。孩子的头脑里会产生许多个“为什么”，如果教师设法使这些问题得到回答，大脑的离散性就会有明显的进展。孩子在观察的同时思考，又在思考的同时观察，这是使他们表现出其天赋的极为重要的条件。如果教学过程具有“培养聪明的人”这个特定的方向性，那么每个学生就会以各自的方式成为天才的人。这里，我们强调了“**成为天才的人**”这个词语；才能不是从天上掉下来的，而是由我们教育者发掘出来的。这就要求我们运用自己的教育技巧，智慧地塑造人的心灵，就像雕刻家用刻刀精雕细琢一块大理石那样。如果没有艺术家的智慧和创造，大理石不过是一块呆板的石头。在这里还必须指出智育中特别重要的一点：不允许以粗暴的态度发展儿童的记忆力。在某些学校，刚开始教学就粗暴地践踏孩子的记忆力，把大堆大堆的知识往他们的记忆里塞，这已经不是能否胜任的问题，简直是对孩子的迫害。记忆是一种非常脆弱而娇嫩的东西，必须谨慎地对待！孩子需要掌握的知识越多，进行增强记忆力的专门工作就越重要。增强记忆力，实质上就是改善大脑的离散性。

因此，发展记忆是具有普遍性的教育学问题。在学生必须牢牢记住、永远保持在记忆里的东西跟他们只需要理解而不必背熟的东西之间，我们要画一条清楚的界线。理解的深度决定了学生在需要时从意识的“储藏室”里提取出那些必要的定理、概念和事实的能力。每位教师应该特别关心的是必须牢牢记住的东西务必永记不忘，而无须记住的东西则不必死记硬背。思维的创造性、智慧的灵活性和能动性，在很大程度上都取决于此。

培养顺利学习所必需的那些技能，在智育中具有重要意义。在这些技能和儿童实际掌握的知识量之间，应该保持一种和谐的关系。如果技能落后于知识，这是巨大的不幸。对孩子来说，如果学习早在小学阶段就成了一种毫无乐趣、苦不堪言的事情，孩子取得成功最重要的推动力——智力活动的欢乐、认知的欢乐就会消失得无影无踪。我们认为，建立技能和知识的和谐关系是学校最重要的实际问题和理论问题之一。只有当学生学会**观察**、**思考**、**表达思想**、**阅读**、**书写**、**边想边读和边读边想**的时候，他们才能顺利地学习。这一套基本技能，是教育过程的完整领域。这个领域的工作一刻也不能中断，认识到这一点是非常重要的，要使全体教师明白，这项工作的成果是学生顺利学习必不可少的前提。阅读能力在这里占有特殊的地位。我们的教师集体研究有意识的快速阅读教学法已经二十多年了。我们最终取得了这样的成绩：孩子在第三、四学年已经能把几个单词作为一个整体一眼看下去（每行做两到三次视觉停留），这样一来，他就不仅能理解所读的内容，还能使思想兼顾到别的方面，从储备的知识中抽取别的思想。此外，**这种**阅读也是发展和增强记忆的重要动力。

从智育的最初几步起，我们就关心知识的能动性和积极性，即知识的运用。知识和技能的和谐关系、记忆力的增强、创造力的发展……这一切都取决于知识的**状态**：是把它们像死的货物一样堆放在脑子里，还是使它们**活起来**，经常处于运动之中，也就是说创造性地运用知识。在第一种情况下，孩子会觉得越学越难，他对知识的态度也会变得越来越冷淡，他不是变得聪明，而是越学越蠢……。在第二种情况下，孩子表现得越来越聪颖、机敏，求知欲和钻研精神不断增强——一句话，孩子越来越聪明。多年来，我们一直研究的一个问题就是知识的创造性运用问题。多年的观察使我们得出结论：运用知识的关键，在于要让学生对他所见、所观察、所研究和所做的一切表达出自己的看法。在这种要求下，人的智力就会紧张地活动，他就会自觉地把已有的知识“开动”起来——思考这些知识，从运用的角度分析它们，用它们去解释未知的东西，或者更深入地思考已知事物的本质。所以，我们认为创造性的书面作业——童话和作文等，在智育中占有重要地位。孩子们编童话故事，依据的就是他们用敏锐的智慧在大千世界中觉察到的那些微妙而多面的关系。如果没有童话，儿童充分的智力发展是不可想象的。智力发展的“**童话期**”不仅是思想的童年，还是儿童用无与伦比的独特眼光看世界、想象大自然和人的关系的时期。经过二十年时间，我们学校形成了让学生写关于大自然和劳动的作文的一整套做法。孩子在作文里写自己所见、所观察、让他们感到惊奇和赞叹的事物时，诗情画意的词语及其感情色彩具有很大的教育意义。孩子因大自然的美和展现在他面前的现象的奥秘而感到激动和惊讶，并会寻找准确而鲜明的词句去表达，而对周围世界漠不关心的孩子是永远也找不到这样的词句的……

二十一、班里的后进生[①]

记得我刚参加教育工作时就被这个问题苦苦困扰：发展滞后于正常标准的孩子是怎样的？这种不幸在多大程度上源于遗传因素，又在多大程度上归因于他们幼年时生活的环境？在我竭力启发他们独立思考的时刻，他们的思维器官中发生着怎样的变化？

每年入学的新生里都有几个这样的孩子。教师对他们讲了十句，他们记住的不过是只言片语；教师磨破了嘴皮讲的东西，他们也只能记住一二。在普通学校里教这种学生是真正的痛苦：通常他们只能勉强学会读写，再往后就不行了，他们倍感自己无能为力，终于成了“后进生”。

可以说，这些孩子处于智力落后的边缘。心理学家称他们是发展暂时受阻儿童，并建议他们转入特殊学校。我却坚信，这些孩子还是应该留在普通学校里学习和接受教育，丰富的智育环境是挽救他们最重要的条件之一。

我研究后进生在课堂上的智力劳动，同时也观察优秀生。毫无疑问，儿童学习的成效很大程度上取决于记忆力。但是，是否可以得出这种结论：记忆力在先，智力在后？记忆力是

① 《班里的后进生》一文载于 1970 年 8 月 19 日《文学报》（第 34 期）。同年 9 月 16 日，这篇文章还登载于吉尔吉斯斯坦报纸《教师报》上，内容略有不同。1991 年，《小学生教育》杂志（第 1 期）再次登载了苏霍姆林斯基 1970 年完成的这篇文章。本文后被收入乌克兰文版和俄文版的《苏霍姆林斯基选集（五卷本）》中。本书按照原文刊出。

条件，大脑健全的功能活动是结果？换句话说，是否可以通过某种从根本上提高记忆力的方法来影响智力？

我密切关注苏联和国外专家们的研究，并谨慎地把他们的结论在儿童教育的实践中加以验证。下面援引曾引起我关注的美国心理学家戴维·克里奇和苏联科学院院士阿诺欣在《文学报》上的论战。

克里奇教授认为，目前已有了从本质上提高动物的记忆力及其解决复杂问题的能力的化学疗法。把化学疗法应用于人，意味着未来十年智力落后的人也能回归正常生活。按照这位教授的观点，这项发现的实际应用将会引起难以预料的社会效应，但对这种方法的效果他还不能完全确信。阿诺欣院士则认为，这种方法并非改善记忆力的良方，应该用自然的方式发展记忆力。

作为一个每天从事教育实践的人，我对这场争论特别感兴趣。

日常生活证明，后进生不只是记忆力低下，他们的思维僵化、受阻。我曾经试图通过直接影响学生记忆力的方式改善他们的思维能力，但这些尝试均以彻底失败告终。"操练"记忆力，迫使孩子去死记硬背，然后让他再现背记的内容，这样行不通。这是对孩子的摧残：他们的神经系统和整个机体被消耗殆尽，记忆力也变得更糟了——因为记忆力和"大脑各种活动过程的庞大系统"中的其他因素之间的协调一致遭到了破坏。阿诺欣院士的这些话语更加准确地表达出了多年来令我不安的想法。

用心理学的方法对记忆力施加影响的尝试失败后，我开始寻找促进记忆力的其他方法。我一度也想采用药物，而且为此绞尽脑汁。乌克兰人世代相传的民间医学提供了多种疗法：有的能促进记忆力，有的能“洗掉”或“磨平”记忆。我用家鼠、豚鼠、麻雀甚至在自己身上实验这些药物的效力。结果总是非常惊人：动物的反射速度提高了许多倍。但这能得出什么结论呢？可以得出很多结论，也可以说毫无结论。首先，动物的条件反射并不等同于人的记忆力。在我自己身上检验这些刺激手段的结果显示，背记过程能被极大地激活起来，但经过几个小时乍看上去轻松的（然而还是很不正常的、不一般的）智力劳动之后，人就感到压抑、受束缚。30—35 岁的人会突然变得健忘，过去记得清清楚楚的事情一下子忘得一干二净，像老人一样糊里糊涂。这种现象是短时的，但是，我认为这里蕴含着严厉的警告：绝不能允许在人类机体最细腻的领域进行化学干预，这也缺乏道德上的根据。

然而，这还不是问题的要害。后来我又证实，人为激活记忆力的方法不能保证大脑健全的功能活动。不对人的整个身心、精神活动施加协调一致的影响，人的发展是不可能的——这才是主要结论。

在 30 多年的时间里，我的手上经过了 107 名能力较差，甚至可以称为“智障生”的学生。（“智障生”，难道这不正好道明了灾难的本质吗？）从他们 5 岁到 15、16 岁或 17—19 岁（各占一半情况），我对他们进行了专门的教育工作。为查明他们的智力出现偏差的原因，我对 2000 多户家庭中孩子的遗传因素、日常生活、饮食和精神生活的情况做过研究。研究发现，在每个个案里，造成这些偏差的原因似乎都是一个又一个累积、叠加起来的：其中之一是初起的原因，然后又出现了次生原因。初起的原因往往是自幼患风湿病、佝偻病、脑膜炎之类的疾病。但是，在很多情况下，如果不加上次生的不利影响——幼年时不正确的教育方式，初起的原因并不会导致致命的后果。在一些情况下，幼年时不正确的教育方式确实是孩子发展滞后的根本原因。谈到幼年不正确的教育方式问题，我注意到各种各样的条件，不揣冒昧举要如下。

不健康甚至冲突的家庭关系，尤其是父母嗜酒，是造成孩子发展偏差的一个致命因素。在这种家庭里，孩子一开始有些落后的迹象，不久就明显地落后了。此外，我还要指出的是某些家庭精神生活匮乏。我认识一些不幸的学生，他们的母亲跟他们交谈时所用的词汇不过两三百个。我痛心地发现，这些孩子也不知道通常孩子们从童话和民谣中获取的词语的情感色彩。

家庭精神生活的匮乏总是伴随着家人之间的情感淡漠。我发现，有些孩子到了五六岁还从来没有为了什么东西而惊奇、欣喜、欢呼雀跃过。他们不懂得什么是幽默和玩笑，他们很少笑，对玩笑的反应也不正常。笑，其实也是认知的一种渠道，是一个人开启丰富多彩的世界的一个视角。如果这种渠道被关闭了，思维就无法得到充分的发展。

最后，同样重要的问题是，还有些孩子在生命最初的两三年母亲未对其进行恰如其分的教育。我是在研究了几千个家庭里孩子的智力发展和母亲教育特点的制约关系，并且仔细研究了发展的其他条件后，才下定决心得出这个结论的。如果一个孩子在自己生命的头两三年没有在自己最亲近、最亲密的人——在母亲的身上，发现孩子这个阶段可能发现的整个人类世界，如果他没有母亲亲热、关切、担忧与睿智的目光的陪伴，没有听到母亲语言里最微妙的情感色彩，那么他的智力生活绝不可能与受到正常母亲教育的儿童同日而语。母亲教育学这一领域，是整个教育学当中一块未开垦的处女地。

他们就这样来上学了。这些孩子很快就会发现，他们和其他孩子不一样。我很清楚，如果像教一般学生那样教他们，那他们就不可避免地要变成学识浅薄、一贫如洗的不幸之人，终其一生都要被一个痛苦的想法折磨，那就是：我什么也不行。应该经常呵护他们，因为他们很容易受到伤害。在童年，智力生活环境是与道德生活环境紧密融合在一起的；每一次学习上的失败都会成为一次痛苦的委屈（不过，这是在心灵没有麻木以前；要是心灵麻木了，那就真的无可救药了）。

如此看来，头等重要的任务是避免对后进生不正确地施教。那么，在这种情况下什么是正确施教呢？我不准备谈教学法——这是一个特殊的题目，我要谈谈施教的主要原则，不遵循这些原则，最好的教学法也难以奏效。

课堂教学要求学生同时进行记忆和思考这两种紧张的活动，但要让后进生记住和其他同学同样多的东西，是做不到的。在学校里，到处都是以学生记住的和按老师的要求复述出的东西为根据给智力劳动打分的。（总的说来，我有充分的理由得出这种结论：学校里，孩子们背熟和回答的一大半东西，特别是人文学科的东西，是既不需要背熟也不需要回答的；找不到评价学生智力劳动的正确标准，这才是真正的灾难，这种灾难催生死记硬背，甚至让有能力的孩子也变蠢，使他们对知识产生厌倦情绪。）在千方百计地发展和巩固后进生的认知能力和记忆力的同时，我们从不会让他有这种念头，即他的成绩是根据他背记的功课来评判的。只有当他真正取得成绩的时候，才让他回答问题、给他打分。这里重要的是不要让孩子觉得他在班里被另眼相待。

在给后进生布置计算题时，我反复告诉他们条件是什么，让他们记清已知数。但他们记住了这些后，进行运算仍不顺利，因为运算时又忘了已知数。他们不会同时记忆和思考。

我为这些发展滞后的孩子准备了专门的习题集。解这些题要求孩子脑海中形成鲜明的形象、画面和情境。为此我制定了一套教学法，本文暂不展开详述。

后进生脱离既定目标、不独立完成作业是不被允许的。常有这种情况，两三堂课的时间一个孩子思考着，你小心翼翼地启发他的思维。终于，他解出题目的那个幸福时刻到来了。这给孩子带来了无与伦比的快乐、自豪感和自信心。他在这时体会到的感受，胜过任何药物。他会央求老师：“请您给我一道更难的题吧。”他还会倍感委屈似的拒绝同学的帮助，只想独立解题。

如果孩子能感受到认知的快乐和成功的快乐，那么他学习时就能充满求知的渴望。

有了求知的渴望，另一种强大的心理手段——丰富的智力生活和情感生活也会发挥作用。我们学校在低年级开设了专门的思维课。我们把孩子们带到大自然里——去花园里、森林中、池塘畔和小河边，还去田野上。展现在他们面前的是一个陌生的世界。这个世界的各种现象之间存在着千丝万缕的因果联系。

在这种思维课上，我们从来不布置什么背记作业。相反，记住的目标尽可能放到一旁。头等重要的，是孩子对发现的惊奇和诧异之情。儿童对一般的依存关系和相互联系了解得越多，他们的记忆力就会变得越好。

要上好这种思维课，离不开丰富多彩的语言。我有几十个记录着有趣笔记的手记，在我看来这是医疗教育学教科书所需的材料，如怎么借助机智、富有表现力、情感色彩丰富的语言来降低思维活动的强度等。

要让能力较差的学生坚持阅读，做到常年不辍（我积累了专供他们阅读的材料）。学生上低年级时就坚持每天晚上到我这里来，听故事，编故事。诗歌创作是细腻、精致的情感生活的学校。诗歌里充满了人间的喜怒哀乐，能激起人的恻隐之心和对恶的愤懑之情。在宁静的夜晚时分，我们所有人都成了诗人。我们一起编了成百上千个童话故事，创作童话故事的价值在于，儿童的大脑不仅学会了接收和存储信息，还学会了“创造”信息。

动手劳动是教学大纲的一个重要组成部分，也是促进这些儿童发展的重要手段之一。

多年来，我们学校总共接收了107名发展严重滞后的学生，他们后来全都成了有才能的、有一定文化水平的人。其中，55人完成了十年级的学业；25人上完七年级或八年级后考入技术学校，完成了中等专业教育；17人在中等职业技术学校或夜校毕业；8人获得了专修班的专业文凭。只有2人因患严重疾病，当时没能上完八年级，但几年后完成了八年教育。在这107人中，13人后来接受了高等教育。

人的大脑是大自然最伟大的奇迹。但这个奇迹只有在教育的影响下才会发生。这是一次经年累月单调的、炼狱般折磨人的、让人痛苦不堪的播种，这颗种子要经过几年的时间才会发芽。从事这种劳动还必须格外尊重人的个性。天资残缺和受到环境伤害的不幸儿童不应自暴自弃地认为自己无能、是智障者。教育他们需要付出百倍的温柔、同情和关心。

二十二、《教育谈话》一书选编①

1. 语言的魅力②

无论我们的学前教育机构有多么出色，但培养幼儿智慧

---

① 1978年9月，《苏维埃乌克兰报》以《教育谈话》为题登载了苏霍姆林斯基未出版的著作《教育学素养》中的几篇文章，包括揭示家庭教育、家长的教育学素养、在大自然中发展孩子的思维、课堂心理氛围的组织等五篇谈话。

文章发表于苏霍姆林斯基诞辰六十周年之际，篇首语中记：“我们开始登载苏霍姆林斯基尚未发表过的作品，做了一些删节。这是和老师、家长等所有参与培养下一代的事业的人们的真挚谈话。”

本书摘录了这五篇谈话的片段，沿用报纸上的编号顺序。

② 本文于1978年9月10日发表于《苏维埃乌克兰报》(第207期)。

和思维最重要的“工匠”是父母。家庭是把孩子带入成熟、富有智慧的成年人世界、形成儿童思维的基础，在这个年龄段什么也取代不了它的作用。学者在托儿所和幼儿园里的观察确凿地证明：同龄的孩子们（比如三四岁的孩子），如果他们被剥夺了成年人系统的、专门的精神影响，长时间地相互交流，他们的思维发展就会停滞不前。儿童只有每天都和父母、和爷爷奶奶、和哥哥姐姐交流，才能保证其思维在最有利的环境中发展。当然，我并不否认学前教育机构对幼儿发展的巨大作用。但是，把全面培养孩子的任务，特别是智育的任务完全交给幼儿机构是不行的。

我们的社会现在发展到这样一个阶段，即全民总体的教育学素养，特别是家长的教育学素养，已经成为每个公民履行自己社会责任的前提，因为排在首位的社会责任就是教育下一代的责任。因此，必须关注提高家长的教育学素养的问题，特别是关心教育学素养里那些决定孩子思维充分发展的各个方面。比如，我们给那些几年后要来上学的孩子的家长们开办了学校。我们的教育集体坚信，对教师和家长来说，很难找到比关心儿童思维的培养和发展更重要的事了。确实，举例来说，一个刚入学的孩子机灵、善于观察、对老师解释的东西理解得很快、记得住东西，而另一个孩子思维缓慢、理解材料困难、记忆力差，这是为什么呢？要找到答案，在给未来学生的家长创建学校之前，大家都如同盲人一样，摸瞎找路。

可以说家长学校里的每一堂课都是一个生理解剖学的专

题，包括神经系统、身体和心理发展、儿童的精神生活等方面的内容。举办含有能说明问题的丰富事实和有说服力的具体实例的讲座，是培养家长的教育学素养最重要的形式。讲座的主讲人由校长、副校长和最优秀的教师担当。我们努力让家长们意识到自己在培养最细腻的儿童精神生活环境中的责任。

记得在一堂课上，为了让家长更好地意识到人的环境在培养儿童智慧方面的作用，我给他们讲了几百年前印度国王阿克巴检验智者所言真伪的故事。智者们说，似乎印度人的儿子只讲印度语，中国人的儿子只说汉语，无论他们童年时身处什么环境，即使没人教他们自己祖先的语言，也是如此。于是，国王命令把来自 30 个不同国家的婴儿放在完全与世隔绝的房间里。几个被割了舌头的仆人服侍孩子，不说话的太监通过小窗递进来食物。孩子们成长的世界里一片寂静，他们从未听过人类的语言。国王把打开这片寂静的钥匙挂在自己的胸前。就这样，七年过去了。有一天，国王在智者们的陪同下把门打开了。迎接他们的不是人类的话语，而是号叫、含糊不清的尖叫和嗷嗷声……，“最有智慧的智者们”颜面扫地。

从科学的观点看，这是一次“纯粹的”试验（如果这种暴行能被称作试验的话）。阿克巴是证明了人的环境对孩子生命最初几年具有至关重要性的人之一。今天，人们已经知晓了数十起孩子被狮子、老虎或狼养大的案例。这些孩子在婴幼儿时迫于难以置信的状况落入了动物中间，和动物在一起生活了几年。后来，这些“野孩子”有幸重新回到人类社会，他们中的大多数已经长到10—17岁。学者试图教会这些孩子说话，经过了几年时间，却徒劳无功。一些“野孩子”用一整年的时间只掌握了一两个词。他们当中没有一人成为真正的社会一员，就是因为他们在动物中间度过了对外界作用最敏感的阶段。2—7岁是人类发展最重要的时期。一个人在这段时间不自觉地从周围世界获取了大量形成他的心理基础的知识、技能和本领。思维和言语的能力，表达自己对周围世界的情感和自己的态度的能力正是在这个阶段形成的。在不断体验一个又一个新信息作用的过程中，孩子对知识的需要也不断增长。对成年人来说，这就是有意识的求知欲。

动物不具有人的精神刺激机制，动物的生活由本能控制。在野兽中间度过对外界环境最敏感的阶段的孩子们，他们的大脑皮层细胞整个一生都保持着最初的本能状态。

不理解这些道理和很多其他知识，家长们的教育学素养就无从谈起。父母作为教育者的角色没有任何人、任何环境能够取代。我要告诉我们未来的学生的父母们：

您的孩子出生了。要记住，他的智力培养从他亲眼看到鲜艳的花朵或玩具、听到树叶窸窣作响、蜜蜂嗡嗡采蜜的时候就开始了。在这个阶段有多少人类的东西在孩子的意识里扎下根来，决定着他上学时的发展程度、决定他是否聪明机灵。或许由于一些家长的漫不经心，他们“培养”的结果就是后来哪怕是最有智慧、最有经验的教师也无能为力……

在培养家长的教育学素养时，我们注意要有一定的体系和连贯性。在提出有关孩子健康的作息制度、有关童年活动多样性的建议的同时，我们强调关注孩子们的精神培养。特别是我们会提出如何发展孩子的感觉的具体建议。我强调一下，这是培养精神财富最重要的基础之一。感觉，是通向周围世界的窗户，孩子通过这些“窗户”认识他们周围的一切。我们努力让童年中的这些“窗户”干净、清晰、明亮。

幼儿阶段，情绪记忆在感性认识中扮演着重要角色。大量事实证明，孩子在幼儿阶段深入体验过的某种形象、感受到的形象之美，他整个一生都会记得。那些聪明机灵、好奇心强的孩子来上学的时候，他们的记忆里保存着大量感性认识的形象。在培养家长的教育学素养同时，我们也提高了自己的教育学素养，因为在教育过程中所有人是相互影响的。一年级的尤尔科创作的极生动、极具艺术表现力的故事就让我惊叹不已，这是一个关于春天第一条小溪，关于最早从屋檐落下、穿透雪毯的水滴的故事。我再重复一次，请您相信，我们成年人找时间、找机会让小孩子熟悉美好的世界是多么重要。一定要让孩子看见鲜花绽放、看见蜜蜂采蜜，还要看见仿佛是非凡的工匠裁剪出来的雪花。要让孩子痴迷于出现在他眼前的城市和乡村的晨雾、痴迷于彩虹的神奇的色彩游戏、痴迷于金色麦浪的回响……

观察力、注意力、好奇心……这些品质在很大程度上决定着学生们的智力发展和学业成绩。对学龄前儿童多年的观察使我们得出这样的结论：好奇心、对知识的渴望并不是自然而然地蕴藏于幼儿的内心，这些品质是在幼儿阶段培养出来的。

感性认识的情绪财富也是孩子走向成熟、丰富语言的基础。遗憾的是，我遇见过一些学生，有的甚至已经二三年级了，但是，像“黎明”这样的词在他们那里引发不了任何形象和情感，词语对他们来说没有任何感情色彩。为什么会这样？因为这些孩子从没有亲眼见过夜幕的降临和新的一天的开始。这些孩子的词语是“从头脑里飞出来的”——当他正好要找必需的那个词的时候。思维混乱、言语模糊、语无伦次甚至口齿不清……是那些在2—7岁的记忆里没有留下鲜明形象的孩子的智力发展的典型特点。而如果形象没有留下深刻印象，那么，在孩子的意识中出现的词语就像短暂闪烁的微弱火花，它们不会沉淀下来。

也许，我们每一位老师都不得不考虑这个问题：为什么有的学生记忆力强，就像人们说的，过目不忘，而有的学生“一个耳朵进，另一个耳朵出”呢？对学龄前儿童智力发展的观察揭示了一条重要规律：学生的记忆力，可能很大程度上正是取决于幼儿阶段词语在其意识中留下的感情色彩的鲜明程度。

2. 学龄前儿童的500个“发现”①

……这些孩子们每周一两次在固定的日子来到学校，与将来的一年级老师待在一起。他们的主要任务是发展思维。天气好的时候，孩子们去树林、花园和田野里——到我们对

① 本文于1978年9月13日发表于《苏维埃乌克兰报》（第209期）。

家长讲的思维和语言的源泉去。在和大自然的这些约会中，我们希望让孩子看到、找到并非那么显而易见的因果联系，我们赋予观察力和好奇心的发展以特殊的意义，这些是思维发展最重要的前提。每一次在老师的指导下和大自然的约会都是一次与众不同的发现，是孩子的思维对尚未发觉、还没映入眼帘的秘密的深入探究。在一年的时间里，小家伙们有了 500 多个“发现”。其中包括周围世界的一切都可以分成有生命的和无生命的；水、阳光和温暖是生命必需的条件；植物从种子里出生、生长、成熟、结果以延续物种；水可以有不同的形态——液态、固态和气态；如果人往土地里施矿物肥或有机肥，会加快植物的生长和成熟；最表层的土地——黑钙土——是出现生命的环境。这里的每一个“发现”都是在感性认识中认识鲜明的形象的结果。正是在这些发现的过程中，词语有了感情色彩，孩子们形成了最初的概念，比如有生命的和无生命的概念。

在这个阶段，我们已经注意到个别孩子智力发展上的反常（在这个年龄段还不甚明显，之后这种差异会越发显著）。有的学龄前儿童对引起大多数孩子惊奇的那些秘密不感兴趣，而惊奇，形象地说，是思维情感的核心。

深入研究那些家里有冷漠的孩子的家庭氛围，很多时候都能看出智力上懒惰的原因是感性认知的懒惰和局限、缺乏作用于情感环境的鲜明形象。发现这种不足以后，我们开始了深入的个性化培养工作，首要目标就是激活感性认识、培养认识词语的感情色彩。我们坦诚地对家长说：如果您每天不对孩子进行系统化的教育工作，您的孩子来上学的时候就会智力发展不足，学习不好。

6—7岁是系统化教育工作开始的时段。上学前一年，是以发展思维为目的和大自然约会的时间。此外，孩子还要学习阅读。阅读的学习方法和游戏关系密切。孩子上一年级时应该已经掌握了最基本的阅读技能。这样，发展思维的工作在上学的头几年里就可以做到内容丰富而全面了。

3. 年轻的心的音乐①

一个人和谐全面的发展离不开对他情感的培养。我认为，这是教师最重要的任务之一。我努力不仅把身体和精神的统一、把心理的物质基础的科学唯物主义知识传递到学生的意识中，还要让他们相信，生命和精神世界的物质基础是生物化学过程，没有任何独立于身体的灵魂存在，人是会死的，就像其他任何动物一样。但是，教师如果仅仅让学生确信于此，那么他就在人和动物之间画上了等号。这是因为教育的一个重要任务，就是心理教育——在年轻的理性和心灵面前开启那些使一个人成为具有崇高理想的创造者的东西。我努力让知识成为心理教育的开端，成为所有学生高尚情操的来源，成为确立他们自尊的基础。这在少年阶段非常重要，因为一个人正是在这个阶段开始考虑自己在生活中的位置、回顾过去和畅想未来的。

……下课后，我们全班走进田野去迎接晚霞的到来。我们坐在草原的山岗上，无垠的田野在我们面前伸展，我们观

① 本文1978年9月17日发表于《苏维埃乌克兰报》。

察着天空的色彩如何渐渐变幻，观察晚霞是怎么出现的。我们看见了被渐渐落到地平线下的阳光浸染的天空呈现出了30多种色彩。在这些令人难忘的傍晚时分，少年们体验着醉心于美妙的周围世界的感受。我看到孩子们萌发了把自己的感受转化为语言、在母语的宝库里寻找表达美丽的周围世界里的精妙形象的需要。我的眼前展现出了情感文化和情绪文化、思想文化和语言文化的联系。

经验使我相信，情感文化在很多情况下取决于对声音感受的敏感程度。我们一直被大自然里各种无与伦比的音乐围绕着，特别是在美好多样的夏天。教孩子们理解、体会和感受这种音乐，侧耳倾听，也是一项重要的教育任务。我和学生们一年四季都去听大自然里的音乐。

尊敬的教师同行，培养兴趣、好奇心和对知识的热爱在我们的实践中也许是排第一位的。如何才能让学生觉得有趣呢？如何组织自己与学生交流的语言，让有分量的、承载着深刻意义的话语触动人心呢？老师们，您要知道，这是教育学素养的细腻之处，只有当一个人犹如面对复杂的交响乐那样——成百上千种声音融汇成一支和谐的乐曲，他才能掌握教育学素养的这些细腻之处。在一支乐队里，所有人都有自己明确清晰的位置，一个人的交响乐起始于感受，起始于他看到和听到自己周围的东西，起始于他周围世界展开的样子。

春天，草地里的音乐能为青少年打开一大片周围的世界。每年我都带他们到那里去，灌木和树木好似被不计其数的嫩芽组成的迷雾笼罩起来，娇嫩的绿叶围绕着河岸，浅蓝色的水边安静的河柳亭亭玉立；阳光照亮了百岁橡树的枝干，蓝天下传来一阵鹤鸣。我们在寂静中倾听，几十种生命复苏的声音在漫长的冬眠以后传入我们的耳中。

情感文化在情绪、思想和语言文化教育中的作用怎么高估都不为过。实际上，这个问题是教育过程中未开垦的处女地。

我们从五年级开始开展理解文化的教育工作，这项工作已经进行几年了。我带领孩子们进行专门制定的包括远景在内的空间理解训练。我们走到街上，观察物体的轮廓如何随着天气、距离、日照等的变化而变化。

在村庄的不远处，我们找到了一个角落，那里有草地、有长着灌木的山谷、也有森林的边缘和护田林带。我们找到了一个小山岗，从那里看出去，这一片自然风光就像一个整体。我认为，认识和理解东西、物体和现象的和谐一致具有重要意义。理解和谐是理解和感受美丽的周围世界道路上的一个台阶。与此同时，对和谐的理解还能把学生们提升到与概括思维及抽象思维相联系的心理文化层次。我们一年四季都站到更高的地方，到我们草原上的小角落里观察，为的不是观察零散的现象，而是领悟现象的和谐一致。我们理解了这些表达周围世界广阔的物体和现象的含义，比如草原上的秋日、深秋时节大自然的息止、冬天田野里的清晨、春天大自然的复苏、远方的田野，等等。

我们还在第聂伯河岸边找到了一个地方，阳光明媚的日子里从那里看得见第聂伯河远处的草原、树林和村庄。在这里，我们把巨大、广阔空间里的各种自然风光理解为一个完整的整体。

形成想象文化的工作与理解文化紧密相连。比如，青少年饶有兴致地完成了下面这种训练。我用草草几句话描述某个物体或者现象。学生们仔细倾听每一个词，深入思考，打开画册，在绘画的帮助下描绘他们的想象。这种训练的目的在于发展混合想象或者说视觉—听觉—运动型想象。

4. 健康的翅膀①

人的机体与周围的环境是相互影响的——调适、生病、康复、虚弱，完全不像其他生物那样。

在人类机体的生命活动中，思维和意识起着巨大的作用。作为社会性生物的人的健康，不仅取决于外部条件，还取决于内部的自我心理感受。这种决定性在机体尚未完全形成的阶段作用尤为巨大。孩子的思想、思维、意识和心理，形象地说是承载着健康的翅膀的空气。

5. 告别烦躁，安静工作②

……对教师和学生们来说，埋怨、叫喊、忙乱、经常性的激动见证着缺乏起码的教育学素养导致的大灾难。在这种环境下根本无法工作。在神经持续紧张的情况下工作十五年以后，教师的精神会受到损害，患神经官能症的可能性将升高。大脑皮层细胞经常性地处于紧张状态，这将导致学生最终对教师的话语、对影响他们意识的方法的敏感度降低。一

① 本文发表于 1978 年 9 月 19 日的《苏维埃乌克兰报》。

② 本文发表于 1978 年 9 月 26 日的《苏维埃乌克兰报》。

直置身于被埋怨、叫喊和忙乱的学生，不会对平心静气的批评做出反应，他已经习惯了呵斥，甚至习惯了教师用手敲桌子。

神经系统长时间处于紧张状态还会使人变得迟钝、容易生病。神经系统发育不良的学生在这样的环境里待上几个小时以后，他就无法集中精力进行独立自主的智力劳动了。尊敬的同志，请仔细观察自己五六年级的学生们（在这个年龄段，埋怨、叫喊、忙乱和神经质特别有害），您就会发现，一些学生不能顺利地解题不是因为智力低下或者能力不足，而是因为兴奋过度。学生无法长时间把思维集中在一道题目、一个坐标体系上，因为思维细胞之间的神经联系非常不牢固；为了使它们稳定下来，必须长时间休息。

教师应该爱护儿童机体里脆弱的思维体。请您想象一下，当您要摘一朵玫瑰又不能抖落玫瑰上一颗露珠的时候，需要表现出多大的谨慎和关心。同样地，教师在接触世界上最脆弱的东西——孩子的理性和思维的时候，也必须是这样。学校里不该出现埋怨、叫喊、忙乱和神经质！课堂不应该使神经“紧张起来”，相反，应该使它舒缓安静下来。不带着紧张、激动上课，为此需要深厚的教育学素养。这在实践中应该怎么做呢？

首先，应该让课间高涨起来的焦躁、激动的心情平息下来。刚开始上课的时候，有经验的教师会特别注意这一点。他会选取一些转移注意力的方式，引导学生的思维从课间让他们激动、担忧、兴奋、不安和惊慌的东西转移到课堂上思维的对象上来。有经验的教师能够让学生的大脑持续深入思考某个问题的本质。这是平息激动最好的方式。

之后，有经验的教师从不会采用与所学内容无关的批评来打断学生的思维。在这个问题上，缺乏起码的教育学素养就会导致在一堂课的过程中智力活动的性质和方向几经变换。经常发生这样的事：讲的是波尔塔瓦战役，学生们的全部注意力都集中在这上面；忽然，教师把孩子的思维完全引到另一条路上去了：为什么你课文背得这么差，在家三天都干吗了？你的成绩册在哪儿？你要把自己的分数藏到什么时候？跟你说过多少遍了让家长来学校……

这样的“转换”必然导致紧张、激动。考虑周全的教师会把类似的问题挪到课外时间，和学生单独谈话。总的来说，在这件事上分寸的掌握特别重要。在整个集体面前谈论只涉及一个学生个人的事，是伤害人的、有危险的手段，这种手段的使用方式是需要掌握的。经常毫无道理地使用这种手段去施加影响的教师，最终会使这种尖锐、精密的手段变成一把生了锈、崩了刃的锯，不断拉扯孩子敏感的神经。

尊敬的同事，请您仔细观察自己的学生们，尤其是青少年，想一想那些对教师的任何批评都无所谓的青少年的命运。为什么他们变成了这样？是的，正是因为教师无休止地使用自己这把“生锈的锯”。这样做必将导致这样的不良后果：孩子失去了自尊心，无论谁说他什么，他都无所谓。无论是善意的话语，还是呵斥或者敲桌子，对这样的学生来说都已经毫无意义了。

考虑周全、富有经验的教师赋予自己对学生的态度以巨大意义。这是我们工作中最细腻的部分之一，知识、科学与技能在这里和对儿童心灵的感化艺术交融在一起。为了让课堂上没有紧张和过度的激动，永远不要把学生看成一个模糊的整体。您不是在和什么抽象的学生打交道，而是在和一个个鲜活具体的人一起工作。不要忘记，在您面前的，具体说，是六一班的彼得罗和费季科，是六二班的尤尔科和安德烈。以此类推，在一个班里您是对彼得罗和费季科说话，在另一个班里是对尤尔科和安德烈讲话。提到学生们的感受的时候，我指的永远首先是精神世界最复杂的那些学生——对细腻的言语色彩感觉、反应敏感的儿童和青少年。对我来说，这些学生是我话语教育的参照和标准。如果我是和某一个人说话，我的话语也要吸引着整个班级的注意力：要创造一种信任的、务实的、使人感兴趣的氛围。我用平常的语调，用和费季科或者安德烈单独说话时的语调说话。我不会绷紧自己的听力（听班上是否有谁在说话），不会试图用“工作式的喊叫”提高分贝，因为没有人捣乱，所有人都在认真听我讲话。

应该说，与个别学生有针对性的沟通在实现教育意图中也扮演着相当大的作用，它是教师在进行课堂建设、课堂结构整合，特别是那些助力于掌握材料的过程中必须使用的思维手段。

第三部分　苏霍姆林斯基在帕夫雷什中学的工作资料选编

一、学生的教育评定①

很多学校领导和教师都认为，学生的教育评定是一种不容置疑的文凭证书。他们在迎接新生、熟悉从前教他的教师写的教育评定时，会把评定所反映的学生的积极品质和消极品质当成一成不变、永远固定下来的东西。一些学校领导和教师对评定里反映学生纪律、能力和爱好的那部分内容特别感兴趣。在向即将转校的学生发放档案的时候，有的校长甚至认为有必要在评定里记上他违反过哪些纪律，再归纳总结一番，得出该生是违纪生的结论。

学生阿纳托利转到我们学校上七年级。和转学申请书一起，他还递交了一个沉甸甸的文件夹，里面是他的“个人档案”。从他六年级的成绩报告单看得出，这个学生的学习成绩良好；他的所有科目成绩不是五分就是四分。但是，在第二学季和第四学季，他的操行分数下降了。当我们浏览成绩单的时候，这个男孩难掩焦虑地瞥向自己的“个人档案”。

① 本文 1953 年首次发表在《国民教育》第 4 期上，此后没有再发表过。

看来，他在等着新校长仔细看完全部评定后向他抛出令人不快的问题，比如：“你为什么违反纪律？在我们学校，你还打算违反纪律吗？”这个学生已经准备好听训了。不过，新校长的训诫却让他意外。“你去年在原来的学校里学得很好，”校长说，“但是，在我们学校你应该只拿五分。”

新校长毫不关心他的“个人档案”，这个学生甚至感到有些不解。他松了一口气，欢天喜地、激动不已地回家了。

在这个学生的“个人档案”里，我们找到了这么几条教育评定。在一、二、三年级时，教师把他描述为一个勤奋、守纪律的男孩。但是，到了四年级，还是那位教师，记录的却已经是一个不守纪律的学生了：“经常和教师起争执，这些争执近乎粗鲁无礼。”类似的指控在五六年级的评定里也有，从四年级开始，这个学生总有一两个学季的操行评定是四分。

多年的经验使我们确信，操行评定分数低、被标记为“能力不足”的学生，在转校时总会受到无情的“个人档案”的折磨：就像悬在他们头顶的达摩克利斯之剑，提醒着“过去”。

我们的教育实践中有过这样的例子。九岁的小男孩带来了自己的“个人档案”，稚气朴实地问：“可以上您的学校吗？上三年级……”

“为什么不行呢？可以。”

“但我能力差……”孩子窘迫地说。

“不可能。像你这样的男孩，应该是很有能力的。”

“您不相信？”男孩吃惊地问，“看这个成绩单：算术我得了二分。而且评定里写了，我能力差。”

我们回答这个男孩，在我们学校里，他也许将是一个有能力的学生，而且会学得很好。

这个男孩开始上学了。他上课的时候极其漫不经心：一堂课上几次被自己的什么事儿吸引过去。女教师在讲课，他听着听着就走神了，进入了自己想象的童心世界里去了。如果算术题说的是拖拉机或者联合收割机，他就开始想象发动机和长长的传送带，而忘了题目是什么。教师注意到了这一点。她开始更经常地向他提问，并且尽量把题目的内容做些改变，让学生关注题目的实质。这个学生的记忆力很好。渐渐地，他被算术吸引住了，真的喜欢上了算术。他的教育评定完全变成了另一个样子。

阿纳托利转到我们这里上七年级的时候，我们从他的“个人档案”里抽出了所有的教育评定，只转给了班主任该生的成绩报告单、出生证明复印件和医疗卡。我们决定完全不关注学生的“过去”，不带任何成见地对待他。

这个男孩很快就进入了新的集体。他是个好奇心强、爱刨根问底的学生，学习很好，并且每堂课上都向教师提出很多问题，所有问题无一例外全是以“为什么”开头的。每个新的概念他不是用记忆去接受，而是用智慧、用理性去理解，他对待一切似乎都从质疑开始。教师非常满意，她表扬了孩子的这种求知欲。这下明白了，在他以前上学的学校里，这个学生的好奇心、刨根问底和表现出来的对教师的质疑，被视为对教师的挑衅。因为得不到对困扰自己的问题的答案，可能他确实变得粗鲁无礼了。但是，这应该只是教育者怠慢他的后果。于是，教育评定里有时就出现了“违纪生”，他被教师描绘成粗鲁无礼的、固执任性的、性情古怪的。

真诚地相信自己能力差的九岁男孩，还有害怕自己“个人档案”的十三岁的阿纳托利，在进入新学校的时候都认为，他们会被区别对待，会不同于其他孩子。差别只在于那个小男孩坦诚地向我们讲述自己“能力差”，认为这是普遍现象；而阿纳托利知道，不守纪律是不好的、消极的品质，但他不认为自己不守纪律，模模糊糊地感觉到教师对待自己有些不公正。如果我们盘问他的“过去”，细数他的“罪状”，那我们只会再次加深他内心的委屈。

在教育实践中常有这种情况，孩子真的变得不守纪律了，只是因为教师使孩子确信自己是不守纪律的。甚至，有的孩子渐渐地相信自己缺乏能力，因为教师就是这么向他灌输的。这样的孩子就不会学习了。遗憾的是，使学生形成这种有害观念的依据不仅是教师的口头批评和同学们的态度，还有教育评定里的相关记录。如果学校不深入研究孩子的个体特点，提笔就写教育评定，那就不能把这种评定作为正确了解学生的信息源和提高学业成绩的手段。

通常，教育评定在每学年结束时编写。一些教师进修学院和教育学教研室建议采用特别方案编写教育评定，好像孩子丰富多样的个体特点都能被刻板地“框进去”似的。有的方案里还列出了以下条目：学生的思想水平、能力水平、学生参加社会政治工作的情况。在所有这些方案里，无一例外地出现了有关学生纪律性的问题。因此，评定里记录的“违反纪律情况”，会被教师理解为学生纪律性水平的指标。

然而，教育工作经验证明，在评定里反映学生的纪律性和操行不仅没有必要，有时还是有害的。当学生通过某种途经得知评定里记录了自己“违反纪律”的情况，他会为此忧心忡忡，而新学校的教师和领导在很多情况下会由于这些记录对新生产生成见。其实，教育评定里反映的主要是学生的“过去”，而新学校的教育集体不应该立足于这种“过去”实施教育。

孩子的世界复杂多样。孩子的每一个行为都有自己的动机、自己的原因。教育者的任务在于让学生相信他拥有积极的品质，而不是把消极品质固化在他身上。其实，孩子的积极品质和消极品质的问题，是孩子成长过程中产生的问题，是在对孩子的持续教育中产生的问题。如果对学生说他能力弱，他就会对自己的力量丧失信心、不再劳动了。实际上，能力是每天的教育教学工作培养的品质，不应该认为它是一成不变的。

学生的埋头苦干、勤奋进取，也是一样，这些品质是发展的、变化的。可以举出很多例子证明能够用埋头苦干的精神培养埋头苦干，用勤奋培养勤奋，通过不断推动学生前进、深入掌握大纲材料和在劳动中取得积极成绩的方式培养能力。为什么要在教育评定里给学生写上诸如没有埋头苦干的精神，或者没有能力呢？要知道，有些教师在一年级就已经写了这样的评语了。我们甚至把七岁的小孩子就分成了“有能力的”和“没有能力的”，分成“守纪律的”和“不守纪律的”，而这种定义甚至在以后很多年都不做更改。

在一些学校里，编写教育评定演变成了一场别出心裁的战役。学年结束了，全体教师一起编写评定，回想能够用来评定学生负面的一切，把学生自己早已忘了的一切全列上。把个别令人不满的行为事实毫无根据地一般化。学生从一所学校转入另一所学校，学校会再次编写评定，而且“个人档案”通常直接发到学生手上。确实，有些学校是在学生已经在另一所学校上学后邮寄“个人档案”的。但这也改变不了什么。学生长时间焦急地等待着“个人档案”，随之而来的还有被新校长传唤，对新的盘问做出解释。

教育评定是否非要不可？是的，有必要，但是，务必严谨地考虑编写它们的原则和目的。

每个孩子都有个体特殊性，这从入学的第一天起就能分辨得出来。个体特殊性首先就表现在掌握教学材料的特殊性上。在每个教学阶段，教师都应该对孩子如何掌握材料、如何理解材料和记熟规则有所认识。我们认为，对学生掌握材料和获取实践技能的特点的评判，应该成为教育评定的内容。教育评定里还应该包括学生记忆的特点、他在课堂上和完成家庭作业期间的学习特点。但是，这些特点也是可能变化的。例如，通过长时间朗读课文，孩子的听觉记忆会逐渐得到发展，尽管此前他们鲜明地表现出来的是视觉记忆。做出关于孩子这种或那种记忆的生硬结论意味着犯错误，因为学生所有记忆形式的结合是独特地变化着的。遗憾的是，在很多教育评定里都能够找到类似这样的关于学生记忆的评定，“该生的记忆方式是视觉记忆”“该生朗读理解优于默读理解”等。类似判断使教师倾向于适应学生，而不是发展学生。

学生的个体特殊性不是某种固定的、一成不变的东西，它在不断地变化，因此，学生的教育评定也应该不断有所变化。它应该勾画学生未来的发展前景、他的成长前景。教育评定里主要应指出如何发展学生的能力，为了让学生更好地掌握大纲材料教师还应该做些什么。

教育评定应该是对周密研究学生个体特殊性的总结。只有在这种情况下，它们才能有助于教师进一步开展教学工作。

每学年结束编写教育评定的时候，我们学校的教师力求遵循以下基本原则：如果教师能正确评判学生的特点、发展他的积极品质、消除他的消极品质，那么每个学生都有可能学习好。我们的评定里不记录学生个别的消极行为事实，也不在这些事实的基础上做任何概括。学生的纪律性也不是对他一整学年的情况做出评定的固定因素。

我们学校的班主任在评定里记录的是对学生的课堂训练、在学习过程中掌握和熟记教学材料的日常观察所得出的结论。下面是几个教育评定实例。

学年结束时，六年级三班班主任列维茨基这样评定某位学生：“该生容易记住课上的新材料，但这种记忆不够牢固。为了让记忆更加扎实，该生应该出声复述几次课上讲的内容。教师应该发展该生的视觉记忆，因为对家庭作业训练的观察显示，他对仅默读过几遍的东西记忆有困难。”

五年级一班班主任雷萨克就某位学生的评定写道：“对于每个新概念，该生不是一下子就理解了，而是在和已知概念对比后才能理解。对于每个新概念，他一开始先试图否定，找到其中似乎与以前获得的知识不相符的地方。如果找不到新材料和已知材料之间的联系，他掌握新材料就有困难。观察显示，每次缺课、每个遗漏的概念都明显反映在该生的学业成绩上。教师应该精心督促该生在系统掌握知识的过程中避免中断和遗漏。”

四年级班主任库列涅娃这样评判某位学生的个体特殊性：“该生把注意力分配给几个对象的能力不足。如果她把注意力集中在某一个对象上，那么她能够牢固地掌握这个材料。但是，如果不得不同时听和记录，她就无法分配注意力：若把注意力全部集中在了记录上，她的记忆里就会遗漏教师阐述的很多材料、规则。所有教师在这一年中致力于教会该生分配注意力。这项工作取得了一定成效，但今后应该努力使该生能够很好地把自己的注意力集中在几个对象上。”

所有这些评定都规划了未来提高学生学业成绩的途径。鉴定简短，话语不多。如果教师在个别情况下引证学生的“过去”，那只是为了对未来做出结论，并且这些引证不是建立在偶然事实的基础上，而是建立在系统研究学生的个体特殊性的基础上。

教育评定不应该只考虑班主任一人的意见，应该考虑所有授课教师的意见。常有这样的情况发生，对学生不认真的、片面的态度，导致教师根据某个不重要、不典型的事实就对学生做出了总体判断。

两年前，我们学校一位五年级的班主任在编写某个学生的评定时写道，该生对新的地理名称掌握得差。后来证明并非如此，这个学生对所有地理新名称都掌握得很好，只要这些名称是他自己写过的。原来，他有发展得很强的视觉记忆和运动记忆。对该生的错误评定因此被撤销了。这件事使我们确信，教育评定应该在教一个班的教师会议上讨论，而个别评定甚至应该在教育委员会会议上讨论。我们现在就是这么做的。

对评定的讨论促使教师们更加深入、全面地研究学生，帮助教育集体内部展开务实的批评和自我批评。在讨论评定的过程中发现，有些教师对自己学生品质的评判有所偏颇。有时不得不承认，个别评定有误，那就要在仔细研究学生后重新编写。此外，正是对评定的集体讨论，帮助我们得出了应该研究学生的个体特殊性的一致意见。

学生的教育评定，并不是目的本身，它应该成为进一步提高学生学业成绩的手段。只有在教育评定里指明了儿童能力发展的具体途径，它才有可能成为发展的手段。用于编写评定的材料，应该是对学生在课上掌握大纲材料的实际观察、对他获取必备的实践技能和他形成世界观过程的实际观察。每位教师仔细研究的不仅是学生们在课堂上的回答，还有学生们提出的问题。这些观察的结果被系统地记录在教师日志里，学年结束时教师对这些笔记加以分析。教师根据自己的日志，仔细对比学生在学年最后几周的表现和在学年开始、中期所记录的情况；还要注意对学生在家学习、完成家庭作业情况的观察。

一个班的评定要经过该班全体授课教师开会讨论修改后才能定稿，其中部分评定还要在教育委员会会议上加以分析。

如果评定只是躺在学生的“个人档案”里，不能作为提升学业成绩的手段，那它就变成了空洞的形式主义。在下一学年班主任应该在对比之前的评定和教师们新记录的内容的基础上，为教育工作做出切实可行的规划，指出下一步发展学生能力的途径。

学年结束时，教师对六年级二班某位学生编写了如下评语：“该生能够很好地记住课上讲的知识，并且在巩固知识时能出色地回答问题。不过，他最大的不足在于找不到以前掌握的知识和新学知识之间的联系。这导致该生在回答要求概括几课知识、几章大纲内容的问题时存在困难。”这个学生升入了七年级。

新学年开始的时候，所有教师在了解了他的评定后，给自己制定了如下任务：不能迁就学生的消极特点，而要抓住他的积极品质作为基础，逐渐消除其不足。该生的积极特点是课上就能记住教师讲的内容。以此为根据，教师在巩固新知识的时候开始向这个学生提出要求归纳总结的问题。一开始，这些问题只涉及新课的知识，后来扩展至几课知识的范围内；而且特别注意要求其解释事实和现象之间存在因果联系的问题。渐渐地，这个学生完全能够总结概括学习内容并做出结论了。七年级，他以所有科目全优的成绩结业。现在，他上八年级了，他的教育评定里已经不标注以前的不足了。

二、帕夫雷什中学心理学研讨会材料①

1967 年 9 月 13 日帕夫雷什中学心理学研讨会记录

议事日程：困难儿童的教育

主讲人：苏霍姆林斯基

我们所说的困难儿童的教育，这是一项重要任务。我们每天都和这些孩子打交道。班上出现的困难，几乎总是由这些孩子决定的。

“困难儿童”，这是一个宽泛的、分类多样的概念，掌握大纲材料中的理论知识有困难的孩子也在此之列。意识到自

① 本书选取了 Э. Ш. 纳坦宗在《困难学生和教育集体》（莫斯科，教育出版社，1984 年，第 14–20 页）一书中发表的有关帕夫雷什中学心理学研讨会的材料。

作者写道：“1965 年 9 月，瓦・亚・苏霍姆林斯基在帕夫雷什中学开创了关于用个性化的方式对待困难学生问题的心理学研讨会。举办这样的研讨会成了这所学校的一个传统……，心理学研讨会经常举办，一般每个月一到两次，教育集体全体成员都参加。

“每次会议上一般讨论两个问题：理论报告和与此相关的班主任或长日制辅导员班上一两个困难学生的特点。通常由瓦・亚・苏霍姆林斯基做报告。报告后，开始提问和讨论。报告的选题反映了教育教学工作中的各种问题，例如，五年级学生教育中的难点（1965 年 1 月 14 日）、课堂心理文化问题（1966 年 1 月 26 日）、困难儿童的教育（1967 年 9 月 13 日）、培养求知欲（1968 年 9 月 16 日）、纪律和责任感（1969 年 1 月 11 日）、师生相互关系的问题（1970 年 1 月 20 日）……”

己做不到别人轻而易举就能做到的事情的学生，会觉得自己受到了侮辱，这影响着他的精神状态。有的学生是道德意义上的困难学生，他们可能机灵、有能力、记忆力好，但对他们的道德教育遇到了非常大的困难。更多是在中年级阶段遇到这类孩子。为什么会这样？在低年级阶段，个性的自觉表现得不明显，而到了中年级，自己的想法和集体看待自己的眼光变得很重要，这种孩子对别人怎么说他、怎么想他越发敏感了。如果说以前，即使是激烈的批评他也无动于衷，那么现在他已经要反抗了。有的孩子幼年时就处在充斥着粗鲁行为的家庭环境里，这会在他的道德品质的形成上有所反映。还有这样的学生，他们无法控制自己而变得任性无理，这导致学生变得神经质、敏感，甚至对公正的批评也反应激烈，他自怨自艾，觉得受到了不公正待遇。如果自己的亲人再表现出同情，他就更加顾影自怜了。这样的学生常常离家出走，自己藏起来，等着别人找到他，请他回去。我们的老师应该知道，孩子需要战胜的是什么样的困难：是智力上的困难还是道德上的困难？教育智力发展滞后的学生，务必要发展他的思维、教会他思考。既不能要求这些学生做他不可能完成的事，也不能放任他们闲散、懒惰、任其堕落下去。为了顺利地对困难儿童实施教育，务必要知道什么会对他们产生影响、这种影响从何而来。家庭（父母的要求一致）、教师本人、儿童集体、精神价值世界里的精神生活都是教育者，还有其他意想不到的教育者。有时候，意外遇到的一个人也能对学生的精神生活产生巨大影响。

在教育学生的时候，应该教会他们控制自己的愿望，让他们的愿望服从于集体的利益、服从于纪律……

一年一年下来，学生们越来越不愿意参加劳动了。这应该引起我们的担忧，要加强学生们的劳动教育。有的学生在家里什么活儿也不干，自己不承担任何义务，而他们的一点点愿望会立刻被满足。

经过同志们对困难儿童的教育问题的热烈讨论，帕夫雷什中学心理学研讨会得出了以下结论。

（1）“困难儿童”是一个非常宽泛的概念，这些儿童往往有很难被察觉的智力发展的异常现象。出现道德教育上的困难儿童，最常见的原因是家庭、家长的失误和低下的教育学素养。

（2）困难儿童需要予以特别的关注和特别的对待方式，首先应该了解造成教育困难的根源。

（3）应该力求达到对孩子一致、和谐的教育学影响。参与教育孩子的有：家庭，其中最重要的教育者是母亲；教师本人；孩子自身（自我教育）；学校集体；意想不到的教育者，也就是孩子人生道路上偶然遇到的、给他的精神生活带来巨大影响的人。

对学生的影响越不协调一致，就越容易出现困难儿童。孩子的真正不幸在于不同教育者秉持完全相反的教育观点。

（4）对智力发展有某些缺陷的儿童来说，掌握知识过程中的智力培养具有特殊的意义。务必要发展其思维、强化其记忆、教会其思考。这类孩子应该多读科普读物。

（5）在儿童教育的过程中，学前阶段意义重大。应该研究五到七岁这一年龄段孩子的思维特点和发展倾向。

（6）应该特别注意追求教育和自我教育的一致。在所有困难儿童当中，因完全放任自流而堕落的那一类最为危险：这种孩子不会控制自己的愿望、不会让自己的利益服从于他人。集体主义教育实际上就是培养让自己的愿望服从于共同利益的能力。这归根结底是对人的尊重。

（7）在童年和少年阶段不应采用“强硬”手段——惩罚。惩罚培养的是道德上的厚颜无耻。施加教育影响的正确方式，应该是不伤害孩子的精神系统、培养高尚情感的委婉、细腻的方式。

1968 年 12 月 3 日帕夫雷什中学心理学研讨会记录

议事日程：作为教育者的教师

为了提升教育集体对自己学生命运的责任感，为了让教师确信世界上最大的财富就是人，因而应该有分寸地对待学生、保护他的自尊心、记住他是易受伤的，苏霍姆林斯基在自己的报告中读了一位母亲——叶夫多基娅·库兹明尼奇娜·莫罗佐娃的信，信中讲的是自己的儿子——八年级学生亚历山大·莫罗佐夫的悲剧。

“……萨沙①那时十四岁四个月。他发育得快，个头有一米八，长得不难看。我作为母亲，心里暗自欣赏着儿子。他

① 亚历山大的爱称。——译者注

是个非常内向、腼腆、正直的男孩，从没对谁撒过谎，从没欺负过谁，也没被谁欺负过。我觉得，作为学生，他是个中等生，因为哪一年级他也没留过级。我对孩子们总是很温柔。我有三个孩子：萨沙的哥哥在符拉迪沃斯托克市上大学，姐姐在乌兰乌德市的林业中专学习。我和孩子们的父亲一个手指头也没碰过自己的孩子们。现在就剩萨沙跟我们在家了。我叫他萨沙、小萨沙、乖儿子，他对我非常温柔。萨沙上八年级了，我和他一起整晚回忆着生活中美好的事情，让他别落在哥哥姐姐的后面。萨沙夏天喜欢晒太阳、在海里游泳、钓鱼，我们就住在海边。

“我们家长从没有因为孩子的事被叫到学校去。我的孩子们总是被别人当作榜样。他们没因为什么被打骂过，所以我对他们也总是很温柔。家长会我们一直按时参加，一切都很好。就这样萨沙上八年级了，不知为什么情况变糟了。要不就是夏天的影响，要不就是他被呵斥打击了，他的学习开始跟不上了。萨沙的年级主任——亚历山德拉是我们的邻居。她开始每隔一天，然后是每天跑来找我们，喊得整栋房子里都听得见：‘为什么你落后了？’还扔他的书、记分册和作业本，她觉得它们放的地方不对。萨沙这时脸红了，躲到角落里，一个字也说不出。我们也不出声。当她歇斯底里地吵闹一通走了以后，我们开始和颜悦色地对萨沙说：‘儿子，她也是为了你啊，要好好学习。’萨沙以前所有事情都和我们交流，但最近，他把自己封闭起来了。只有那么一次，他告诉我有个女教师开始叫他傻大个、糊涂蛋。这让萨沙失去了控制，和老师们发生了冲突。萨沙做功课的小角落是不错的。我觉得，对于孩子们来说，只要活着，现在的生活就像人们所说的，是幸福的童年。

“九月一日，萨沙和往常一样去上学，是上午班。第一节课是代数。什帕塔克老师（就是叫他傻大个、糊涂蛋的那个女老师）让交家庭作业。不知道是因为没有尺子还是别的什么原因，萨沙没做家庭作业。老师把他轰了出去，让叫家长来。萨沙跑回家，在我问他为什么回来的时候，他人生中第一次对我说了谎，他说回来取作业本，忘家里了。他去上第二节课，又被轰出去了。去上第三节，再次被轰出去叫家长。萨沙拿起书包，对全班说：‘好吧，再见！’

“我当时在商店。我往家走的时候想着萨沙快回来了，该准备午饭了。邻居亚历山德拉老师看见了我，还没朝我走，从大老远就喊了起来，问我为什么没去学校。行人很多，我还在想她不是和我说话，接着往前走。她开始喊得更大声了。我站住了，问：‘您是跟我说话吗？怎么了？’她说：‘你为什么不来学校？萨沙没完成家庭作业，让他叫你去了。’我回答她说他回过家，但什么也没说。她开始喊得更厉害了：‘怎么能这样，他回了家了，你也不问为什么回家？’我回答说问了，他说忘带作业本了。她还在我后面喊：‘我要给你丈夫工作的工厂厂长写报告。’我往家走，泪流满面，路都看不清了。我觉得又委屈又羞耻，因为被人当街骂。现在我想，萨沙也会觉得羞耻的。我刚回到家，满脸还是泪水，萨沙正好从学校回来。我对他说：‘你怎么不知道羞耻？

我都觉得羞耻，因为你，我在街上被人围观。’他看见我满脸的泪水，一个字也没说，走出了家门。他永远离开我们了。我要是知道他在学校里被轰出去三次，我怎么会跟他说那些话！要是亚历山德拉没在街上对我叫喊，我永远也不会那么对儿子的。

“原谅我写了这么长的一封信，我非常期盼您的回复。”

研讨会上展开了一场引人入胜的大讨论。讨论的不仅是信中所述的具体事件，还有克服留级现象、正确组织对困难学生的教导、考虑学生的个体特殊性、教师吸引孩子喜欢上自己的课的能力问题。

教育者不知深浅的行为的这一具体事件，促使大家综合审视学校面临的教育儿童的任务，因此，心理学研讨会与会者讨论完这封信后，形成了指导实践工作的方针原则，这些方针原则涵盖了广泛的问题。

（1）教学不是知识从教师头脑向学生头脑的机械传递，而是教师与学生之间各种复杂的精神、心理、道德和美学关系。学生不是教师教育影响的被动客体，而是鲜活的、有创造性的教育参与者。教育的成功与否取决于学生自己是如何参与这一过程的，取决于他是如何看待教师的。

（2）上课的时候，教师把自己表现成一个有个性的人。而在教师身上，学生看到的是模仿的对象，这是一条极为重要的教育规律。

（3）学生们，特别是少年们，喜爱、尊重那些每天给他们开启新世界的教师，这个新世界包括对课程的深入洞察、精神上的财富等。

（4）对孩子一课又一课枯燥、无聊、单一的转述，不仅使学生们丧失了对学科的兴趣，忘记了思考，还导致他们不再把教师看作有个性的个体，这时的教师也就不再是一名教育者了；那些重要的，甚至在我们看来神圣的真理，从教师嘴里说出来也不响亮了，激不起波澜，也点不燃火焰了，因为教师没把自己融入自己的话语里。如果只是机械转述、滋长死记硬背、浇灭对知识的兴趣，那就不需要教育者了。

（5）学生对知识的兴趣来源于教师的个性，来源于教师精神上的富足，而不仅仅来源于书本和教材内容。如果教师不去点燃它，书本可能只是呆板的字母。教师的任务在于，让我们和学生们一起畅游其中的知识海洋永远有思想的灯塔闪耀着光芒，让学生的思想之光永不熄灭，让他相信光明不动摇，相信我们崇高伟大的理想。要让教师坚决强化这种信念。

（6）完全无法容忍、不能允许的是，在很多高年级的历史课上，学生们从不提问题。这一令人遗憾的事实证明了知识的教育力量被简化成了毫无意义的死记硬背，老师不是直接面对学生们的心灵、思想和情感，不会（也没想过该怎么做）利用过去唤起对当下的关心和担忧。历史老师忘记了一条非常重要的真理：过去是可以从中获取收益并走向未来的资本。

（7）这封信一次又一次地提醒着我，在很多学校——这一不足对我们的工作来说是有代表性的——人们忘记了最重要的一条教育原则：世界上最大的财富是人。忘记这一点的首先是家庭。冷酷无情、残忍暴力，还有特别可怕的漠不关心（漠不关心本身既是冷酷无情，也是残忍暴力），使孩子的情感环境变得愚钝，使他的心变得厚颜无耻。孩子已经什么也不怕了，他只对“有力的”、强硬的、实际上是残酷的手段有反应。我们的任务在于，要让和善的话语、关心、爱抚、对善良的敏感性成为家里主要的教育手段，让孩子对话语有反应而不是等着敲桌子和呵斥。现在在某些家庭里占有一定地位的教育，不是要把孩子培养成正常的人，而是准备让孩子将来遭受惩罚。

（8）家庭里的善良、爱抚、同情心应该与对人的需要、行为和意愿的高度文明的教育结合起来。孩子的行为举止首先应以**义务**、而非以意愿为条件和引领，由责任自然产生精神上与人为善的需要。换句话说，对于善良，孩子应该以善良回应。形象地说，如果善良的花朵生长在义务的土壤上，那么，这种善良就不会腐化孩子。

（9）教师的任务在于从小保护孩子的**自尊心**。要记住：一旦少年儿童不再关心集体和教育者怎么想他们了，那就全完了，这种孩子就可以归入冷漠的懒汉之列了。对自己冷漠无情的人会变得无法领悟和善的话语，他“脑筋也不开窍了”。像彼得罗、瓦西里和阿纳托利这样的学生，迈不出亚历山大·莫罗佐夫那一步，他们的自尊心被摧毁了。

（10）务必要记住：“二分”是好老师的备用手段，他们用它的时候少之又少。打很多二分，特别是给低年级学生打很多二分，这样的老师是在给自己的无能署名。

（11）要记住，孩子一开始不会，一次不会、两次不会、三次不会……，然后不会就变成习惯了，失去了成功的愉快之情，就会出现“我不愿意”——懒惰。十个懒汉里有九个是不会的小孩，一个是道德堕落的懒孩子。

（12）“二分”是一根鞭子，但仅靠一根鞭子马儿是跑不远的。最有力的教学激励是自尊心，是成为好人的愿望。要定下规矩：如果学生没完成作业或者没背下来课文，不需要给他打分数，如果必须打的话，就在记分册上写“没做”。越少让二分成为“家常便饭”，二分的教育影响就越大。二分是影响那些明显不想学习的懒汉的教育方式。而在我们这里，这样的学生非常少。

（13）学校里容不得叫喊、恐吓、神经质和未经充分考虑的强力影响方式（从班里出去、到墙角罚站）。要记住，这些方式弊大于利。不应该忘记，不少学生受教育的家庭环境里听不到呵斥、坏话、恐吓，他们不知道体罚是什么（亚历山大·莫罗佐夫恰好就是这种学生）……

三、快速阅读的心理学基础[①]

在心理学研讨会听了苏霍姆林斯基同志有关快速阅读的心理学基础的报告后，教师们经过研究决定，所有教师务必

① 《快速阅读的心理学基础》（1969—1970）手稿存放于乌克兰国家中央档案馆（5097库，1目录，928册，6页），名为《帕夫雷什中学心理学研讨会提出的建议方案》。

在自己的工作实践中遵循以下原则方针和具体建议。

（1）这里所说的快速阅读，并不是那种只有能力最强的学生才够得着地加快了速度的阅读。这是每个学生都务必应该掌握的正常水平的阅读，适用于具有一般能力甚至能力较低的学生。

快速阅读指每分钟默读 150—300 个单词，即每分钟半页到一整页课本的阅读。这种阅读是每个孩子都力所能及的，即使思维迟缓、掌握知识有限的孩子也能做到。

（2）每分钟快速默读 150—300 个单词这一速度，是由视觉理解的特殊性决定的，此外还取决于形象思维、逻辑思维以及二者之间相互联系的特殊性。思维是不发声的言语，它以发声的言语为基础发展，而发声的言语和形象思维密切相关。

最新的科学研究表明，语言发展和视觉发展密切相关（让·皮亚杰①，瑞士）。当客观世界的基本形象反映在儿童的大脑里时，他对周围环境的最初印象就出现了。当儿童早先看见的某个东西已经成了标准的形象、成了模型的时候，他的眼睛才真正睁开了，他才真的看见了。

当孩子看见、思考和说话的时候，他的眼睛随着思维同步移动。实际上，我们不仅仅用语言说话，还用眼睛说话。我们所有人通过观察自己学生的经验都知道，思维反映在眼睛里。特别是，我们知道一个没有活跃、好钻研的思维的人的眼神是什么样的……

① 让·皮亚杰（1896—1980），瑞士杰出的心理学家、心理学日内瓦学派的奠基人，他有很多关于儿童认识世界的特点的科研成果。——编者注

（3）谈论这个概念（每分钟默读150—300个单词）上的快速阅读越来越有必要，是因为研究表明，这种阅读在最优秀的班里也仅有不到40%的学生能够掌握；落后生实际上不会阅读，并且，他们就这样开始了五到八年级的学习。不会阅读不仅灾难性地反映在学习成绩上，还灾难性地反映在人的智力发展上。

（4）遗憾的是，在五到八年级（甚至九十年级），有的学生实际上在学习阅读的第一阶段就止步不前了，甚至没有接近过快速阅读。这种学生不会学习，不仅因为他们不能正常地阅读，问题恰恰在于，在快速阅读的过程中思维作为不发声的言语在发展，更准确地说，快速阅读有助于对词语之间相互联系的认知发展。

（5）在学习阅读的第一阶段，孩子用眼睛（用大脑）缓慢地理解字母和音节，大脑逐渐习惯于理解字母组合起来的整体。孩子读着字母和音节（“辨认出”单词），这时候嘴唇必须要动——“默读出”每个音节。这时候学生可以出错，可以自己在阅读的过程中更正过来。在这种阅读中，眼睛从左向右移动，一开始一行停顿15—16次，后来停顿8—10次（一开始按音节停顿，以后按单词停顿）。

（6）这是一个长时间的阶段，需要持久的（几年时间）练习。在这里特别重要的是，要让学生每天都有能认识新的字母组合（新单词）的新材料。但是，同样重要的是，要让同样的字母组合（单词）多次重复（多次阅读一篇课文、以强化旧词为目的地阅读新课文）。二者皆重要。

（7）遗憾的是，一些学生就这样停在了第一阶段，没有过渡到第二阶段。这也是学校教育最大的灾难。这些学生的智力发展注定要受到限制，注定要去死记硬背，随着越来越多的新材料的“掌握”（实际上是记忆），他们的学习不是变得更容易，而是更难。这是我们完全不能接受的，简直就是灾难（随着新材料的不断掌握，学习本来应该变得越来越容易——当学生能够很好地阅读的时候，恰好是这样）。

（8）仅停留在阅读第一阶段的人（或者停留在从第一到第二阶段的过渡阶段的人），也是困难学生，是智力上有困难的学生：他们学习吃力，学习对他们来说力所不及，任何自作聪明的行为都爱莫能助。要是再有什么遗传性智力缺陷的话，那他的处境就更艰难了。快速阅读恰好也是减轻智力缺陷一个主要的补偿方法。

（9）一些学生停滞在第一阶段的原因在于忽略了这个阶段本应很长，教师务必要会指导孩子阅读。不应急于从读单独的音节过渡到理解字母组合起来的整体。应该特别注意让学生朗读（为了自查）和默读足够的单词。一到四年级的学生每天应该在家朗读一到两页半课文。一定要教会学生默读，有安静的发音动作、带发音动作地默读。

（10）阅读的第二阶段是学会理解字母组合起来的整体（单词）、词组或整个短语。这已是从原本的快速阅读向速读过渡。在进行这种阅读的时候，眼睛在每一行上大约停顿 3 次。绝大多数教师都这么阅读（遗憾的是，一些教师还没有掌握快速阅读）。如果一页有 30 行，那么眼睛在这一页上停顿 85—100 次（二年级）；如果一页有 40 行，眼睛停顿 110—130 次，这就是快速阅读了。

（11）我们的任务在于让停顿次数尽可能地少，让大脑不仅把单词，而且把词组和短语也当作一个整体接受。

（12）不会快速阅读，学生就无法积极掌握某些词组的语义功能，比如形动词和副动词。如果学生阅读时不能把词组当作一个整体来理解，他就根本无法使用它们，因为他不理解词组和其他单词之间的语义关系。

（13）掌握阅读的过程应和词汇学习密切联系在一起，如果学生不认识单词，那他永远也无法从阅读的第一阶段过渡到第二阶段。需要特别注意培养孩子对生词的敏感性。孩子不问新单词是什么意思，这明显是学习能力低下的标志。务必让学生读完课文后在练习本上抄下生词和少见的多音节单词。

（14）经验表明：一个人读得越快，他对读过的东西记住得就越多。不需要什么特殊技能把阅读速度从每分钟 600 个单词提高到每分钟 2000 个单词（从两页到六七页），我们没有提出这样的目标；我们的目标是让学生有每分钟 150—300 个单词的阅读速度。

对于读得慢、注意力尚且集中在识别字母的人来说，根本谈不上对所读内容的理解。

（15）掌握快速阅读最重要的前提是对第一阶段的完全掌握：单词应该准确无误地理解。如果还没有达到这一点，任何建议和方法都无济于事。

（16）如果完全掌握了第一阶段，就应该不单单教孩子把目光从左向右移动，还要教他们同时看几个单词、整个短语和整个句子。学会了看见句子的人就真的掌握了一项宝贵的技能——在阅读的过程中思考的技能。快速阅读过程中的顺畅记忆是以读得快为基础的，我们“淘汰掉”次要的、非实质性的东西，记住主要、重要和实质性的内容。只有掌握了这种本领的人，掌握另一种重要技能——察觉出不理解的东西的能力才有可能。

第四部分　苏霍姆林斯基未发表作品选编

如何促进大脑发育——通过思维、劳动、创作还是药物？（历时35年研究的一些成果）①

尽管我认为本文中探讨的研究业已完成，我本来也不打算发表这篇文章，但是，在1969年4月30日《文学报》②上读了美国知名心理学家戴维·克里奇③的文章和对阿诺欣④院士的采访，我拿定了主意，不该让这项研究无人知晓。

---

① 苏霍姆林斯基在生命最后几年完成的《如何促进大脑发育——通过思维、劳动、创作还是药物？（历时35年研究的一些成果）》在本书中是首次发表。经过大量删减的版本1970年8月19日曾以《班里的后进生》为题发表，我们把这篇文章收入了本书的第二部分。本文的手稿保存在家庭档案里。文中少量辨认不清的部分没有收入本书。

② 1969年4月30日，《文学报》上刊登了美国心理学家戴维·克里奇的一篇文章《危险成为现实》，文中表达了他关于未来5—10年内"控制"智力的前景的观点，报上还刊登了对科学院院士阿诺欣的采访《我们有能力预防危险发生》。

③ 戴维·克里奇（1909—1977），美国心理学家，加利福尼亚大学教授，国际大脑研究者协会会员，行为心理卫生学和特殊心理学问题专家，从事学习对人类大脑的生物化学和解剖学的影响的研究。

④ 阿诺欣（1898—1974），苏联著名生理学家，生理学控制论创始人，功能系统理论的提出者，从事人类高级神经活动及神经生理学机制的研究。

戴维·克里奇教授的文章和对阿诺欣院士的采访都谈到了对人的大脑的影响，主要是化学手段的影响，更准确地说他们都谈到了这种影响的后果。克里奇教授确定，目前已经有了能提高动物的记忆力和解决复杂任务能力的化学物质。可以通过化学物质使具有不同遗传天赋的动物达到与潜在等同的智力。教授认为，这种发明如果作用于人，将会引起难以意料的社会效应。

戴维·克里奇认为危险之处在哪儿呢？未来十年内，化学疗法有望使智力落后的人回归正常生活。他们能够结婚生子，但后代在智力上仍然落后，这样一来，社会上不幸的人就会越来越多。戴维·克里奇认为，危险之处在于，在一个人的生命早期为他创设一定的心理环境，就能决定他的智力是发展落后还是成熟。难道不会有人试图在管理阶层和被管理阶层、统治民族和从属民族之间设置智力障碍吗？如果通过心理方法和化学方法提高人的智力成为现实，“未来谁做伐木工或运水工？”教授问，“谁决定谁做什么？父母？学校委员会？还是了解药品价格的药剂师？”

阿诺欣院士不否认存在戴维·克里奇教授担心的这种危险，他肯定目前药理学领域已经掌握了广泛施加心理影响的方法。他认为，不仅应该对这些方法的使用加以监督，还应该监督可能引发危险结果的研究。“人为影响大脑工作的尝试是有可能实现的，”院士说，“但是，训练动物，使它们做出条件反射的试验并不具有说服力。至于‘记忆药片’，它们只能作为辅助记忆过程的激活剂，无论如何也触及不到其隐秘机制。”阿诺欣院士认为，不应该有目的地寻找改善记忆的根本方法，而应该用自然的方式发展记忆，首先就是通过情绪对记忆的影响来发展记忆。

研究大脑的学者们担心的那些问题，不仅在学校里工作的研究者们不会漠不关心，每一个教育者都不可能漠不关心。这些问题首先涉及的就是孩子。除了克里奇教授的文章，我还在其他一系列文章里读到过：未来社会中，在幼儿园就可以设计程序。从事教育工作伊始，这些问题就困扰着我，使我一刻也不得安宁：无法正常掌握知识的孩子们是如何看待自己的？为什么一个孩子有敏锐、记得住、经久不忘的记忆力，而另一个却截然相反，什么也记不住？到我们学校上学的孩子们的智力在多大程度上取决于遗传性，又在多大程度上取决于具体的生活条件——日常的道德、智力、情感和审美环境？当我作为一个教育者想让孩子思考，当我倾注全力想让这个孩子不仅成为一个听话的有智慧的人，还要成为一个独立的思考者的那些时刻，在孩子的头脑里发生着什么？如何改善人的大脑，并且使这种改善通过遗传传递下去，在后代的身上固化下来？

多年来我一直在同一所学校里工作。这种环境是开展研究的有利条件。现在，我有机会研究我20、30、35年前的学生的孩子——今天的儿童和青少年的智力和智力劳动。我有机会跟踪一些有助于大脑功能活动能力和潜力发展的天赋在遗传上的巩固。与此同时，我还能为理解遗传性最本质的东西创造理想的条件。更进一步说，多年的观察和智力教育的实践使我有根据得出结论：一代又一代人通过遗传传递的不仅是大脑皮层细胞的结构特异性，也不仅是分子化合物的特异性，尤其重要的是还传递着家庭成员之间的智力、情感和审美水平。

在一所每年有五六百名学生学习的中学里，最近15年来，每年进入一年级预备班的都有两三个、有时是三四个天分不高、才能有限的孩子。对这些孩子大脑功能活动水平的结论是在多次研究他们的记忆后做出的，还经过了日常观察的过程：观察这些孩子如何学习，他们取得了哪些成绩。这里说的是记忆力非常低下、衰弱、根本无法在学校里正常学习的孩子。客观的研究使我有根据得出结论：我所称的天分不高、才能有限的孩子们，他们的大脑皮层上的神经细胞功能反应不正常。我们采用了临床实践中经常使用的方法，在要求记忆的十个单词中，这些孩子经过多次重复后记住的单词不超过两三个，有时能记住四个。但同时又不能认为这些孩子是智障者、是低能儿。因此，任何医疗教育委员会也不能把他们送到智力低下的孩子上的学校去。这些孩子的思维正常，只是记忆力非常差，他们的思维运转得非常缓慢。神经病学家和心理学家认为，他们是学校学习能力低下的孩子，这种观点得到了一些人的支持，其中就有苏联杰出的心理学家格·西·科斯秋克①。显而易见，没有也不可能有测量学习能力低下水平的标准。我认为，有充足的根据称这些孩子

① 格·西·科斯秋克（1899—1982），乌克兰杰出的心理学家，从事儿童心理发展、能力和思维的形成与发展问题的研究，是苏霍姆林斯基的朋友。

是天分不高、才能有限的孩子。他们中的一些人处于智力完全落后的边缘。

他们在普通学校里学习，无论对教师还是孩子自己来说都是一种折磨。他们费了很大劲儿才勉强学会了读写，但再往下学习通常就不行了。他们通常会留级几次，智力上的缺陷让他们遭了不少罪，最终被学校淘汰。他们未来的命运取决于家长、学校和社会的良心。这些公民的精神生活和智力生活一般都极为贫乏有限。他们的精神需要极其可怜。他们中的很多人在少年时代和青年早期就成了违法者，甚至罪犯。

不过，他们终究不是注定要失败的人。我确信，恰恰应该在普通学校里培养教育他们。我愿意把这些孩子称为无限多样的人类花坛里最柔弱、最娇嫩的花朵。他们孱弱地、病恹恹地来到学校，这并不是他们的过错。我始终认为，挽救这些孩子，把得到充分发展和幸福的他们领入社会、领入精神生活丰富的美好世界是教育者的人道主义使命。我确信，对人的怜悯和单纯的同情心是激励我寻找挽救这些孩子的途径和完成科学研究的主要动机。

我尝试研究天分不高、才能有限的孩子记忆力低下、衰弱甚至完全失常的原因。但是，分析很多家庭的生活和教育条件的时候，展现在我面前的总是一幅幅非常复杂、混乱的图景——数十种原因错综复杂地纠缠在一起。渐渐地，实践使我确定，不同时研究学校里做的事情、不深入研究孩子在课堂上和在家里智力劳动的最本质的东西，就不可能研究孩子们智力不足和大脑功能活动不健全的原因。我研究了所有孩子的智力劳动，从天才儿童到才能有限的儿童。毫无疑问，大脑健全的功能活动——儿童智力劳动的效率——取决于记忆力。有着敏锐、记得住、经久不忘的记忆力的孩子，智力水平就高。但是，记忆的发展取决于哪些条件和前提？是否就能得出这样的结论：记忆在先，智力在后；记忆是条件，智力、大脑健全的功能活动是结果呢？是否能依靠某种能治本的方法去改善记忆力、提高智力？这样做对不对呢？

我了解苏联和国外学者的研究，知道他们通过自己研究的结果得出的结论和假设。在国外学者的研究和结论中（现在也包括克里奇教授的研究），有一点一直使我感到不安：每次谈到改善思维、提高智力的途径的时候，都寄希望于记忆力。好像改善了记忆力，智力就立刻得到改善了。我试图通过与孩子一起工作的实践来检验这些结论和假设。生活中时时处处都使我确信，天分不高、才能有限的孩子——不只是记忆力低下的孩子，首先是有着发育不良、麻木、“僵硬”的思维的孩子。我试图通过直接影响记忆的方式改善其大脑的功能活动和思维能力。但是，这些努力均以彻底失败告终。通过强迫背熟、记住、保存到记忆里，然后复述的方式“训练”天分不高、才能有限、记忆力低下的孩子的记忆——研究表明，不能这么做：孩子的神经系统和他的整个机体被消耗殆尽，记忆力变得更糟了。差不多三十年前我就有过这样的顾虑：在教学过程中，最常见的是在小学毕业前和第二个学习周期（五六年级），出现了新的低能、无能的学生，这难道不是因为破坏了记忆与“大脑各种活动过程的庞大系统”中其他元素、其他部分和方面的协调一致吗？现在，阿诺欣院士的话更加准确地表达出了多年来令我不安的想法。难道不是因为在很多情况下学习变成了孩子的痛苦，教育者草率地——这没什么好隐瞒的——简单粗暴地开发记忆力吗？现在，读了戴维·克里奇教授如此坚定地声称能够通过化学手段改善天分不高、才能有限的孩子的记忆力的最新文章，我又翻阅了数百条记录，它们都说明着同一件事：只有在改善大脑的同时才能改善记忆力。试图改善孱弱、萎靡、虚弱且疲惫的大脑的记忆力，就像强迫因长期患病而变得虚弱的人去搬起重石一样，而为了让他自我感觉好一些，就让他吃药。

我关注着阿诺欣院士和苏联其他学者的研究，我对他们的研究很感兴趣。我对影响大脑和记忆力的化学理论、药理学理论也很感兴趣。通过心理学方式直接影响记忆力从而改善记忆力的种种尝试，均以失败告终，这就迫使人们考虑其他的方式。现在想起来好笑，但的确曾经有一段时间，通过药理学方式影响记忆力的想法使我日夜不安。在这方面我有自己的资源；我认为，我的资源不逊于美国学者。几百年来，乌克兰人世代相传的民间医学提供了数十种对记忆力施加影响的方法：一些勉强有点影响，另一些则作用很强。一些使记忆力变得更加敏感，能够改善功能性记忆；另一些能“磨去”和“消除”逻辑记忆甚至情绪记忆里记住的东西和留下的痕迹。使用一些方法可以减轻把人击垮的最沉重的痛苦，这正是通过“消除”，或者我更愿意说，通过“拔掉”记忆的情感根源的方式减轻痛苦。有的方法能让人几乎一字不落地记住读过的书……。据我所知，我们的民间医学几个世纪以来的经验，现在只存在于几个步入暮年的老人的记忆里了。我个人觉得，这倒是好事；问题不仅在于，人们使用某些确实强效的影响记忆力的方法可能出于善意，也可能出于恶意；也不仅在于，可能有人试图把这些方法人为地合成起来，尽管对此我毫不相信；幸运的是，所有这些大自然创造出来的材料，利用它们都需要一些先决条件，而化学在这里总是徒劳。（为什么说幸运？因为这些方式实际上就是那些记忆药片，包括以此为事实而产生的全部后果。在我看来，改善大脑的功能活动和改善大脑本身，才是我们教育者和医生思想的人道所在，如果我们只对记忆力施加影响，这将是无法想象的）

尽管我手里有改善记忆力的方法，然而在道德上我没有任何权利采用它们去治疗低能儿童，更不用说检验其有效性。这些方法的有效性经过了几百年的检验，对此我不可能有任何怀疑……。这些方法的效果惊人：使用了这些刺激手段，动物掌握实验员教给它们的动作和技能的速度比之前快了十倍。

但是，接下来怎么样呢？根本就是一场空。动物的条件反射不是人的记忆。在我自己身上检验这些刺激手段（包括强效的刺激手段）的结果显示，这些手段能在一定时间内激活记忆过程；能让你记住很多东西，但大脑健全的功能活动完全不在于此。人为的记忆激活制造了困难：有意识地利用自己“存储记忆”中的记录变得困难了，阿诺欣院士所称的“读取”记录在分子代码里的东西变得困难了。我不止一次怀疑：记住比需要多得多的东西，就好比一个主妇准备煮一锅蔬菜汤，结果她不仅去了菜店、还去了家具店和小百货店挑选蔬菜……。对记忆的人为刺激，导致人们在大脑神经中记录的数千个符号里首先回忆起来的不是那些当时最需要的符号，而是大量次要的符号。我不止一次受过挫：在智力劳动的过程中，次要的、不需要的东西应该忘掉，但却忘不掉。想起这种情况，再考虑克里奇教授如此信心满满地说所有智力落后的人未来都能被药物治愈，对这一点我是非常怀疑的。使用了刺激记忆的有效方法之后，经过几个小时，乍看上去轻松的（然而还是很不正常的、不一般的）智力劳动之后，人就感到压抑、受束缚。30—35 岁的人表现出了完全不符合这个年龄段正常思维特点的健忘，以前记得清的东西也忘了，像老人一样糊里糊涂。这种现象是暂时的，但是，我认为这里蕴含着严厉的警告：绝不能允许在人类机体最细腻的领域进行化学干预，进行化学干预也缺乏道德上的根据。人最为神圣的部分是思维。在使用这里所说的刺激记忆的方法时，巫医总是联系起民间道德的规律和原则，这并非偶然。“只能用这些方法给人医治一次。任何药都可能成为毒药。不要给别人用你不会给自己儿子用的药。手指疼，要医治整个身体；头疼，不仅要医头，还要医手、医脚……”如果我尝试用暂时改善记忆的手段影响天分不高、才能有限、处于智力完全落后边缘的孩子，这将带来巨大的损害。关于用药刺激动物记忆的长期实验显示，长期循环的紧张和随之而来的压抑、受束缚、冷漠，最终将使神经系统受损；大脑皮层的感受区逐渐变得“冷淡”，到那时动物对最强效的手段也没反应了。

我认为，影响天分不高、才能有限的孩子记忆力的化学方法和其他任何“治本”的方法都是完全不可取的；我确信，如果不对人的整个精神生活施加协调一致的影响，那就无法想象对记忆力的影响。年复一年，我对衰弱、低下的记忆力和不健全的大脑功能活动的原因有了更好的理解。我研究了两千多个家庭的遗传因素、日常作息、生活条件、健康状况、饮食和精神生活，特别关注了那些到我们学校来上学的孩子们。在每一个个案里，低下、衰弱的记忆力的原因似乎都是一个又一个累积、叠加起来的：其中之一（或者之二、之三）是初起的原因，然后又出现了次生原因，通常这是更加严重和起决定性作用的原因。初起的原因往往是幼年时患过的疾病(风湿病、脑膜炎、佝偻病等)、糟糕的饮食、酗酒的父母。但是，在很多情况下，如果不加上次生原因——幼年时不正确的教育，从孩子上学以前第一次睁开眼睛看世界和第一次笑的那一刻起不正确的教育，初起的原因并不会导致如此致命的结果。常有这种情况，童年时不正确的教育，是低下、衰弱的记忆力和不健全的大脑功能活动的唯一原因。在这种情况下，孩子的智力状况并不比那些不正确的教育加上疾病或者饮食糟糕的家庭里的孩子的智力状况好多少。

在35年的时间里，我的手上（应该说，最重要的是我的心灵、我的心上）经过了107个记忆力低下、衰弱的孩子和才能有限的孩子，从他们5岁（有时从3、4岁）到15、16岁或17—19岁（各占一半情况），我对他们进行了专门的教育工作。这些孩子幼年不正确的教育——有各种各样的条件、事实和情况，不揣冒昧举要如下。

这首先就是智力的局限性，家庭精神生活的贫乏，父母之间、母亲和孩子之间、父亲和孩子之间的相互关系的贫乏。我认识一些不幸的孩子，在他们三岁以前母亲只用两三百个、有时只用一百个单词和他们交流。如果孩子所认识的那些单词缺乏情感色彩的话，孩子的状况还会更差。

其次，智力上的贫乏总是和情感生活上的贫乏和局限性结合在一起。在我看来，这是形成低下、衰弱、“僵硬的”记忆最主要的条件之一。有些五六岁的孩子从没有因为任何东西吃惊、诧异或是开心过，这个事实简直令我惊骇。在研究学前早期教育时，我发现个别孩子被剥夺了揭示真理的快乐，被剥夺了来自他们用自己的力量认识什么、说服什么的想法的快乐和自豪感。35年教育孩子的经验，特别是对这些极度贫乏、不幸的孩子的心理治疗的经验使我坚信，除了孩子作为真理发现者的快乐和惊奇之外，再没有什么力量能在更大程度上刺激记忆和思维了。亚里士多德写道：思维是从疑问和惊奇开始的。其实还应该加上一句，人的记忆的形成正是开始于儿时的吃惊和惊讶。我们不是和一般的记忆打交道（很多动物也有记忆），而是在和人的记忆打交道。

使我非常痛心的是，由于家庭精神生活中的智力活动和情感活动的贫乏，个别不到四五岁的孩子对单词的感情色彩全然不知，而这种感情色彩只能通过幼儿童话、民间歌曲、谚语和文学作品获取，这些都是宝贵的儿童文学宝库。

再次，记忆力低下、衰弱的孩子，才能有限、大脑功能活动不健全的孩子不懂幽默和玩笑，不理解也感觉不到有喜剧效果的动作和情节。这一点从一开始就令我百思不得其解。这件事我思考了很多年，为什么到我们这里来上学的一些来自智力和情感贫乏的家庭的孩子不会笑，对孩子们的玩笑反应得过于敏感。大量的观察使我得出了结论，形象地说，笑（孩子的笑不仅是一个人对已知的对象，还是他对自己的态度的一种特别的表达方式）是认知的一种渠道，是一个人开启丰富多彩的世界的一个视角。如果剥夺了这种渠道和视角，人的思维就无法得到完全合乎条件的发展。

最后，决定记忆力低下、衰弱的记忆和痴呆、不健全的大脑功能活动出现的一个不良条件，就是孩子在生命最初的两三年里缺乏母亲起码够格的教育。直截了当地说，我是在研究了几千个家庭里智力、特别是记忆力和母亲教育特点的制约关系以后，才拿定主意谈这个结论的；只有仔细研究了可能对智力，首先是对记忆力施加影响的其他条件和原因以后，我才下定决心谈这个结论。现在，我们在家长学校的课上有把握地告诉父母们这个结论：如果孩子在自己生命的头两三年里没有在自己最亲近、最亲密的人——在亲生母亲的身上，发现他在这个阶段可能发现的整个人类世界，如果孩子的情感认识、对世界的理解没有从母亲的笑容、拥抱和亲吻开始，如果母语里最微妙的色彩——首先就是母语的情感色彩，没有和母亲眼中的亲热、关切、担忧与睿智一起进入孩子的意识当中，那么，孩子的智力生活、智力发展和他的能力就根本不会像在母亲完全够格的教育下那样发展起来。母亲通过心理方式对儿童智力的教育和影响，我认为，这是教育学上一块取之不尽的处女地。不仅家长教育学必不可少，还有更特殊的教育学——母亲教育学，也必不可少。应该把这种教育学教给我们的母亲们……

他们就这样来上学了，那些天分不高、才能有限、记忆力低下、衰弱的孩子们。我看到了自己生命的意义，就在于挽救和保护这些孩子。是的，挽救他们，因为如果像教其他记忆力健全、大脑功能活动正常的孩子那样教他们的话，他们就不可避免地要变成学识浅薄、一贫如洗的不幸之人了，终其一生都要被一个痛苦的想法折磨，那就是“我什么也不行”。是的，应该经常呵护他们，因为他们很容易受到伤害。在童年，智力生活环境是与道德生活环境紧密融合在一起的；每一次学习上的失败都会成为一次痛苦的委屈（不过，这是在心灵没有麻木以前；要是心灵麻木了，那什么也影响不了他了，他也就不会感受到什么，但是，那时候也已经谈不上挽救和保护一个人了）。

我们学校里有20—25个上预备班时记忆力低下衰弱、才能有限的孩子。在学校里对他们所做的一切，就是用心理学的手段改善他们的大脑；只有在改善大脑的基础上才谈得上改善记忆力和智力。但是，就连改善大脑也只能通过把记忆和思维当作一个整体、使其协调一致发展的方式进行。如果把思维称为一种劳动的话，那么，在一定意义上就可以把思维细胞称为思维肌肉。我们想象一下，一个从出生到七岁都躺在床上的孩子，难道可以用药物让他的心肌变得强壮吗？应该先让这个孩子站起来，使他的心肌工作起来；一开始要小心翼翼、谨小慎微，然后再循序渐进。也应该使思维肌肉这样工作起来，只有在这种条件下它们才会变得强壮、富有活力、对紧张的劳动反应敏锐。使思维肌肉工作的方式只有思维，只有让记忆和思维同时处于紧张状态，细胞本身在这种状态下有所变化，才能够实现细胞健全的功能活动。不可能找到某种“记忆药片”，那种把到我们这里的天分不高、才能有限的孩子所有的松弛、孱弱的思维肌肉，变成强壮、富有活力的肌肉的药物，这差不多是魔法了。这些细胞只有得益于思维和记忆的紧张——循序渐进的紧张，伴随着有利于思维的情感基础——好奇心和求知欲发展的条件的紧张，才会变得强壮、富有活力。

天分不高、才能有限、记忆力低下衰弱的孩子一直处于我的观察之中。在学校生活的头四年里，我带这些孩子上不同阶段（取决于孩子智力和记忆迟钝、受限的程度）的专门课程。若要给每一位教师提出关于做每个孩子个性化工作的正确建议，这些课程必不可少。对这些孩子的最初的挽救和最初的保护就在于不要在他们的学习过程中出差错。记忆力低下、衰弱、天分不高、才能有限的孩子在持续很长的一段时期里（四年、五年甚至七年），在学习和掌握知识的过程中都无法取得大多数孩子取得的那些学习成绩。他们记不住其他孩子记得住的东西，不能把它们保存在记忆里，甚至连记住的东西也要费很大劲才能在自己的记忆库里找到。在学校里，到处都是以学生记住的、保留在记忆里、能够按教师的要求复述出的东西为根据给智力劳动打分。（总的说来，我有充分的理由得出这种结论：学校里孩子们背熟和回答的一大半东西，特别是人文学科的东西，是既不需要背熟也不需要回答的；找不到评价学生智力劳动的正确标准——最丰富多样的标准，是催生死记硬背甚至让有能力的孩子也变蠢、使他们对知识产生厌倦情绪的真正悲哀）

在千方百计地发展和巩固天分不高、才能有限孩子的记忆力的同时，我们从不会让他觉得自己的成绩是根据他没记住的东西评判的。只有当他学会了，当他成功地取得了自己智力劳动的成果时，才让他回答问题，并且只根据这些回答给他打分。教育者的技巧和艺术完全体现在不让天分不高、才能有限的孩子感觉自己是一个被集体排除在外的有缺陷的人。

同时，我在上课和给教师提建议时，总是强调：只有记忆和思维融合在一起才能产生智力、改善大脑和矫正一个人。我不厌其烦地再重复一次：教育者应该把下面这一点当作培养天分不高、才能有限学生的智慧的第一信条，那就是应该特别谨慎地对待记忆的负荷。您忘记这个信条，灾难就会降临。有的教师认为要发展孩子的记忆力就必须让他去记更多的东西，为此他们采取了令人不能容忍的方法（成人和青年使用这种方法自学）。这会使一个人的记忆力变得更差，神经系统消耗殆尽，最终导致他彻底不愿意学习、懒惰和懈怠；一贫如洗的人还添上了道德上的恶习——然后您就要费尽心思去思考这到底是什么引起的。

我给记忆力低下衰弱的孩子出了一道题："从菜园里搬 8 公斤西红柿来，然后再搬来 2 公斤。把所有西红柿平均放进 2 个箱子里，每个箱子里放了几公斤西红柿？"孩子什么也不用写。重复做几次习题，我尽量让他记住数字材料。就这样孩子记住了它们，但是，一旦他转而想象用数字运算，就又把数字给忘了。这样经过了几次，智力上的缺陷正好也表现了出来，孩子很难同时记忆和利用他所记忆的东西思考。想着记和记着想，这正好是记忆和思维的协调一致开始的地方，这种协调一致将演奏出动听的音乐——智力、创造性的才能和智慧的合奏。我就在这里看到了改善大脑的唯一方法：教会人想着记和记着想。数学是美好的理性体操。我们就像怕火一样担心天分不高、才能有限的孩子偏离独立解题的既定目标。常常有这种情况，一个孩子要花两三堂课的时间去思考。终于，他生命里解出题目的那个幸福时刻到来了。这给孩子带来了无与伦比的快乐。我万分坚信，正是在这些时刻，思维肌肉里发生着某些相当复杂、目前还难以理解的过程。看来，从作为情绪区域中心的大脑皮层向大脑半球释放了强劲的信号，这种信号有助于自豪感的产生和对自己力量的信心的确认。让每一个天分不高、才能有限的孩子解答习题，让他们体会发现真理的快乐，这比任何药物的效果都好。这种快乐会唤醒新的力量。我把取得智力上的成绩的快乐称作学生整个情绪生命的红色纽带。很难用语言形容孩子体验认知喜悦时感受到的那种高涨的精神力量。他会央求教师：请您给我一道更难的题吧。他还会备受委屈似的拒绝同学的帮助，只想独立解题（抄写在学校里盛行，正是因为很多学生没有亲身体验过取得成绩的喜悦，因此在年轻的心灵里自尊感没有发展起来）。只有当天分不高、才能有限的孩子取得了成绩时，才给他们打分；也只有当他们自己表现出了回答问题的愿望时，才叫他们回答问题。一旦取得成绩的喜悦、认知和发现真理的喜悦成了孩子——不仅包括天分不高、才能有限的孩子，还包括完全正常的孩子——智力劳动持续不断的内驱力，那么求知欲就会一直伴随着他的劳动。

还有一种改善大脑的强大的心理手段也会伴随着求知欲发挥作用，这就是丰富的智力生活和情感生活。才能有限的孩子所处的环境里，起主导作用的应该是求知欲、好奇心和去探索的想法。我们在低年级上一种专门的思维课。我们把孩子带到大自然里，去花园里、森林里、池塘畔和小河边，还去田野里。在孩子面前一下子就展开了成百上千个从没见过的物体、事件和现象之间的因果联系。他沉浸在复杂的生命奥秘里思索着。在这里，他是积极的思考者和真理的发现者。孱弱、萎靡或尚未充分发育的大脑里诞生了让孩子惊奇、诧异甚至震撼的想法。我永远忘不了在一堂有关绿叶的地球生命实验室的思维课上，七岁的男孩维佳，一个来上学的时候两个单词也记不住的孩子，惊讶地站在刚从嫩芽展开的小树叶前，自言自语地说："就是说，从这片叶子里有了一切，有了牛奶，有了肉，还有了面包……"数千次的观察使我得出结论：为大自然的宏伟和纯粹而惊奇、赞叹过的小孩子，他们的记忆力将逐渐得到改善。他们的记忆力会变得越来越敏锐，记得也会越来越牢。在精神得到巨大提升的时刻理解的东西，永远也不会忘记。天分不高、才能有限的孩子在惊异和赞叹时进入其意识的东西在他的记忆中留下的痕迹越多，未来他就越容易记忆，而且，我认为特别重要的是，他在思维时就越容易想起必须要想起的那些东西。

与此同时，我们从不给思维课规定记住某些东西的目标。相反，尽可能把记住的目标放到一旁。越把目标搁置一边，思维、惊奇、诧异、发现真理就越近在咫尺——记住的东西、现象、联系和关系越多，记忆力就变得越好——因为大脑得到了改善。因此我们把到思维和语言的源泉去的旅行称为思维课，这是任何东西也替代不了的智力体操。

我针对一组天分不高、才能有限的学生（或者整个群体，或者其中的一部分孩子）专门制订了思维课计划——到思维和语言的源泉去旅行。这个计划旨在让每一个孩子在四五年的时间里深入思考周围世界的现象之间上千种的联系和关系。为了有能循序渐进地揭开大自然奥秘的思维，需要写一本专门的书——希望这本书最终能够写成。在四五年的时间里，我的小学生成了兴奋、惊讶又愉快的思考者，正是得益于此，他们的记忆被几千件事丰富起来。心理影响记忆的秘密，不仅在于反映大自然的思维的情感财富，还在于让思考知识的小孩子也逐渐开始思考自己，从中我也看到了自己教育工作的意义。他感觉到自己是思维的主人，这种人的自豪感成了一种只有人类才有的精神财富，不要让天分不高、才能有限的人永远也得不到这种财富。不过，从小孩子感觉到自己是思维的主人的那一刻起，就再也不能叫他天分不高、才能有限的孩子了。（应该说明，在我们学校里，这些孩子在哪里也不被单列出来，我们作为教师，不许自己称他们为不合格生；只在专门的心理学研讨会上才称这种孩子是天分不高、才能有限的孩子，直到他在智力上和其他孩子持平；为和其他孩子持平必须经年累月地从事复杂、磨人、简直像地狱般的劳动，但这也是非常有意义的劳动）

如果没有丰富多彩的语言，就无法想象能给天分不高、才能有限的孩子提供丰富的智力环境和情感环境。语言是点燃思维火焰的火花。我认为，改善天分不高、才能有限的孩子大脑的一种极为重要的心理方式，形象地说，就是让这些星星点点的火花永远闪耀着光亮。我们去思维和语言的源泉旅行的时候，在惊异于真理的宏伟和纯粹的同时，孩子也会体验美丽丰富的情感色彩、富有表现力的语言的力量。关于用语言改善大脑，以及针对这一非常微妙的精神生活领域的数千次观察，我有几十本笔记本，里面有许多有趣的记载，在我看来这是医疗教育学（我认为，这种教育学必不可少）教科书所需的材料。

多年的经验使我确信，**诗情画意的语言**——文学作品、童话故事、民歌、传说和谚语中的语言，蕴含着刺激思维和记忆、改善大脑的强大力量。我坚信，诗情画意的语言能最细腻地，而且最富有感染力地触及人的思维的最细腻的织物——大脑半球细胞。

我无法想象不带领天分不高、才能有限的孩子去诗情画意的语言园地就对他们施加教育。夏日宁静的黎明，我和孩子们一起去池塘边。我们的眼前出现了惊人的美景——绚丽的朝霞。但要真正认识它——用智慧去看、用心去体会，只能借助诗情画意的语言。孩子们听着、感受着情感色彩最细腻的语言，黎明、拂晓、破晓、天际、日出……。我随即讲了一个曲折动人的故事，故事说的是一位勇士在我们目力所及的东边的一块土地上播种下虞美人花种子……，每个人都感受着无与伦比的崇高情感；此时此刻，语言在孩子的心灵里有着不同寻常的微妙的生命的力量，正是在这些美丽的灵感迸发的时刻，诗情画意的语言成了孩子思想中真实的鲜活可触的东西。语言越是赋予小孩子崇高的情感、使他从中受到了鼓舞，大脑就越是易于受到思想的感染，从而变得越发敏感，数千次的观察使我对此深信不疑。

诗情画意的语言是解决孩子大脑问题的万能药，是思维的翅膀所需要的空气。它不仅缓解疲劳，还给孩子的大脑带来了新的思维能量。因为诗情画意的语言施以的神奇作用，大脑获得了惊人的记忆力——记忆力再次变得强大、深刻；而越是把记忆的目标弃之一边甚至根本不设置这个目标，记忆就变得越加轻松。几年来，在我们学校学习的天分不高、才能有限的孩子们每天晚上来找我：在温煦和暖的日子里，我们在“美丽角”（我们这样叫孩子们用自己的双手在大自然里建造的角落）集合，寒风侵肌的时候去故事屋。他们来听故事、编故事。在宁静的夜晚时分，我们所有人都成了诗人。如果没有诗歌创作，所有其他改善大脑的心理方式未必会产生什么效果。我们编了几千个故事，这是那些来上学时能力低下的孩子们的创作，如果没有这一整套专门改善他们大脑的工作，他们将终其一生成为不幸的人。在这些创作中，在孩子故事的语言里流淌着思想和美景。这里的笑声最爽朗，这里有对人的苦难的悲伤、怜悯和同情，也有对邪恶的不妥协和不容忍。诗歌创作是细腻、精致和悦耳的情感生活的学校，孩子在其中收获了认识情感的初步基础，正是在这些情境中，最微妙、最细腻的感情色彩通过语言进入了孩子的意识，存在于孩子的语言之中。数千次的观察使我确信，正是在这些情景里，孩子的记忆力变得灵活、机敏——大脑不仅获得了存储的能力，还获得了“制造”的能力——“有选择地”制造，伴随着语言色彩里几乎不易察觉的最细腻的情感。我坚信，诗歌创作教人思考，因此能改善大脑，就好像是提高了其中最柔软、最敏感的部分的质量；更准确地说，作诗能创造出大脑最柔软、最敏感的部分。

最后，我认为，诗情画意的语言和诗歌创作是形成和发展情绪记忆不可替代的心理方式。对天分不高、才能有限的孩子来说，记住情感和精神状态，形象地说，是滋养逻辑记忆的又一根基。

有的学生来上学的时候，心中没有留下任何感情色彩的痕迹。通常，这些孩子的记忆力很差，而且特别糟糕的是，他们甚至根本想不起来记住的东西。多年的经验显示，这些孩子需要通过情感记忆走上逻辑记忆的道路。因此，关心天分不高、才能有限的孩子生活和劳动的集体的情感生活，是学校整体教育工作中的一个特殊领域。每个孩子的情感生活都需要予以特别的关心，要抵达每个孩子思维和记忆的密室是很困难的。我用十年时间仔细研究了人所感受到的怜悯、同情、理解、不安、担忧、激昂和伤心对他整个精神生活的影响。我观察的对象是几十个少年儿童，观察总是与实践工作合二为一。我得出的结论是：为了创造每个孩子的情感财富，为了让每个天分不高、才能有限的孩子都成为情感丰富的人，务必要让一个人的认知、智慧和情绪细腻、精致地（因此，这里必须具备重要的做人的工作的专门技能）渗透进另一个人的精神世界——进入他的思想和情感。我编选了一套专门影响天分不高、才能有限的孩子的情感世界的故事集。这些故事包含痛苦和喜悦、孤独和交往的幸福、战胜邪恶的勇气和不妥协、人的尊严和不可侵犯的个人精神世界的权利。我确信，改善大脑的一个非常重要的心理方式就是培养人觉察的能力。孩子距离另一个人精神状态的核心越近、他越是细腻地用思想感知这些状态，他的记忆和回忆起保留在记忆里的东西的能力就越能得到发展。

另一个改善天分不高、才能有限的孩子大脑的极为重要的心理方法是阅读。如果能教会才能有限的孩子阅读，他就能变聪明。学校里教天分不高、才能有限的孩子阅读是一项占主导地位的工作。这些孩子阅读不是为了记熟、背会。兴趣是吸引这些孩子读书的力量。为了改善才能有限的孩子的大脑，使他们最终变得聪明，激发他们思维的能力和有效劳动的能力，务必每天精心地指导他们阅读。当他们开始阅读后，阅读就会和其他的精神需要结合起来，这也是教育工作的一个完整的领域。

此外，影响这类孩子大脑的一种非常重要、不可取代的心理方式是创造性的劳动——动手劳动，在动手的过程中实现计划、诞生新的想法。多年的经验使我确信，在用**灵巧的**双手完成成百上千种精细的活动组合中有改善大脑的最强大的心理方式。灵巧的双手造就智慧的头脑。年复一年，我们对天分不高、才能有限孩子的教育包含了很多孩子们用双手完成的灵巧、创造性的劳动。毫无疑问，在孩子们用双手制作各式材料、设计机械模型、栽培果树绿植等最精细的活动中，蕴藏着对思维和记忆最有效的刺激因素。对他们的智力教育务必要有专门的实验室劳动，这同时也是思维的实验室。如果不**培养灵巧的双手**，影响其大脑的其他心理手段也终将徒劳。动手能力确实对大脑有神奇的作用。

多年来，共有 107 名天分不高、才能有限的孩子在我们学校上学，他们后来都成了有才能的、聪明的、有一定文化水平的人。其中 55 人完成了十年级的学业，25 人上完七年级或八年级后考入技术学校，顺利完成了中等专业教育；17 人在中等职业技术学校或夜校毕业，8 人七年级或八年级后获得了专修班的专业文凭。2 人因患严重疾病，当时没能上完八年级，但几年后完成了八年教育。在这 107 人中，13 人接受了高等教育。

目前，他们的第二代——59 个孩子在我们学校学习。人们对研究这些孩子特别感兴趣。其中 14 个孩子，根据衡量记忆力和智力发展的标准判断，应归入天分不高、才能有限的孩子一类。另外 45 个孩子都是发展正常、有能力的孩子，其中很多人有敏锐、记得住、经久不忘的记忆力。但是，对遗传性下最终结论还为时过早。还要再等个十五年，等到第三代来上学的时候，那时就能对这些非常重要的问题下结论了……

改善人的大脑的途径，不是那些似乎不仅能把天分不高、才能有限的孩子变成聪明孩子，甚至能把智障者、白痴和傻瓜变成聪明人的药物或者化学物质。寻找减轻这些孩子苦难的化学方式和这方面的研究工作是高尚的人道主义事业。但是，把主要希望寄托在用药物改善人的大脑上是不行的。真正解决的途径不是找什么灵丹妙药。人的大脑是最伟大的奇迹，但是，这个奇迹从每个生命一开始就发生了——从受孕、出生，从第一眼看世界和第一次微笑，从认识自己的那一刻开始，直到在世上的最后一次呼吸为止。改善人的大脑的途径是使滋养人完善自我、达到顶峰的一切来源能够协调一致，在这些来源里，最重要的是教育。这是一次经年累月单调又如炼狱般复杂、痛苦得磨人的播种，有时候这颗种子经过几年才发出小得几乎看不见的嫩芽。这项劳动需要巨大的耐心和毅力，需要伟大的对人的爱和对教育强大力量的无限信任。